HUANJING ZHENGCE
DUI CHANGJIANG JINGJIDAI
ZHIZAO QIYE CHUANGXIN DE
YINGXIANG YANJIU

环境政策
对长江经济带
制造企业创新的
影响研究

周　兵　李雨梦　王　敏／著

西南财经大学出版社
中国·成都

图书在版编目（CIP）数据

环境政策对长江经济带制造企业创新的影响研究/
周兵,李雨梦,王敏著.--成都:西南财经大学出版社,
2024.8. --ISBN 978-7-5504-6321-9

Ⅰ.F426.4

中国国家版本馆 CIP 数据核字第 2024AK0934 号

环境政策对长江经济带制造企业创新的影响研究

HUANJING ZHENGCE DUI CHANGJIANG JINGJIDAI ZHIZAO QIYE CHUANGXIN DE YINGXIANG YANJIU

周兵　李雨梦　王敏　著

责任编辑:李特军
责任校对:冯　雪
封面设计:墨创文化
责任印制:朱曼丽

出版发行	西南财经大学出版社(四川省成都市光华村街55号)
网　　址	http://cbs.swufe.edu.cn
电子邮件	bookcj@ swufe.edu.cn
邮政编码	610074
电　　话	028-87353785
照　　排	四川胜翔数码印务设计有限公司
印　　刷	成都市新都华兴印务有限公司
成品尺寸	170 mm×240 mm
印　　张	15.75
字　　数	217 千字
版　　次	2024 年 8 月第 1 版
印　　次	2024 年 8 月第 1 次印刷
书　　号	ISBN 978-7-5504-6321-9
定　　价	98.00 元

前言

科技创新能力作为提升社会生产力与增强国家综合实力的核心战略支撑,不仅是驱动制造业向绿色转型、实现"碳达峰"与"碳中和"目标的必经之路,也是在经济增速放缓与环境退化双重挑战下,寻求经济与环境和谐共生的新功能。在此背景下,制造企业作为科技创新活动的主力军,担当着至关重要的角色,但同时,它们也是工业污染的主要源头。随着公众生态环境意识的觉醒,环境规制的范畴已超越单纯治理工业污染的外部性问题,成为撬动绿色可持续发展的重要杠杆。日益严苛的环境规制,致使制造企业的生产经营也面临双重压力:一方面,环境规制在外部性问题内部化的过程中带来高额的环境成本;另一方面,我国制造企业正处在核心技术突破的关键时期,创新的资金需求持续提高,其背后隐藏的环境治理与企业创新的矛盾日益凸显。企业创新活动需要充足稳定的资金保障,融资是企业创新的重要资金来源,因而优化企业融资环境是解决这一矛盾的有效路径。

新熊彼特理论强调了金融部门与实际部门的共生关系,金融发展对企业的融资环境至关重要。然而,我国金融发展水平的相对滞后导致企业面临融资问题,企业创新活动裹足不前。从企业投融资的角度看,环境规制与金融发展水平并不是相互孤立的,而是相辅相成或相互掣肘的。企业创新投资依赖于现金流,因而从制度上激励创新的意愿并不是实现环境规制创新激励目标的充分条件,企业创新还需要切实保障企业资金来源。在现阶段政策制定过程中，政策制定者较少同时考虑环境规制与金融发展水平对企业投资的影响，环境政策与金融政策未能相互协调，从而加剧了企业的资金压力。

自从长江经济带被提升至国家战略发展层面的宏伟蓝图中，其作为生态文明建设先行示范区的愿景亦同步启航。在这一进程中，沿线省市积极响应，奋力推进工业化与城镇化的步伐，旨在加速区域经济增长，却难免在某种程度上牺牲了人与自然和谐共存的原则。这一发展路径导致长江流域部分区域生态环境受损严重，污染物排放累积，生态系统服务功能衰退；同时，碳足迹显著扩大，气候变化挑战加剧。鉴于此，长江经济带沿线省市要遵循习近平总书记提出的"共抓大保护、不搞大开发"这一战略导向，长江经济带未来的发展亟须在保障经济稳健增长的同时，积极探索一条尊重自然、绿色低碳的新型发展道路。这不仅是对中央战略意图的忠实执行，也是我国迈向"碳达峰"与"碳中和"目标征途上，长江经济带所肩负的先锋使命。因此，强化长江经济带的生态环境修复与保护，以及大幅提升其内在的科技创新能力，成为实现区域可持续发展的两大核心支柱，对于引领全国生态文明建设与绿色转型具有标杆性的示范意义。

围绕以上问题，本书在企业投融资视角下搭建了环境规制与金融发展水平影响企业创新投入的理论框架，运用逻辑推演的方法，辅以系统动力学模型，探究了环境规制与金融发展水平通过企业融资约束作用于企业创新投入的内在机理与路径。在此基础上，本书以长江经济带上市企业为主要研究对象，从宏观层面利用固定效应模型和空间杜宾模型验证了环境规制对地区绿色创新技术水平的正向影响以及空间溢出效应；从微观层面利用 GMM 动态面板模型实证检验了环境规制、金融发展水平对制造业上市企业创新投入的影响，及其与京津冀和珠三角地区检验结果的差异；利用异质性检验与双重差分模型剖析了产生差异的原因；利用中介模型与分组回归模型，检验了环境规制、金融发展水平、企业融资约束与企业创新投入的内在关联。研究表明：

（1）环境规制通过强制管控功能、市场调控功能及信号传导功能影响企业的创新意愿与创新活动的资金保障。其中，环境规制对企业创新活动资金保障的影响通过直接作用于企业融资约束与间接作用于企业融资成本两种方式产生。对于轻污染企业，环境规制对环境保护正外部效应的内部化为企业创新提供了持续动力；对于重污染企业，环境规制对环境污染负外部效应的矫正加剧了其资金压力。在以上作用过程中，金融发展通过信息整合、储蓄调动、企业监管、交易便利及风险分散等五项功能，提高了储蓄向投资转化的效率，促进资金向高风险投资项目的流动，也促进了监管信息的透明化，巩固了环境规制的信号传导功能。对于轻污染企业，金融发展水平的提高能够改善其融资环境，强化环境规制对其创新投入的促进作用；对重污染企业，金融发展水平的提高则加强了环境规制的筛选与淘汰机制。

（2）在长江经济带的上市企业中，制造企业占比高达70.8%，区域内制造业上市企业位置分布中心化明显，平均研发投入水平也与其他经济圈存在差距。整体来看，长江经济带的环境规制水平在逐年上升，整体环境规制水平较高，同时区域差异较大；其中长江下游的环境规制水平较低，长江上游环境规制的总体水平最高，区域内各城市间的差异也更小；此外，长江经济带整体的金融发展水平相对较低，中心城市金融发展水平明显高于非中心城市。

（3）实证检验结果表明：第一，长江经济带环境规制可以促进城市绿色技术创新水平的提高，并且这种作用还具有空间溢出效应。第二，长江经济带环境规制对制造业上市企业创新投入存在抑制作用，与其他两个经济圈的检验结果相反。进一步检验发现，环境规制对非国有、小规模或低现金持有企业的创新投入存在更强的抑制作用，而长江经济带中非国有制造企业占比更高，这在一定程度上解释了环境规制抑制作用产生的原因；同时，2015年国务院发布的《水污染防治行动计划》（以下简称"水十条")与 2013 年国务院发布的《大气污染防治行动计划》(以下简称"大气十条"),对重点治理企业造成了更大的环保压力,加剧了这种抑制作用。

(4)长江经济带各地级市的环境规制水平的提高加剧了制造业上市企业的融资约束,较高的融资约束导致企业在支付环境成本后可用于创新的资金减少,从而被迫减少创新投入。金融发展是缓解环境规制负面作用的重要途径,在长江经济带中,金融发展水平的提高对制造企业创新投入的促进作用更强。同时,金融发展水平的提高可以缓解企业的融资约束问题,降低融资约束所带来的影响。

根据上述研究结论,本书提出了优化长江经济带创新环境的对策建议,包括以政府为主导推动技术突破、加强校企政金合作、促进金融机构参与环境规制实施、实现环境规制精细化设计实施、推动金融体系对制造企业精准支持等。

周兵

2024 年 1 月

目录

1 绪 论

本书主要围绕环境规制与制造企业创新投入水平进行研究，研究的主要区域为长江经济带。本章作为全书起始部分，主要目的在于为全书梳理一个清晰的研究思路，提出本书拟解决的理论问题与现实问题，详细介绍本书的研究意义、总体目标、研究思路、研究内容与研究方法，并总结本书的创新之处。

1.1 研究的背景与目标

1.1.1 研究背景

在"十三五"规划期间，我国积极推进生态文明建设，实施了一系列环境政策和措施，各项生态环境约束性指标顺利完成，生态环境保护取得显著成就，生态文明理念深入人心。然而，当前大多数地区经济和生态之间的关系仍处于发展与防治的相持阶段，经济活动对生态环境的影响仍然存在，生态环境的恢复和改善需要与经济发展同步进行。因此，实现经济发展与生态环境保护的协调既是经济学的关键命题之一，也是当下我国经济高质量发展过程中必须要解决好的现实问题。当前我国正处于经济转型的关键时期，经济缓行压力与环境资源压力并存，制造业转型升级的需求迫切。能否平衡好环境规制、金融发展与企业投融资环境等多方面因素的影响，促进我国制造业的绿色化、高端化发展，是政策制定者和学术界需要关注的重要议题。

制造业是立国之本、兴国之器、强国之基，是实体经济的根基，是参与国际竞争的战略性力量。没有制造业的支撑，强大的国家综合竞争力就无从谈起。在外部环境复杂多变的背景下，中国制造业虽大却不够强、虽全却不够优的问题愈发显著。过去，中国制造业曾依靠人口红利和大规模生产带来的低成本优势在国际市场中竞争，但随着全球环境的变化，特别是美国技术封锁的加强，传统的技术发展模式受到冲击，人口红利减弱，贸易摩擦频繁，国际政治经济格局的不确定性进一步凸显了产业链、供应链的安全和稳定对制造业的重要性。目前我国制造业在追求高质量发展的道路上，背负着依赖传统技术和制度的惯性以及原材料和要素成本上行的双重压力。在国际竞争中，我国制造业亟须在产业链高附加值环节提升自身竞争力；随着经济模式转向内需驱动，国内市场对高品质商品和服务的需求日益增长，制造业既要满足国内需求，也要增强国际市场的输出能力。因此，我国制造业现在面临着转型升级的新任务。

促进制造业创新是推动制造业绿色转型、助推"碳达峰"与"碳中和"、夯实实体经济高质量发展基础的必然选择。当前，我国正迈向实现第二个百年奋斗目标的新征程，经济进入高质量发展的新阶段，推动制造业的绿色化转型是实现制造业高质量发展的重要内容，也是实现绿色发展的题中之义。无论是2015年国务院印发的《中国制造2025》战略，还是党的十九届五中全会精神要求，我国政府都对推行绿色制造作出了重要部署。在《中华人民共和国国民经济和社会发展第十四个五年规划和2035年远景目标纲要》中我国政府也明确提出，要加快制造业绿色化、智能化、服务化发展，推动产业结构不断优化，进一步强调了制造业绿色化转型的重要性。在环境约束和传统要素投入边际效益递减的现实情况下，技术创新是推动制造业绿色化转型的关键路径。绿色材料和绿色技术的革新，能够大幅降低产品生产过程中的污染排放，从源头上控制环境污染；而环保技术的不断优化，能够有效提升废物无害化处理能力和资源利用效率，实现工业企业生产过程中环境影响的最小化和资源利用的最大化。推动制造业技术创新的第一步，就是要鼓励企业积极开展创新活动，提高制造业企业创新投入的整体水平。而企业所处的宏观政策环境对企业创新投入决策而言至关重要。

在持续推动绿色发展的大环境下，环境规制是影响制造企业创新投入的重要因素之一。当今世界面临的最为突出的问题，是经济发展与资源环境承载力之间的矛盾。中国近几十年的经济发展模式在带来经济快速增长和居民生活水平不断提高的同时，也造成了环境破坏和资源枯竭等问题。

事实上，工业污染对生态系统的破坏是深远的，它不仅影响了生物多样性和自然资源利用的可持续性，还对人类健康构成了严重威胁，若环境污染和资源枯竭等问题不加以有效控制，其将成为经济发展的长期隐患。在过去粗放型的发展模式下，英国、南非等国家都曾因忽视工业污染问题，使得经济发展遭受了重大的打击。根据我国第二次全国污染源普查的结果来看，2016—2019 年，工业源的废水、废气排放量均呈现出逐年下降的趋势，体现出我国在工业污染治理方面取得了一定的成绩。目前，工业污染仍是生态环境治理的一大重点，对工业污染的有效控制能够对环境保护和生态改善做出较大的贡献。

合理的环境规制是提升环境治理效率、有效控制工业污染的重要手段。环境规制是以改善环境为初衷的政策工具，是政府为预防、控制、减少或补救社会经济活动对空气、水、土壤等生态环境的负面效应而制定的相关政策措施的总称。环境规制的环境与经济效应产生需要以技术创新作为媒介，技术创新是经济增长与环境保护"双赢"的关键。在"绿水青山就是金山银山"的环保理念指导下，环境规制不断加强，企业在政府和公众的双重监督下，正转向采用绿色生产技术和创新，以适应绿色发展的趋势。通常来说，有效的环境规制不仅能够控制污染排放、保护生态环境，还能在一定程度上激励创新，帮助受环境规制影响的企业获得"创新补偿"，推动企业提升盈利能力，刺激产业结构优化和经济增长。然而，环境规制对企业创新的影响并不总是积极的，也存在一定的抑制效应，工业污染治理的压力导致制造企业面临高额的合规成本，从而分散企业的研发和创新资源。最终是否能够形成有效的"创新补偿"，还取决于环境规制的适应性、有效性和合理性。因此，环境规制对创新投入的影响应成为政府为治理环境污染而制定环境规制时关注的重点，以期实现环境规制对经济发展长期、稳定且可持续地促进。如果政府能选择恰当的环境规制工具，深入挖掘和扩大其技术创新激励效应，则有助于实现制造业绿色转型，助推中国生态文明建设和社会经济的可持续发展。

企业创新是一项高风险的投资活动，要求企业有持续且大规模的资金投入作为支撑。因此金融发展是推动制造业创新投入的另一项重要因素。金融体系的资金支持对于制造业企业的创新活动至关重要，完善和高效的金融体系可以为制造业创新提供长期、稳定且成本可控的资金，满足制造业企业数额较大、周期较长的资金需求。然而，制造企业进行风险较高的创新活动时，与天然规避风险的金融机构之间存在一定冲突，若金融体系发展滞后，则可能加剧企业研发资本配置不足、产融结合效率不高等问题。因此，提高金融发展水平是推动制造业加大创新投入、实现绿色转型的重要渠道。

进一步，对于制造企业，环境规制与金融发展水平对其的影响是同时存在的，它们对企业创新投入的激励作用与阻碍作用相互交织。一方面，资金投入是企业技术创新的基础；另一方面，环境规制又迫使企业增加在环境污染治理项目上的费用或投资。制造企业的创新活动不仅仅局限于绿色技术创新，企业也需要在其他的产品和技术上进行投资，因此环境规制虽然可以促进企业的绿色创新，但同时也在企业资金有限的情况下，挤占一部分用于技术创新的资金，进而对企业的整体创新投入水平造成一定的阻碍。此时，金融发展水平的提高，能够缓解企业的资金压力，从而减缓环境规制对制造企业创新的阻碍。在这一系列复杂的作用下，环境规制、金融发展水平究竟如何相互影响与制约，通过何种途径产生作用，最终会对制造企业创新投入产生怎样的影响等一系列问题，仍有待进一步研究。

事实上，学术界不乏有对上述问题的探讨，但对特定区域的研究还有待丰富。我国长江经济带的战略地位日益凸显，环境规制、金融发展水平对制造业创新投入的影响是推动经济高质量发展过程中需要关注的问题。在 2014 年的中央经济工作会议上，长江经济带与"一带一路"、京津冀协同发展被确立为国家发展的三大战略。作为生态文明建设的先行示范带，长江经济带在流域高质量发展中发挥着标杆性、示范性作用。长江经济带以水为载体和纽带，连结上中下游、东中西部、左右两岸、干支流，形成具有整体性的、开放的自然生态系统，具有流域的典型特征，但长江沿岸地区多年来传统的经济发展方式和城市化扩张带来了生态破坏和环境污染，生态环境问题成为长江经济带高质量发展的重要瓶颈。为了加强长江流域生态环境保护和修复，2020 年 12 月 26 日中华人民共和国第十三届全国人民代表大会常务委员会第二十四次会议通过《中华人民共和国长江保护法》，为长江经济带生态环境保护提供法律保障与依据。长江经济带高质量发展重点突破方向之一就是要实现制造业的高端化、绿色化发展，如此既能发挥长江经济带的带动作用，又能满足生态保护和资源可持续利用的迫切要求，保护好长江经济带重要生态屏障，促进区域经济高质量发展与生态环境相协调。要实现这一目标，制造企业创新环境的构建和优化尤为重要。然而，长江经济带区域内部创新投入水平存在差异，整体创新水平有待提高，创新环境仍有待优化。为此，在环境规制强度、金融发展水平双重约束下寻找突破口，有效刺激长江将经济带制造企业创新投入，具有十分重要的现实意义。

本书基于上述研究背景及现实问题，提出以下主要研究问题：

（1）如何科学地量化长江经济带的环境规制与金融发展水平？制造业企业的发展现状如何？与其他经济圈相比，在这几个方面有何差异？

（2）长江经济带环境规制的时空演变情况如何？宏观层面上环境规制是否会影响长江经济带的绿色技术创新水平，这种影响是否具有空间效应？

（3）长江经济带制造业上市企业的创新投入是否会受到环境规制的影响？这种影响与其他两个经济圈相比有怎样的差异？对于不同的企业，环境规制对企业创新投入的影响是否存在差异？

（4）金融发展水平在环境规制与企业创新投入的相关关系中起到怎样的作用？通过何种途径产生作用？

1.1.2　研究目标

为解决以上主要问题，本书的总体目标是采用科学的理论和方法，结合长江经济带的经验证据，探究环境规制、金融发展水平与制造企业创新投入之间的关联、存在的矛盾以及作用的路径，并为优化长江经济带制造企业创新环境提供理论和现实依据。本书拟从以下四个层次来实现研究的总体目标：

（1）论证环境规制、金融发展水平对制造企业创新投入的作用机理，融合多学科理论，构建环境规制、金融发展水平与企业创新投入的理论分析框架。

（2）量化长江经济带中各个城市的环境规制与金融发展水平，洞悉其中存在的问题，以及制约制造企业创新投入的关键因素。

（3）检验环境规制对长江经济带内制造业上市企业创新投入的影响与作用路径，以及金融发展水平在这一过程中产生的作用。

（4）从政府、金融机构及企业等多个维度，以优化创新环境为目的，从环境规制设计思路与金融体系发展方式等层面，为长江经济带未来发展探索更为科学、合理、创新的制造业创新激励机制。

1.2 研究的思路与意义

1.2.1 研究思路

根据以上研究目标，本书以现实问题为导向，遵循"理论研究—现状分析—实证检验—政策建议"的研究思路（如图1.1所示）。

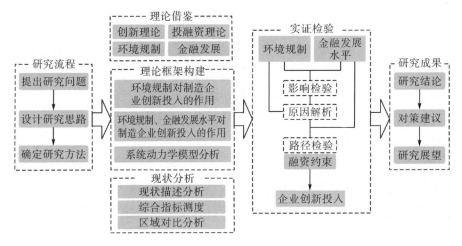

图 1.1 研究思路

首先，本书在系统梳理企业创新、企业投融资理论、环境规制、金融发展等相关经典理论的基础上，总结国内外关于环境规制、金融发展水平与企业创新投入的相关研究成果，基于经典理论的逻辑思路，构建环境规制、金融发展水平与制造企业创新投入的关系的理论分析框架。

其次，本书分析了制造业上市企业的发展情况及其创新投入水平的现状，并综合评估长江经济带环境规制与金融发展水平，从历史演进和地区差异的角度，将长江经济带所包含的三大经济圈与珠三角和京津冀两个经济圈进行对比，深入剖析长江经济带内各个城市环境规制、金融发展水平以及制造企业创新投入的特征以及存在的问题。

再次，本书运用计量分析工具，实证检验环境规制对长江经济带内制造业上市企业创新投入的影响以及产生这一影响的原因；在此基础之上，将金融发展水平纳入模型当中，检验金融发展水平对企业创新投入的作用，以及环境规制与金融发展水平通过企业融资约束共同影响企业创新投入的作用路径。本书选择聚焦于制造业上市企业而非区域内的制造业整体，出于以下四点考虑：第一，现有文献中对区域创新水平的测度方式并未统一，指标选择存在主观性；第二，笔者在搜集数据时发现，制造业的行业研发数据缺失程度较高，很多地区并未统计制造业的研发经费支出，因此难以针对性地分析区域内制造业的创新水平；第三，本书的理论逻辑构建在企业研发投资决策的基础之上，因此针对制造业企业进行实证检验更契合本书的理论分析框架；第四，上市企业数据披露较为完整，统计口径也相对统一，能更客观地反映企业的研发情况。

最后，本书在理论研究和实证检验的基础之上，洞悉现有制度中可能存在的问题，提出优化长江经济带内制造企业创新环境的对策建议，以期为长江经济带的各级部门制定创新发展政策，以及促进长江经济带协同发展提供有价值的参考。

1.2.2 研究意义

1.2.2.1 理论意义

任何研究都离不开相应的理论支撑，目前直接研究环境规制对企业创新影响的文献较为丰富，纵然环境规制对企业创新的推动作用得到了国内外理论界诸多学者的认可，但对于"波特假说"在我国的实践，还存在较大的争议。通过对文献的梳理，本书发现现有理论研究中仍有待丰富的部分：一是较少有研究同时检验环境规制与金融发展水平对企业创新投入的影响，综合考虑这两个因素，对于更全面地理解企业创新投入的影响机制具有重要意义；二是现有研究大多并未深入探讨环境规制与金融发展水平对企业创新投入的作用路径，深入挖掘这两个因素对企业创新投入的影响路径，有助于更清晰地揭示它们之间的关系，并为政策制定者提供更具针对性的建议。

因此，本书在系统地归纳和总结现有相关研究成果的基础上，融合了环境经济学、金融学的经典理论，构建了环境规制与制造企业创新投入的理论分析框架；从宏观层面论证了环境规制对制造企业创新的影响以及空间溢出作用；利用系统动力学模型，从微观层面补充了本书的理论逻辑，有助于拓展关于环境规制、金融发展水平与企业创新投入相关关系的理论研究，填补现有文献对作用机理的研究空缺，完善环境规制、金融发展水平与企业创新投入的理论和方法体系。

1.2.2.2 现实意义

从现实角度来看，在中国特色社会主义建设进入新时代的背景下，解决生态环境与工业发展的矛盾，在保障经济实力、科技实力、综合国力大幅跃升的同时，形成可持续的绿色生产生活方式，是促进中国远景目标实现的明智选择。自《中国制造2025》由国务院印发以来，我国大力发展先进制造业，促进新产业、新业态的成长，然而制造业通常是污染排放的"重灾区"，因而也是受环境规制影响最大的领域之一。在我国处于金融体制改革与经济增长方式转变的时代背景下，基于金融发展水平的视角分析环境规制与企业创新投入之间的关系，捕捉该视角下环境规制对企业创新投入的作用路径，有助于推动环境制度与金融制度的协调配合，进而推动形成绿色、循环、低碳的发展模式，从而为中国的可持续发展和生态文明建设贡献力量。

本书不仅仅局限于理论的构建与验证，更是进一步将视角拓宽至实际操作层面的策略与挑战，旨在为政策制定者和企业实践者提供更具体、可操作的指导。本书的研究结论从三个角度为解决现实问题提供了依据：第一，对长江经济带以及京津冀和珠三角经济圈内的环境规制、金融发展水平与制造业上市企业创新投入现状的对比分析，剖析了长江经济带三大经济圈在这几个方面与其他经济圈的差异。第二，检验长江经济带内各城市环境规制、金融发展水平对制造业上市企业研发投入的影响，以及这一影响在不同经济圈、不同企业之间的差异，这有助于相关人员识别长江经济带制造业企业创新过程中遇到的障碍，为进一步优化企业创新环境提供现实依据。第三，从微观层面剖析环境规制与金融发展水平对制造企业创新投入的作用路径，有助于识别制约制造企业创新的因素，针对性地优化制度设计，以期实现生态建设与自主创新的双赢。本书从这三个层面为地方政府构建和优化企业自主创新环境提供参考，为将长江经济带建设成为"科技创新中心"和"高品质生活宜居地"，提出具有现实价值的策略和方向，通过促进企业科技创新、提升城市功能和改善生态环境，长江经济带可以成为引领中国高质量发展的示范区域。

总之，通过这一系列的深入探讨与实证研究，本书不仅旨在构建一个更加立体、细致的理论框架，还致力于为解决现实问题提供实用的策略与洞见，推动我国乃至全球范围内环境规制与金融发展在促进企业创新方面的有效协同。

1.3 研究的内容与方法

1.3.1 研究内容及研究框架

依照本书的研究思路，本书分八个章节对研究进行展开，主要研究内容如下：

第1章为绪论。本章主要阐述了研究的背景、目标、研究的思路与意义，以及研究的内容与方法。最后，相对于已有文献的研究成果，本章总结了本书在三个方面的创新之处。

第2章为理论基础与文献回顾。本章主要总结了创新理论、融资约束理论、企业投资决策理论、环境规制相关理论以及金融发展理论等经典理论基础；在此基础之上梳理了国内外关于环境规制与金融发展水平影响企业创新投入的研究成果，剖析了现有文献的观点、结论与研究方法，为本书的论证提供理论依据。

第3章为理论分析框架的搭建。本章运用逻辑推演的方法，将环境规制的作用按照直接与间接效应、动力与压力机制、鼓励与限制性措施进行分解，从创新意愿和创新资金保障两个角度探讨了环境规制对制造企业创新投入的作用；在此基础之上，引入金融发展五大功能对企业融资的影响，解析环境规制与金融发展通过融资约束形成的作用路径，构建环境规制、金融发展与制造企业创新投入的理论分析框架；利用系统动力学方法，构建了制造企业创新投入的系统动力模型，并进行模拟和灵敏度分析，对本书的理论分析框架进行补充。

第4章为现状分析。本章详细地分析了长江经济带内制造业上市企业的规模、行业细分、地理分布及研发投入情况。同时，利用综合指标测算方法评价长江经济带内各城市的环境规制水平，并分析其时空演变情况。同时选用适当的指标对金融发展水平进行计算，并与其他两个经济圈的测算结果进行对比分析。

第5章为实证检验的第一部分——分析环境规制对城市绿色技术水平创新投入的影响。本章主要利用多元回归估计方法，实证检验了长江经济带各城市的环境规制对绿色技术创新的影响，并在此基础之上建立了空间杜宾模型，研究了环境规制对绿色技术创新的空间溢出作用。本章根据实证结果，进一步对长江经济带的样本数据进行深入剖析，基于不同银行业竞争程度、城市创新水平和区域发展异质性等因素，检验不同条件下环境规制对制造企业创新投入的异质性影响。

第6章为实证检验的第二部分——分析环境规制对制造企业创新投入的影响。本章主要利用系统 GMM 动态面板估计方法，实证检验了长江经济带内各地级市的环境规制对制造业上市企业创新投入的影响，并结合其他两个经济圈的数据进行对比分析。根据实证结果，本章进一步对长江经济带的样本数据进行深入剖析，基于不同产权性质、规模及现金持有量等因素，检验不同条件下环境规制对制造企业创新投入的异质性影响；并利用双重差分模型，进一步分析导致长江经济带与其他经济圈存在差异的原因。

第7章为实证检验的第三部分——分析环境规制、金融发展水平对制造企业创新投入的影响及作用路径。本章在前一章的模型基础之上，引入金融发展水平的量化指标，检验金融发展水平对制造企业创新投入的影响。随后，本章检验了融资约束在环境规制与企业创新投入之间存在的中介作用，并进一步检验金融发展水平对融资约束的中介过程起到的调节作用，全面地描绘了环境规制、金融发展水平通过企业融资约束水平对制造企业创新投入产生影响的作用链条。

第8章为本书的主要结论、政策建议与研究展望。本章凝练了整个研究的主要结论，并提出了优化制造企业创新环境的政策制度建议。

图 1.2 为本书的研究框架。

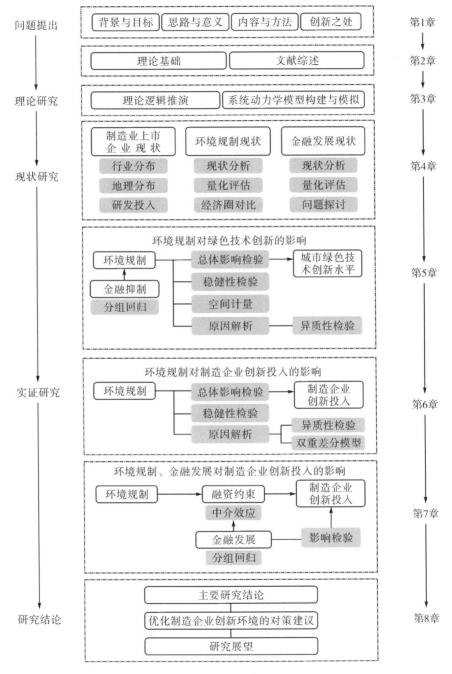

图 1.2　研究框架

1.3.2 研究方法及数据说明

1.3.2.1 研究方法

本书遵循定性研究与定量研究相结合、理论推导和实证分析综合应用的原则，基于金融学、环境经济学、产业经济学、统计学、会计学与计量经济学等跨学科的理论运用，对应不同章节的研究内容，选择适用的研究方法。在理论分析中，本书采取文献研究法，通过广泛收集和研读经典理论及国内外前沿学术论文，对国内外相关研究成果进行梳理和综述，对具有代表性的成果观点进行重点研究，了解环境规制、金融发展与企业创新投入的研究现状，梳理关键变量，厘清环境规制、金融发展对创新投入的关键作用机理。在理论研究和数据处理过程中，采用 Vensim、ArcGIS 等工具进行模型构建和数据可视化，丰富研究结果的呈现方式；在实证检验中，借助 Stata、SPSSAU 等软件对数据进行处理和分析。核心章节的研究方法见表 1.1。

表 1.1　核心章节中使用的研究方法

章节	研究内容	研究方法
第 3 章	理论分析	逻辑分析法、系统动力学模型的构建与灵敏度分析
第 4 章	现状分析	描述性统计分析、熵值法、Dagum 基尼系数、核密度图、马尔可夫链
第 5 章	实证检验第一部分	固定效应模型、空间杜宾模型
第 6 章	实证检验第二部分	系统 GMM 动态面板模型、双重差分模型
第 7 章	实证检验第三部分	系统 GMM 动态面板模型、中介效应模型

1.3.2.2 样本范围及数据说明

本书在现状分析与实证分析部分，主要聚焦长江经济带的各个城市，分析区域内制造业上市企业的研发投入情况、环境规制水平、金融发展水平，以及三者之间的关系。进一步地，为了进行横向对比，本书将长江经济带包含的三大城市群的研究结果与珠三角和京津冀经济圈进行对比。在研究开始之前，需要对这五个经济圈的范围进行界定。

根据《成渝地区双城经济圈建设规划纲要》，成渝地区双城经济圈的规划范围包括重庆市的中心城区及万州、涪陵、綦江、大足、黔江、长寿、江津、合川、永川、南川、璧山、铜梁、潼南、荣昌、梁平、丰都、垫江、忠县等 27 个区（县）以及开州、云阳的部分地区，四川省的成都、自贡、泸州、德阳、绵阳（除平武县、北川县）、遂宁、内江、乐山、南充、眉山、宜宾、广安、达州（除万源市）、雅安（除天全县、宝兴县）、资阳等 15 个市。本书中成渝地区双城经济圈的范围主要指区域内的 16 个城市：重庆市（全市）、成都市、自贡市、泸州市、德阳市、绵阳市、遂宁市、内江市、乐山市、南充市、眉山市、宜宾市、广安市、达州市、雅安市、资阳市。本书出于以下三点考虑，未将重庆市内的 27 个区县单列研究：第一，由于本书涉及与珠三角和京津冀两个经济圈的对比，为了保证研究的统一性，参照现有文献中对其他经济圈的处理方式，不单列各个直辖市下辖的区、县，而将其作为一个城市进行研究；第二，现有的统计年鉴和公开数据中并未找到 2012—2021 年重庆市各个区县的工业废水、工业二氧化硫及工业烟粉尘排放量等环境污染情况的完整数据，为保证实证数据的完整性，采用重庆市统计年鉴中公布的重庆全市的环境污染数据进行研究；第三，2019 年位于重庆市的 27 家制造业 A 股上市企业中，仅有 5 家位于非主城区，样本量过少。

长江中游城市群是以武汉城市圈、环长株潭城市群、环鄱阳湖城市群为主体形成的特大型城市群，规划范围包括：湖北省武汉市、黄石市、鄂州市、黄冈市、孝感市、咸宁市、仙桃市、潜江市、天门市、襄阳市、宜昌市、荆州市、荆门市，湖南省长沙市、株洲市、湘潭市、岳阳市、益阳市、常德市、衡阳市、娄底市，江西省南昌市、九江市、景德镇市、鹰潭市、新余市、宜春市、萍乡市、上饶市及抚州市、吉安市的部分县（区）。

长三角洲地区——上海市、南京市、无锡市、徐州市、常州市、苏州市、南通市、连云港市、淮安市、盐城市、扬州市、镇江市、泰州市、宿迁市、杭州市、宁波市、温州市、绍兴市、湖州市、嘉兴市、金华市、衢州市、舟山市、台州市、丽水市、合肥市、芜湖市、马鞍山市、铜陵市、安庆市、宣城市、蚌埠市、淮北市、淮南市、宿州市、阜阳市、亳州市、六安市、黄山市、池州市、滁州市；

珠三角洲地区——广州市、深圳市、珠海市、佛山市、惠州市、东莞市、中山市、江门市、肇庆市（虽然现阶段常将珠三角与香港特别行政区、澳门特别行政区地区并称粤港澳大湾区，但由于本书涉及 A 股上市企业的研究，暂不将香港特别行政区、澳门特别行政区纳入本次研究）；

京津冀地区——北京市、天津市、石家庄市、秦皇岛市、邯郸市、邢台市、保定市、张家口市、承德市、沧州市、衡水市、安阳市（由于唐山市和廊坊市的环境数据缺失过多，暂未纳入本次研究）。

本书的研究数据均来源于公开数据，以确保数据严格真实准确，各地区环境规制与金融发展数据来源于《中国统计年鉴》《中国城市统计年鉴》《成渝城市群统计年鉴》《中国环境年鉴》以及四个经济圈中各省、各市（区县）的统计年鉴或生态环境局的公开数据；实证检验中的企业数据来源于 CSMAR 经济数据库中的上市企业财务数据。具体的数据处理过程在相应章节进行了详细说明。

此外，截至本书完稿，较多城市 2022 年的工业三废数据没有公布，因此本书的实证研究部分选用了 2012 年至 2021 年十年的数据进行检验。

1.4 研究的创新之处

相对于已有文献的研究成果，本书在以下三个方面进行探索和创新：

（1）系统地构建了制造企业创新投入的理论分析框架。首先，本书在深入剖析现有文献和理论基础之上，开创性地搭建了一个综合性的制造企业创新投入理论分析框架。通过细致挖掘环境经济学、金融学的深刻内涵，本书不仅限于理论的简单整合，而是创造性地从资金可得性与成本负担的双重视角，深度剖析了环境规制与金融发展水平如何共同作用于企业创新投入的核心环节，并巧妙融合了金融发展理论的广度、融资优序理论的深度以及投资决策理论的实践导向，形成了一个多层次、多维度的理论架构，旨在全面解析环境规制与金融发展如何在宏观与微观层面上影响企业的创新投资决策。其次，为了确保理论框架的严谨性和实践性，本书引入了一系列经典的企业投资理论模型作为支撑。其中包括企业投资决策模型，该模型为我们提供了理解企业如何在面对外部规制变化与内部资金状况时作出理性投资决策的基础；自由现金流假说，它帮助我们洞察企业资金充裕度如何影响其创新投资的动机与能力；投资-现金流敏感模型，它揭示了现金流变化与企业投资行为之间复杂的动态关系。通过这些理论工具的综合运用，本书得以深入挖掘环境规制与金融发展水平对企业创新投入机制的影响路径。最后，为了更直观、动态地展现这一复杂作用机制，本书采用了系统动力学这一先进方法论。通过构建精细的系统动力学模型，本书模拟了环境规制调整如何通过影响企业的融资成本与融资可得性，进而制约或激励其研发投入的具体过程，同时还展示了金融发展水平提升如何通过优化资本结构、降低资金壁垒，为企业的创新活动提供强大推动力的内在逻辑。这一模型的运用，验证了理论框架的有效性，用新的视角去透视环境规制与金融发展如何交织作用，共同塑造企业创新投入决策的动态景象，从而为政策制定者和企业管理者提供了深刻的洞见和有力的决策支持。

（2）清晰地刻画了长江经济带的相关现实背景。本书着眼于长江经济带，在现有研究的基础上，结合本书的理论逻辑选择了合适的指标，系统地分析了区域内制造业上市企业的基本情况与研发投入情况、环境规制水平与金融发展水平的现状，借助图表清晰地描绘了长江经济带制造业上市企业的发展图景与金融发展水平的历史变化；通过 Dagum 基尼系数、核密度图以及空间马尔可夫链等方法分析了区域内环境规制的区域差异、空间变化以及分布动态演进；通过与其他经济圈的情况对比，有助于定位长江经济带以及其三大经济圈的发展阶段与发展方向。

（3）用多元化的研究方法检验出了新的结论。本书综合运用空间杜宾模型、GMM 动态面板模型、双重差分模型、中介效应模型、调节效应模型等多元化的计量分析方法，从不同的角度，检验了长江经济带内各城市的环境规制与金融发展水平对区域内的制造业上市企业创新投入的作用，发现环境规制在一定程度上阻碍了长江经济带内制造业上市企业创新投入水平的提高，这一结论可能与现有的部分研究结论并不一致。本书通过进一步分析发现，造成这一现象的原因是严苛的环境制度导致污染较高的制造企业承受了较大的环保压力，对于一部分重污染制造企业而言，环境规制对其创新投入资金保障的负面作用超过了其正面作用，因此最终表现为消极影响；而这些受严格管控的企业在长江经济带中占据着较大的比例，因此总体的检验结果为负。然而，这一结果并未否定环境规制在推动制造业发展中的积极作用，而是洞悉了现阶段可能存在的问题。本书通过对环境规制、金融发展水平与企业创新投入的作用路径的探讨和检验，验证了企业融资约束在环境规制与企业创新投入之间的中介作用，以及金融发展水平的调节作用。这一实证为解决现有问题提供了思路，即我们可以通过优化企业的融资环境以及促进环境规制与金融发展水平的配套实施，充分调动环境规制与金融体系对绿色发展的动力。本书从宏观问题出发，探讨了宏观环境变化对企业微观行为决策的影响机制，搭建了从宏观问题研究到微观企业问题研究的桥梁，研究结论有助于完善制造企业创新环境的政策制度。

2 理论基础与文献综述

探讨环境规制、金融发展水平与企业创新投入的关系，我们需要充分理解相关经典理论及学术界已有的研究观点。本章在整理经典理论的基础上，回顾了研究环境规制与企业创新投入、金融发展水平与企业创新投入的理论与实证研究成果，力图找到环境规制与金融发展水平对企业创新投入产生影响的关键作用机理。本章第一节归纳了相关的经典理论，为后文理论分析框架的构建提供坚实的理论基础；第二节回顾了企业创新、环境规制与金融发展的现有研究成果，总结了学者在既有研究中所用的分析方法与提出的学术观点，通过文献的归纳分析，确定了从企业投融资理论的角度探讨环境规制、金融发展水平与企业创新投入三者相关关系的可能性，以及联结三者关系的纽带，即企业融资约束。

2.1 理论基础

本节梳理了创新理论的起源与发展，总结了 MM 理论、融资有序理论、投资–现金流敏感模型、现金–现金流敏感模型等融资约束相关理论，新古典投资理论、企业自由现金流假说、代理成本理论等企业投资决策相关理论，以及环境规制与金融发展的相关学术史与理论发展过程，为后文三者关系的探讨提供理论支撑。

2.1.1 创新理论的形成与发展

创新（Innovation）的概念源于约瑟夫·熊彼特（Joseph Alois Schumpeter）于 1934 年在《经济发展理论》①中提出的"创新理论"[1]。随后，

---

① 《经济发展理论》最早于 1912 年用德文出版，但 1934 年英文版出版后，才引起学术界更多的关注。

在其《经济周期》和《资本主义、社会主义和民主主义》等著作中，熊彼特进一步丰富了其理论阐释，形成了以创新理论为基础的创新理论体系。熊彼特创新理论基本包括以下四个核心要素：一是创新是经济发展的核心动力，经济发展本质上是由技术革新和生产力组织方式的创新所引发的，这些创新带来了经济领域的创造性变革。二是"创造性破坏"的产生过程，即新技术的出现和新行业的兴起，它们逐渐取代了过时的技术和行业，推动经济持续进步和发展。三是企业家是创新的关键角色，是创新活动的主要推动者。四是经济周期形成的原理，他指出经济周期是经济发展的自然产物，是创新活动不连续性特征的直接后果。

"创新"是熊彼特的经济理论的核心概念，他认为创新是"当我们把所能支配的原材料和力量结合起来，生产其他的东西，或者用不同的方法生产相同的东西"，即实现了生产手段的新组合。换而言之，企业家将生产要素和生产条件进行重新组合，建立起一种新的生产函数（a new combination）。在熊彼特的论述中，企业家的职能就是创新，企业家作为资本主义的"灵魂"，通过创新推动了资本主义经济的发展。创新不仅代表"新组合"的诞生，也必然伴随着对旧结构的破坏，因此熊彼特又把创新称为"创造性的破坏过程"。正所谓不破不立，经济发展本质上就是不断破坏又不断创造的过程。

熊彼特认为，创新的根本目的是谋取经济社会中存在着的某种潜在利益，这种潜在利益可能隐藏在未被充分利用的资源、未被满足的市场需求或未被改进的生产过程中。企业家作为敏锐的市场观察者和风险承担者，识别出这些潜在的利益时，就会主动地投资或吸引资金进行投资，投入到创新活动中。在追逐利益的过程中，为了不断地获取更大的利益，企业家会不断地寻求改进生产函数，也就是寻找更有效的生产方式。熊彼特认为，创新不是外部强加给生产过程的东西，而是内生于生产过程中的。它是企业在追求竞争优势和利润最大化的内在驱动下，自然而然地产生的一种变化。这种变化往往是不连续的、突发的，它可能会在短时间内改变整个行业的竞争格局，甚至引发整个经济结构的重大调整。

熊彼特在其创新理论的基础上，进一步提出了多层次的经济周期理论，即资本主义经济运行中会出现繁荣、衰退、萧条、复苏四个阶段，并形成循环往复的周期模式。在熊彼特的静态一般均衡模型中，企业之间没有垄断利润，经济处于一种"简单再生产"的状态。然而，这种均衡状态是脆弱的，因为企业家总是不断地寻找新的机会来获取利润。当企业家发现了市场中未被满足的需求或者新的技术机会时，他们就会受到潜在利益的激励，开始进行创新活动。企业家通过开发新产品或改进生产过程，利用新产品和生产要素之间的价值差额来获取超额利润。这种成功创新的示范效应会吸引其他企业追随、模仿甚至进行进一步的创新，从而逐渐形成一股创新投资的浪潮。这种创新浪潮会推动生产力的提升，促进经济的快速发展，并进入繁荣阶段。然而，随着越来越多的企业参与创新，市场竞争变得更加激烈，创新的超额利润开始被稀释，因为新的竞争者进入市场后，会提供类似的产品或服务。随着利润的压缩，企业创新的动力逐渐减弱，经济开始从繁荣转向衰退，最终可能进入萧条阶段。在这个阶段，创新的减少导致了经济增长的放缓，甚至出现负增长。但是，正如熊彼特所描述的，这种萧条阶段为下一轮创新提供了土壤。当新的潜在利益被发现，企业家们将重新开始创新活动，经济又会逐渐复苏，并重新进入繁荣阶段，完成一个经济周期的循环。熊彼特所提出的"创新理论"强调了生产技术和方法的创新对资本主义经济发展的关键作用，解释了创新活动推动生产力提升和经济持续发展的作用过程，突破了传统西方传统经济学对经济发展的认知。

随着技术革命的不断发展，学术界越来越关注和重视熊彼特的创新理论，并将其发展成为西方经济学中的两个重要分支，即关注技术变革和推广的技术创新经济学，以及关注制度形成和变迁的制度创新经济学。技术创新经济学将熊彼特的创新理论与新古典主义微观经济学的理论有机地结合起来，探讨创新对经济增长的作用。技术创新经济学也经历了几个重要的阶段：1957年，索洛（Robert Merton Solow）提出了著名的新古典经济增长模型，指出资本、劳动和技术进步是经济增长的主要动力，强调了技术进步对经济增长的贡献[2]。他认为，技术进步能够带来创新收益，从而推动经济增长。但是技术进步受到正外部性、非独占性等因素的影响，降低技术创新积极性，导致市场失灵，无法有效分配资源，从而阻碍技术创新的进程。为克服这些市场失灵因素，索洛认为政府应该加强干预，制定相应的政策制度来促进技术创新的迅速发展。而后罗默（Paul Romer）在1986年提出了内生经济增长模型，将知识积累视作技术进步和经济增长的动力，强调技术进步是一个内生变量，在经济发展中有着重要影响。罗默将知识纳入生产函数，强调了知识和人力资本投资在经济增长中的重要作用，罗默认为知识具有产生递增收益的特性，该特性使得知识成为经济增长的持续动力，同时知识的积累不仅直接影响经济增长，而且还会影响资本和劳动力等其他生产要素的递增收益，这就意味着经济增长可以在不依赖外生技术进步的情况下，通过内在的知识积累和创新过程来实现[3]。

此后，在 Segerstrom（1990）、Aghion 和 Howitt（1992）等学者的贡献下，新熊彼得增长理论逐渐成熟[4][5]。新熊彼特理论结合了演化经济学、复杂性科学、系统理论等跨学科理论，着重于从制度与组织的深层次角度阐释企业创新的驱动机制，进而展开对于经济动态演变的全新探讨。该理论强调，产业结构的调整、市场构成的变迁以及制度环境的不断演进，共同构成了影响企业创新能力和经济发展路径的关键因素（Nelson 等，1993）[6]。新古典增长理论认为技术进步是外生的，强调自由竞争和市场调节，且不同国家的经济增长过程存在趋同性，但这些理论并不能完全解释现实中经济发展存在的各种问题，而新熊彼特增长理论在一定程度上解释了这些疑惑，阐释了经济增长率差异产生的原因和经济持续增长的可能（柳卸林 等，2017[7]）。

新熊彼特增长理论强调了金融对经济发展的作用，货币制度和银行、股市等对于企业的资本获取起到了十分重要的作用。事实上，企业家和银行家之间存在一种共生关系，企业家为银行家提供了通过投资获得利润的可能性，而银行家通过为企业提供资金，帮助企业家承担了创新过程中可能存在的风险。新熊彼特理论的提出使得人们对创新的探讨不再局限于科学与技术创新的领域，而是涵盖了社会、制度、组织以及政治领域等多个层次的创新，经济和社会的发展要同时考虑到不同领域之间的共同作用，因此新熊彼特理论对理解和研究现代经济的发展具有非常重要的意义。学者们在新熊彼特增长理论的基础上，对创新与经济增长的关系进行了新的探索，发现新熊彼特理论能更好地拟合现实的经济发展状况（Kosempel，2004[8]；Hanusch 和 Pyka，2007[9]）。

2.1.2 企业融资约束理论

企业创新活动需要其不断地资金投入，为了保障企业的经营存续和竞争力的提高，资本的获取至关重要，因此对于现代企业而言，融资决策是企业决策的重要组成部分。关于企业融资行为的研究，尤其是融资结构与融资约束问题一直是经济学、管理学和金融学等学科研究的重点内容。最初，融资约束的成因及其测度方法是企业融资理论研究的重点；随着创新的重要性日益凸显，大量学者开始研究企业创新的融资约束问题。随着 20 世纪 70 年代信息经济学的兴起，信息不对称理论也开始渗透到融资理论研究中来。信息不对称和信贷配给等问题，导致企业的内源融资成本和外源融资成本之间存在差异，进而导致融资约束问题。

2.1.2.1　MM 定理

MM 定理（Modigliani 和 Miller，1958[10]）作为经典的财务理论，为企业融资问题的研究奠定了基础。MM 定理假定企业的现金流不受资本结构的影响，且不存在交易成本和套利机会。在完美的资本市场中，企业的投资决策独立于其融资活动，企业在做出投资决策时，仅考虑当前项目的现金流净现值是否超过其资本支出。同时，企业的外部资本和内部资本可完全相互替代，即企业能够以与内部资金相同的成本筹集外部资金。在这种情况下，企业的融资决策不影响投资决策，融资活动不影响企业的价值。Modigliani 和 Miller 等（1963）在 MM 理论基础上，考虑了税收对公司财务决策的影响，对 MM 理论进行了修正，发现单位主体可以通过负债增加避税受益，降低资金成本，完全负债是市场单位主体最优的资本结构；但是，随着债务比例的增加，公司的财务风险也会增加，于是他们又在该理论中增加了破产成本和代理成本（Jensen 等，1976[11]）。MM 理论仅适用于信息透明的成熟市场，现实中并不存在如此完美的资本市场，特别是在短期内，信息不对称使得外部融资的成本明显高于内部融资成本，外部资本和内部资本不能完全替代，外部资金成本与内部资金成本的差异导致企业融资约束的存在。

2.1.2.2　信息不对称与融资优序理论

在一般经济理论中，市场参与者通常被假定为完全理性的行为人，这意味着他们在做出决策时拥有所有相关信息，并且能够做出基于完全信息的"最优"选择。然而，这种完全理性的假设在现实世界中往往受到批评，因为它忽视了市场摩擦和信息收集成本的存在。因此，为了更准确地描述和预测经济行为，经济学家通常会采用不完全信息决策的假设。不完全信息决策即表现为不同参与者的信息不对称。信息不对称（Asymmetric Information）是指在交易过程中，买卖双方对某一商品或资产的信息掌握程度不同，从而导致市场效率低下和资源配置扭曲的现象。这一概念最早由经济学家乔治·阿克洛夫（George A. Akerlof）在 1970 年提出，他通过分析二手车市场来阐述这一问题。在阿克洛夫的二手车市场模型中，卖者对车辆的状况拥有比买者更多的信息，即卖者知道车辆的真实质量，而买者只能根据市场上的平均质量来估计车辆的质量，因此他们愿意支付的价格只能反映市场上劣质车的平均价格。结果导致即使市场上存在优质车，卖者也不会接受买者所提出的价格，因为这样的价格低于优质车的真实价值。阿克洛夫指出，这种信息不对称会导致市场出现"柠檬效应"，即优质商品的卖家退出市场，而只有劣质商品的卖家留在市场上。这种现象会导致市场萎缩，市场价格低于在买卖双方都拥有完全信息情况下的价格。这种价格差异，即"柠檬溢价"，反映了由信息不对称导致的市场效率损失。

Greenwald、Stigliz 和 Weiss（1984），Myers 和 Majluf（1984）在资本市场的研究中引入了信息不对称问题，建立了不完美市场下的融资优序理论（Pecking Order Theory），该理论阐释了企业内部融资和外部融资的差异[12][13]。由于存在信息不对称，外部投资者很难客观评估投资项目的质量。为了降低信息不对称带来的风险，外部投资者不得不投入额外的时间和资源去搜寻和分析相关信息，产生额外成本，导致企业通过外部融资筹集资金的成本高于内部融资的成本。在现实中，企业可能会面临不同程度的融资约束，这取决于企业的财务状况、行业特性、市场环境等多种因素。当企业不愿意或无法承担因信息不对称而产生的外部融资成本溢价时，它们可能会选择限制投资规模，转而依赖内部资金来满足其投资需求。然而，由于内部资金的有限性，当内部资金无法满足投资需求时，则会出现投资不足的情况。此外，外源融资一般包含了股权融资和债券融资，Greenwald、Stigliz 和 Weiss 认为好的公司将主要依赖于债务融资，由于股权融资和债券融资的成本均高于内源融资，因此当企业有资金需求时，会优先利用内部积累的资金进行投资和扩张，避免对外部投资者披露信息，减少外部融资带来的成本。而外源融资中，股权融资与债权融资的成本也存在差异。Myers 和 Majluf 的研究发现，公司在决定是否发行新股票时，会考虑到现有股东和潜在新股东之间的利益平衡，也就是新股票的发行必须能够提高公司的整体价值，从而为现有股东带来额外的收益，并且由于信息不对称，投资者可能会在企业发行新股时调低股票价格，且发行股票也可能向市场传递企业资产质量恶化、财务状况不佳的信息，这两种情况均会导致股价下跌，企业市场价值降低。与股权融资不同的是，企业通过债务融资来筹集资金时，通常需要在借款合同中明确约定还款期限和利息支付条款。这些硬性的财务条款为企业带来了一定的约束，即企业必须按时偿还本金和利息。这种硬性的财务约束，有助于提高企业的财务透明度和信用度，向投资者和市场展示企业良好的经营状况和财务管理能力。因此，在股权融资和债权融资之间，企业通常会优先选择债权融资。综合来看，企业在筹集资金时通常会遵循内部融资、债权融资、股权融资的次序。

2.1.2.3 投资-现金流敏感模型

Fazzari 等（1988）的研究也证实了融资约束的存在[14]。该研究利用股利支付率来衡量企业的留存收益，反映企业的内部资金数量，进而作为企业融资约束程度的替代指标；股利支付率越低，意味着企业保留的收益越多，内部资金越充裕，这通常表明企业面临的融资约束程度较低。通过实证研究发现，企业在进行投资决策时，会受到内部现金流状况的显著影响。具体来说，企业内部现金流对投资行为有着显著的激励作用，而企业融资约束程度越高，投资行为对现金流的敏感程度越高。Fazzari 等人的研究衍生出了"投资-现金流敏感模型"：当融资约束存在时，高额的外部融资成本使得企业的投资活动依赖于内部资金，此时内部资金的数量决定了企业的投资行为，因此"投资-现金流敏感性模型"将企业投资与现金流的正相关关系视作企业外部融资约束存在的依据。

2.1.2.4 现金-现金流敏感模型

由于托宾 Q 衡量的误差问题和投资-现金流敏感性的动因识别问题，一些学者发现投资-现金流敏感度不能充分证明融资约束的存在。针对投资-现金流敏感模型存在的问题，Almeida 等（2004）提出"现金-现金流敏感模型"[15]。该模型表明，由于企业内外部融资成本的差异，企业的现金持有量被视为一种应对未来不确定性的缓冲机制。这种缓冲不仅包括了预防性储备，以应对潜在的融资需求波动，还包括了机会性储备，以抓住突然出现的投资机会。对于存在融资约束的企业，由于外源融资成本提高，企业出于预防和储备需求，会增加现金持有量，对来自于经营活动的现金流进行适当留存，用储备的现金来应对投资需求，以减少对外部融资的依赖，并避免因融资成本过高而带来的财务风险。此时，企业家不再通过持有现金的机会成本与流动性便利来权衡企业的最优现金持有量。因此，企业现金流与现金资产持有量的变化之间的正向关系证明了企业存在外部融资约束的问题。"现金-现金流敏感模型"与传统的"投资-现金流敏感模型",是研究企业融资约束问题的两个主流实证框架,"现金-现金流敏感模型"更加直接地捕捉了融资约束对企业现金政策的影响。在"投资-现金流敏感模型"中,投资对现金流的敏感性被用来间接推断融资约束的存在,但这种推断可能受到其他因素的影响,如代理问题或企业对未来收益的预期。而"现金-现金流敏感模型"则直接观察企业的现金持有行为,因此被认为是对融资约束问题的一种更为直接和有力的检验。随着研究的深入,"现金-现金流敏感"模型在学术界得到了广泛的认可和应用。

2.1.3　企业投资决策理论

企业创新投入作为推动企业持续成长与转型升级的关键驱动力,其决策过程需要对企业内外部环境进行全方位、深层次的剖析。这不仅涉及对市场趋势的敏锐洞察、竞争对手动态的精准捕捉,还包括对政策导向、技术进步、消费者偏好的深刻理解,以及对全球经济环境变化的及时响应。企业必须立足于自身的实际情况,细致评估其财务健康状况、资金筹措能力、风险承受限度以及技术创新与研发转化的潜力,这些都是构成创新投入决策不可或缺的基本要素。在这一系列考量中,企业的资金筹集能力是基础,它决定了企业是否有足够的资源投入到高风险、长周期的创新活动中。项目风险评估则要求企业具备前瞻性的视野,既要识别短期内可能遇到的技术瓶颈、市场接纳度等直接风险,也要预见远期的行业变革、法规调整等潜在挑战。而企业的创新能力,涵盖了组织文化、人才结构、研发体系等多个维度,是确保创新项目成功落地并转化为市场优势的核心竞争力。

因此,企业投资决策绝不是孤立的行为,而是需要科学、系统的理论框架作为支撑。这包括但不限于运用现代财务管理理论来优化资本结构、评估项目净现值;采用风险管理理论来识别、量化并控制潜在风险;借助创新管理理论来激发内部创造力、加速技术商业化进程。通过这些理论的综合应用,企业可以构建出一套既符合自身特色又适应外部环境变化的创新投入决策机制,为企业的未来发展奠定坚实的基础。

2.1.3.1　新古典投资理论

Jorgenson(1963)等在 MM 定理的基础上,将企业投资决策看作企业最优调整速率的决策[16]。基于企业价值最大化的目标，理想的资本投入水平是指资本存量的边际成本与其边际收益相等时企业的投资水平，企业会持续监控其资本存量，并根据成本和收益的变化进行调整。因此，企业的投资行为可以视作企业不断优化其资本水平，向最优资本存量调整的过程。新古典投资理论为理解和分析企业投资行为提供了一个有用的框架，但其局限性在于其假设条件较为严格，如完美信息和市场、企业利润最大化的单一目标等，这些条件在现实中往往无法完全满足。

2.1.3.2　企业自由现金流假说

1986 年 Michael Jensen 在其《自由现金流量的代理成本、公司财务与收购》一文中提出了自由现金流量假说（Free Cash Flow）[17]。自由现金流量是指当企业支付完所有净现值大于零的投资项目所需资金后的剩余现金流量，而管理者与股东对于企业自由现金流的留存方式通常存在不同意见，这就导致了管理者与股东之间存在代理冲突。当管理者以股东价值最大化为目标时，在企业自由现金流充足的前提下，其会将现金全部以股利的形式分配给股东，此时如果企业需要进行额外的投资活动，则可能会出现资金短缺的情况。相反，如果管理者为了保证企业不断发展，或是由于职业发展和薪资报酬等个人目的，减少股利分配，将留存的资金用于继续扩大公司规模，则会提高企业的投资水平，但也会加剧管理者与股东之间的冲突。在 Jensen 的自由现金流量假说理论基础上，Rappaport（1990）建立了拉巴波特价值评估模型（也被称为贴现现金流模型），从销售及销售增长率、边际营业利润、新增固定资产投资、新增营运资本和资本成本等五个方面评价企业的价值[18]。根据 Rappaport 的计算方法，自由现金流量就是在减去固定资产投资、营运资本、管理资金等现金支出，并扣除税金之后，按贴现率进行贴现后的企业现金持有现值。自由现金流假说和拉巴波特价值评估模型成为了企业价值评估和投资决策的重要理论工具。

2.1.3.3　代理成本理论

企业的代理问题是自由现金流假说的来源。代理问题一词的产生要追溯至 Berle 和 Means（1932）在文中首次指出了代理理论的定义，并将其运用于公司之中[19]。20 世纪 70 年代末，Jensen 和 Meckling（1976）共同提出委托代理理论，随着企业规模的不断扩大，社会分工理念要求企业所有者将企业的经营权分离，并将企业交给职业经理人来管理，企业所有者享有所有权以及其带来的收益，而职业经理人则负责企业的日常经营管理并获得相应报酬，二者由此形成代理关系，这种方式有利于提高企业的经营效率[20]。同时，职业经理人在合理的激励机制下，能够通过提升企业业绩，达成与企业所有者双赢的目标。然而，两权分离也带来了一定的风险，即企业所有者、股东和职业经理人的目标的差异，会导致所有者与股东、所有者与职业经理人以及股东与职业经理人之间的冲突。按照理性人的假设，职业经理人和企业所有者都追求自身利益最大化，因此可能会出现"委托-代理"问题，即职业经理人由于不需要承担在职消费的全部成本，出现过度在职消费的行为，导致公司利益减少。企业为解决委托代理问题，会产生代理成本。从委托者角度看，委托者为了抑制职业经理人的机会主义行为，需要采取合理的措施激励和监督职业经理人，由此产生了监督成本；然而，即使委托人采取了保护自身利益的措施，其仍然不能使职业经理人和企业所有者的利益达成一致，而这种利益差异所造成的委托人的利益损失被称为"剩余损失"。从职业经理人角度来看，其在经营管理企业过程中证明自己的诚信与能力所付出成本则为担保成本。委托者承担的剩余损失和监督成本、职业经理人的担保成本，共同构成了代理成本。

2.1.4　环境规制相关理论

作为经济增长不可或缺的基础，环境资源以其稀缺性、公共性以及可能导致负面外部效应的特点，对可持续发展提出了严峻挑战。若资源利用超出环境所能承受的极限，则不仅会对经济发展构成长远威胁，而且将大大增加环境修复的复杂性和成本。因此，解决环境问题刻不容缓。在此背景下，环境规制作为治理污染和保障经济健康发展的核心策略，具有显著的污染控制效力（Rugman 等，1998[21]）。政府有必要加强对环境管理的控制力度，出台科学合理的环保政策，以有效应对环境污染的挑战。

2.1.4.1　制度经济学

制度经济学是研究经济活动中的制度对个体和社会的影响的经济学分支。不同的经济学家对制度的理解不同，从而形成了不同的理论体系，西方制度经济学可以分为旧制度经济学和新制度经济学两个阶段。

旧制度经济学以托斯丹·邦德·凡勃伦（Thorstein Bunde Veblen）、约翰·康芒斯（John Commons）、克莱伦斯·米契尔（Clarence Mitchell），Veblen 最早将制度的概念纳入经济学中，他将制度理解为个人或社会对某些关系或作用的一般思想习惯，强调制度是演进的结构，受环境影响并随个人思想习惯的变化而变化。Commons 则将制度视为约束个人行动的集体行动规范与规定，强调法律应符合大多数人利益，主张用政治和法律手段来规范经济活动，以达到效率和公平。Mitchell 主要关注经济制度的动态变化，认为制度是经济活动中的稳定因素。新制度经济学的代表人物有罗纳德·科斯（Ronald Coase）、道格拉斯·诺斯（Douglass North）、奥利弗·威廉姆森（Oliver Williamson）等。Coase 在 1937 年发表的论文《企业的性质》中，引入了交易成本概念，强调企业之所以存在，是因为其节约了市场的交易成本；Coase 在 1960 年发表的《社会成本问题》中提出交易成本的存在使得财产权的初始分配影响资源配置效率，从而凸显了制度的重要性。North 则从制度变迁的角度展开研究，而制度变迁是一个制度确立后，最初社会主体会适应和遵守这个制度。但随着自身发展和环境变化，旧制度可能不再满足当前需求，导致制度供给和需求出现非均衡。这种非均衡会促使社会主体寻求创新的制度变革，直至新的制度供求达到均衡。North 认为制度的变迁是一个动态的"平衡–非平衡–再平衡"的过程，即制度具有稳定性与路径依赖性，制度变迁是收益更高的制度替代收益较低的制度的过程，同时他还认为制度及其变迁会对生态环境和长期经济增长产生影响。

因此，不同的经济学家对制度的理解不同，但都认为制度对经济活动有重要影响。环境规制作为具体的制度安排，是政府对企业行为的限制，通过环保制度安排，政府可以促使企业改变行为，实现环保目标，体现了制度经济学理论在实际中的应用。

2.1.4.2 环境规制的概念与分类

"规制"一词译于"Regulation"，有时也被译作"管制"。环境规制最早由环保组织对于提出复杂化的环保政策，为得到法律上的支持和保护而提出和应用的（Portney，1981[22]）。Stigler（1996）认为规制是为了实现某些利益而制定的干预市场配置机制的一系列规则措施的总和[23]。环境规制（Environmental Regulation）的概念十分宽泛，目前学术界对于环境规制的定义与内涵尚无清晰、权威的界定。作为社会性规制的重要内容之一，环境规制的主要作用是解决市场失灵的情况下环境污染所产生的负外部效应，并满足人类对生态环境改善的需求。最初环境规制的概念局限于政府制定并实施政策制度，对环境污染进行规范治理，以实现生态环境优化。

狭义的环境规制工具包括许可证制度、环境禁令等。在学术研究中，学者薄文广等（2018）研究将"环境规制"概念与"政府环境规制"等同，指出环境规制主要被理解为政府采取的一系列强制性政策和规章制度[24]。Zhang（2012）的观点进一步强调了政府在环境规制中的核心作用，认为环境规制本质上是政府政策的一部分。其核心目标在于消除或减少环境污染带来的经济成本，即避免污染所造成的不经济性[25]。Dasgupta 和 Wheeler 在 1997 年的研究中拓展了环境规制的概念，认为环境规制的主体不仅限于政府机构，还包括了社区、社会组织和公众等多样的参与者[26]。这种观点突破了传统的环境规制框架，强调了非政府行为者在环境保护中的重要作用。现实中，随着环境税、环境补贴、排污权等市场化环境规制工具的产生，环境规制逐渐从单一的行政手段拓展到市场经济手段，既有政府直接对环境污染进行的干预，又有通过市场机制对环境资源进行重新配置。随着人们环保意识的提高，生态标签、环境认证和减排协议等自愿性规制手段日益普及，依赖于经济主体的环保意识和素养的间接环境规制逐渐受到关注。张天悦（2014）将环境规制定义为具备法定权限及相对独立性的政府管理机构，为修正与优化市场机制的内在缺陷，对微观经济活动实施的一种强制性介入、管控或限制行为[27]。傅京燕（2010）[28]、胡建辉（2017）[29]等众多学者一致认同，环境规制是一种旨在维护公共福祉的社会性调控机制，通过政府立法与政策引导，旨在纠正环境污染产生的负面外部效应，并引导企业及消费者行为向有利于环境保护的方向调整，以促进环境保护与经济增长的双赢局面。张倩（2016）则从更广泛的角度阐释，视环境规制为一套全面规则体系，旨在预防与管控环境污染[30]。

环境规制可通过税收与产出限制等措施来控制污染排放（Wang 等，2021[31]）。从法律的角度来看，环境规制旨在通过最严格的制度与最严密的法治手段，构筑生态保护的坚固防线，强调实现有效减排的核心在于根本性地转变环保责任主体的行为模式，激励并推动其采取积极主动的环境保护行动，这才是成功的关键所在（张平淡 等，2019[32]）。环境规制的主要目标是解决环境污染带来的负面外部性，保护和提高环境质量。在实现这一终极目标的路径上，不同地区和政府可能会有不同的侧重点和策略。

环境规制的手段十分丰富，根据不同的分类标准，早期由于规制经济学发展局限，公众环保意识缺乏，对环境规制工具的划分方式为两分法。López-Gámereo 等人（2010）[33]以及 Williams（2012）[34]将环境规制分为两种主要类型：命令控制型和经济激励型。张嫚（2005）[35]、齐绍洲等（2018）[36]、王娟茹和张渝（2018）[37]将环境规制分为命令控制型环境规制和以市场为基础的激励型环境规制。也有学者将环境规制分为以政府为主体的正式环境规制和公众、媒体以及社会团体等为主体的非正式环境规制两种类型（苏昕和周升师，2019[38]；郑晓舟等，2021[39]；Huang和Peng，2023[40]）。而目前最为常见的分类方式是将环境规制划分为命令控制型、市场激励型和公众参与型三类（吴磊，2020[41]；张爱美，2021[42]）。类似的也有将环境规制分为正式型和非正式型环境规制两类，其中正式型包括命令控制型和市场激励型两种，非正式型规制即公众参与型。命令控制型环境规制是指政府通过法律、规章、制度、行政命令对企业的排污行为进行控制和监管。命令控制型环境规制也被称为法律规制或行政规制，具有权威性和强制约束性的特点。市场激励型环境规制是指管理部门以市场机制为出发点，通过明确的市场信号使企业做出行为决策。市场激励型环境规制具有激励性与非强制性的特征，主要采用经济手段，包括明确产权、建立市场、税收手段、收费手段、财政手段、责任制度、押金制度、发行债券等。市场激励型环境规制具有经济效率高、行政成本低、激励效果好、多样性丰富、灵活性强以及长期效果明显等优点。公众参与型环境规制则主要为政府依据环境法赋予公众参与环境保护与监管的权利和义务，表示政府部门在环境行为、环境监管和环境决策上愿意吸纳公众意见、获取公众认可。随着环境保护和经济发展进入新阶段，绿色信贷（林伯强等，2022[43]）、绿色金融（文书洋等，2022[44]）等市场型环境规制工具也被纳入环境政策体系中。顺应新一代信息技术革命的到来，政府通过构建环境信息交流平台与公众建立起互动桥梁，借此渠道吸纳民众对环境质量的直接监督，从而共筑绿色监管的新格局。另外，也有部分学者以二分法和三分法为依据，从企业和个人的主体差异角度对自愿参与型环境规制进行细分，提出"四分法"。赵玉民等（2009）将环境规制分为显性规制（包括与环境相关的有形法律法规、激励措施或自发行为）和隐性规制（包括无形的环保意识）[45]。张崇辉等（2013）基于CHME理论，将环境规制分为命令型、激励型、自愿型和意识型四类，这种分类方式突出了企业和公众个人在环保意识方面的区别[46]。

2.1.4.3　环境规制与市场失灵理论

在传统新古典经济学领域，市场失灵描述的是市场机制在分配商品与

服务时未能实现帕累托最优状态，导致社会总体福利的减少。这一概念在
Francis M. Bator 1958 年的文章《市场失灵的剖析》中被正式命名，其理论
根源可追溯至亨利·西奇威克对外部性和公共物品的早期研究。市场失灵
的成因多种多样，包括公共物品的特性、信息的不对称、缺乏竞争的市场
结构以及外部性等因素。一方面，环境污染通常是一种具有负外部性的行
为，而环境规制就是政府解决外部性问题的干预手段，因此外部性理论通
常被认为是环境规制理论的基础；另一方面，环境也是一种公共物品，具
有产权不确定的性质，市场机制无法有效配置资源就会引起市场失灵。

　　Marshall（1890）最早提出了外部性的概念：当一个经济主体的活动
影响了另一个经济主体的福利时，这种影响对另一个经济主体无论是有利
还是不利，都并非该经济主体自己所得，这种无意且无需补偿的"非市场
性"附带影响就称为外部性[47]。其中，一方在其活动过程中给另一方带来
的有利影响就是正外部性，而如果一方给另一方造成了福利损失，并且未
给予补偿，则会产生负外部性。

　　Pigou（1920）在 Marshall 的理论基础上加以拓展，将经济主体扩大到
企业与居民之间，认为经济主体以非市场方式对他人的福利造成影响。
Pigou 运用边际分析的方法来探讨外部性问题，并提出在生产活动中，边
际私人成本或收益与边际社会成本或收益存在差异，当生产活动为其他经
济主体带来了非市场性的利益时，这时便产生了"边际社会收益"，也就
是正外部性；反之，如果其他经济主体因生产活动而遭受非市场性的损
失，这时便产生了"边际社会成本"，即负外部性。在这种情况下，单纯
依靠市场机制和自由竞争是无法实现资源的最优配置，进而也无法实现社
会福利的最大化，此时社会资源配置的非最优效率表明了外部性问题的存
在，而政府干预可以减缓这种外部性导致的福利缺失[48]。环境污染是负外
部性的一个突出实例。具体而言，当企业排放污染物时，它对周围居民的
生活环境质量造成了损害，并导致社会为处理污染支付更高的成本，而造
成污染的企业并不需要承担这些外部成本，从而形成了环境污染的负外部
性效应，此时政府须介入，并制定相关政策。同时，环境保护也具有正外
部性，这意味着环境保护行动的社会收益大于个人或企业的收益，此时个
人或企业由于不能实现利益最大化而缺乏保护环境的动力，因此，为了解
决这些问题，我们需要将环境的外部性内部化，使产生环境成本的主体承
担这些成本。这样，企业和个人就会更积极地采取环保措施，从而有助于

解决长期的环境问题。

然而，Coase（1960）提出了不同的看法，他认为 Pigou 所提倡的征税或补贴的方式并不是解决外部性问题的最优手段，"庇古税"的实际效果可能与预期有差距，甚至可能引发寻租和资源配置扭曲问题。他认为，产权问题才是引发外部性问题并导致市场失灵的主要原因之一，即在没有交易成本的情况下，能通过市场交易和自愿谈判来实现最优化的资源分配；当存在交易成本时，制度的存在与选择是非常重要的。在产权划分清楚的情况下，非政府手段的市场交易则可能是外部性内部化的更优选择[49]。Pigou 和 Coase 的理论在许多环境规制工具中得到体现，用于解决环境污染的外部性问题。例如，污染税和排污费都运用了"庇古税"的理论，而污染物排放许可证、污染排放权交易等制度则是运用了科斯的理论，推动了环境治理中产权问题的解决。

公共物品理论主要是研究公共事务的经济理论。Paul Samuelson 首先明确了公共物品的概念，即一个人的使用不会减少他人使用的可能性。Richard Musgrave 进一步描述了公共物品的两个关键属性：非竞争性，即新增消费不会增加其他消费者的边际成本；非排他性，意味着无法阻止他人使用同一物品。这些特性导致人们可能不愿为公共物品的生产付费，而是选择免费享用，即"搭便车"。环境资源过度使用可能导致"公地悲剧"，揭示市场在提供公共物品时的局限。因此，政府需要通过政策和措施为公共物品定价，并在市场中扮演调节和补充的角色。

2.1.4.4 环境规制的量化方法

环境规制的量化难度较高，现有研究中对环境规制的度量方法主要分为三类：单一指标测算法、综合指标测算法以及指标体系测算法。单一指标测算法采用环境法规数量、污染治理效果、企业污染治理成本或环保投资等单个统计指标来量化环境规制。命令控制型的常用指标包括环保标准或环保法规数量（李永友，沈坤荣，2008[50]）、企业污染治理成本（董敏杰，2011[51]；吴力波 等，2014[52]）以及环保投资总额占 GDP 比重（覃琼霞 等，2022[53]）、工业行业污染治理运行费用（景维民，张璐，2014[54]）、排污费用以及环境税（师帅 等，2021[55]；李博 等，2023[56]）。Liu L 等（2022）以环境行政处罚案件和环境污染治理投资额与 GDP 的比值来综合衡量命令控制型环境规制强度[57]，这类指标所需数据通常由政府部门公布，或是在政府部门监管下由企业主动上报，保证了数据的准确性与客观性。自愿型环境规制常采用环境问题来信、来访批次量以及党政机关报道的环境保护新闻通稿数量总和（周鹏飞和沈洋，2022[58]）、政府工作报告中环境保护相关词频（陈诗一和陈登科，2018[59]）、企业信息披露（Jiang等，2021[60]）、环境相关的人大建议与政协提案数（王晗和何枭吟，2022[61]）等。也有学者考虑用多个维度的指标来表征，韩先锋和宋文飞（2022）选用累计颁布环境法规数量、环境污染来信来访总数、环境治理投资额与同期GDP比值分别表征命令型环境规制、自愿型环境规制和经济型环境规制三个维度[62]。熊灵等（2023）则是细分为两个维度，即用地方性环保法规数量以及环境执法处罚的罚没额表征命令型环境规制，环境保护税和一般公共预算支出中绿色科学技术支出表征市场型环境规制[63]。单一指标测算的方法通常都相对片面，而环境规制的内涵广泛，很难通过某一项指标来衡量环境规制多方面的作用。同时，单一指标测度忽略了绝对指标的区域异质性、行业异质性和个体异质性。例如，经济发展水平较高、地区产值总量大的地区，污染排放量则相对较高，污染治理投资随之增大，但这并不代表该地区的环境规制比经济发展落后的地区严格。

第二类是通过一系列综合指标来进行测算，其在一定程度上弥补了单一指标的测度维度不全面的问题。具体而言，其包括工业污染排放的综合测算指数（赵霄伟，2014[64]；余东华和胡亚男，2016[65]），各项工业污染废物排放达标率（李玲和陶锋，2012[66]；钱争鸣和刘晓晨，2015[67]），标准化后的治理污染成本与标准化后的工业三废污染排放量比重（沈悦和任一鑫，2021[68]），环境政策数量与污染治理投资与工业增加值之比（李胜兰等，2014[69]）以及以工业污水、工业二氧化硫、工业烟尘的脱除率、工业固体废弃物的综合利用为依据，将各省份的污染物排放量在全国的比例进行加权平均来度量命令型环境规制（尹礼汇，2022[70]）。黄和平等（2022）基于生活污水处理率、生活垃圾无害化处理率以及固体废弃物利用率三个指标，采用熵权法综合测度了环境规制强度[71]。江三良与鹿才保（2022）从环境治理的中期控制与事后改善两个维度出发，选择了PM2.5排放强度、污水处理厂集中处理率等关键指标，运用熵值法系统地评估并量化了正式环境规制的强度。Pargal 和 Wheeler（1996）[72]、孙景兵和孟玉玲（2022）[73]选取了收入水平、人口密度、教育水平指标，利用熵值法综合得到非正式环境规制强度指数。这类指标通常由多个单一指标计算而来，从投入、产出等多个角度对环境规制进行量化，比单一指标量化方式更为全面。

第三类则通常为指标体系的构建（原毅军和谢荣辉，2014[74]；沈坤荣等，2017[75]），这种方式相对而言更为系统、科学。这类指标的计算通常需要赋值，例如李昭华、蒋冰冰（2009）根据环境政策所规制的不同对象，将环境政策实施后的政策强度赋值增加 5 或者 10 以区分政策变化前后的政策强度[76]。然而，在指标体系构建过程中，指标的选择和赋值存在较大的主观因素，损失了一定的客观性，导致指标的计算更为复杂。

2.1.4.5 新地理经济学

在推动制造业绿色发展的背景下，环境规制的影响主要聚焦于生态环境的改善与保护。然而，环境规制的空间效应研究并非孤立于地理学或经济学之外，而是两者相互交织、融合的产物。传统的区域经济学和城市经济学研究已经触及了地理空间的议题，如区位理论和区际产业转移理论，这些理论探讨了产业在选择区位和区域间迁移时的影响因素，初步揭示了地理空间在经济活动中的导向作用。

在 20 世纪 90 年代，保罗·克鲁格曼等人引领了经济学领域的一次重大理论创新，即新经济地理学（New Economic Geography，NEG）。这一理论的核心在于将运输成本作为一个关键变量纳入经济学分析，同时将经济学的建模方法引入地理学研究中，使用简化的经济学模型来分析复杂的空间分布和空间效应[77]。克鲁格曼在新经济地理学中着重研究了"报酬递增规律"如何影响产业的空间集聚。他认为，地理与市场之间的紧密联系是导致产业在空间上非均匀分布的根本原因。这种方法论上的创新为理解空间效应提供了新的视角和工具。新地理经济学进一步强调了空间因素在经济决策中的作用，认为地理位置、运输成本和市场规模等因素对产业分布和经济活动有着深远的影响。克鲁格曼等学者提出的核心-边缘模型（Core-Periphery Model）就是一个典型例子，它描述了经济活动如何在空间上形成集中的核心区域和相对边缘的区域，这种模型有助于我们理解环境规制如何通过影响产业布局和贸易模式，进而对制造业绿色发展产生空间效应。

空间效应的研究主要涉及空间异质性和空间相关性两个方面。在探讨制造业创新绿色发展视角下环境规制的空间效应时，我们首先需要理解环境规制的本质目标。环境规制的根本目的是控制和减少环境污染，保障生态平衡和人民健康。然而，环境污染具有显著的空间特性，不同地区的环境质量和污染程度往往存在差异，这就要求环境规制措施必须考虑到空间异质性。空间异质性指的是不同地区在环境规制强度上的差异，以及在其他地区特定因素的影响下，相似的环境规制投入可能会产生不同的效果，显示出环境规制效率在空间上的结构性差异。例如，一些地区可能由于工业基础雄厚，面临更大的环境污染压力，因此需要更为严格的环境规制措施。而另一些地区可能以服务业或农业为主，环境污染问题相对较轻，环境规制措施可以相对宽松。在制造业绿色发展的框架下，一方面，这种空间异质性表现为不同地区制造业领域在污染减排方面的效率差异国；另一方面，空间相关性的考察是环境规制研究中的一个重要维度，涉及环境规制措施对邻近地区环境质量的间接影响。首先，空间溢出是经济活动外部性的空间体现，包括物质溢出和经济溢出。环境规制的空间溢出效应不仅源于工业污染物的地理扩散，还可能由于环境规制政策导致的经济活动转移，如"污染天堂假说"所描述的，严格的环保标准可能导致污染产业迁移到规制较宽松的地区，从而在空间上产生新的环境污染点。其次，空间布局效应则是指环境规制通过影响产业布局和城市发展规划，进而影响环境质量的空间分布。这种规制手段可以促使企业在选址时更加考虑环境的因素，从而优化空间布局，减少环境污染。

综上所述，环境规制的空间效应是一个多维度的概念，包括了空间异质性和空间溢出效应。我们在研究环境规制的空间效应时，需要同时站在地理学和经济学的研究视角综合考虑，包括新地理经济学提供的方法论，以确保对环境规制政策的理解和评估更加全面和准确。通过这样的综合分析，我们可以更好地设计环境规制政策，促进工业的绿色创新和可持续发展。

2.1.5 金融发展相关理论

2.1.5.1 金融发展理论

Raymond W. Goldsmith（1969）首次提出"金融发展即为金融结构的变迁"，建立了金融发展水平和金融结构的测度指标体系，系统研究了三十余个国家的金融结构状况[78]，其中金融结构是指各种金融工具的存量以及金融机构的规模。他们首次利用金融相关率来量化金融深化水平。1973年，Ronald Mckinnon 和 Edward Shaw 在 Raymond W. Goldsmith 的理论基础上对金融发展的定义进行了拓展，认为金融发展不仅指金融资产规模的增加，也包括金融资产类型的增加、金融机构数量的增加等[79][80]。Allen 和

Gale（2000）提出，金融主体可以按金融发展的模式分为"银行主导型"和"市场主导型"两种金融结构[81]，众多学者围绕这一理论展开激烈讨论。Levine（2002）和 Stulz（2001）所推崇的银行主导论认为银行在甄别信息、监管和资源利用等方面具有先天的优势，同时也更利于企业的跨期资产管理，因此这种金融发展模式更有助于促进经济增长[82][83]。然而，市场主导论认为以市场为主导的金融结构更有利于灵活的分配资源，金融市场中丰富的金融工具能够帮助企业分散风险。

此外，白钦先（2005）对传统的金融发展理论进行了深入地剖析，拓展和深化了金融结构理论和金融发展理论，从"金融结构演进""金融功能演进"的角度对金融发展提出了新的认识，认为金融结构不能简单地按照银行主导与市场主导、间接融资与直接融资、货币型金融产品与非货币型金融产品等方式来划分，而是要从"质"的角度将各类金融资产区分开来[84]。近年来，随着学者们围绕金融结构展开更深、更广的讨论，学术界对市场主导论的观点也发出了更多质疑的声音。事实上，各国和地区的经济发展阶段不同，所适应的金融结构也有所不同，以银行为主的金融体系和以市场为主的金融体系各有优劣，因此事实上并不存在最优的金融结构。充分发挥金融中介和市场的功能，带动经济发展，才是优化金融结构的最终目的。金融创新和技术进步是推动金融发展的重要动力，它们在促进金融行业自身成长的同时，也为整体经济的增长提供了支持。金融技术的发展有助于拓宽信贷市场的覆盖范围，促使储蓄和投资渠道的多样化，提高储蓄率和投资率，进而提高经济增长率（格利 等，2019[85]）；金融发展对优化资源配置、推动经济发展有着至关重要的作用。金融发展通过最优化自然资源租金利用率的方式，促进贷款向私人部门的流动，从而促进经济发展（Asif 等，2020[86]）。

2.1.5.2 金融自由化与金融抑制

Mckinnon 和 Shaw 在拓展金融发展理论的同时，也讨论了"金融抑制"与"金融深化"的内涵，强调经济中的金融部门与经济发展息息相关。Mckinnon 认为发展中国家的金融市场不完整，普遍存在着金融抑制现象，主流经济学派的货币金融理论并不适合发展中国家；解除金融抑制，实现以金融自由化为核心的金融深化才是更为合适的策略。Shaw 从"分工—交易"的角度提出了相似的金融自由化战略。二者的理论都强调：政府对金融市场的过度干预导致市场竞争受限，这时处于金融抑制状态，利率管制等政策可能使得储蓄和投资的动力减弱，金融中介机构的功能发挥受限，从而对经济增长产生负面影响。当政府适度放松管制，允许市场机制在利率形成中发挥更大作用时，这不仅有助于吸引更多的储蓄资金，还能提高资金配置的效率，促进投资活动的增加。随着投资效率的提升和经济的增长，国民的收入水平和储蓄能力得到提高，对金融服务的需求也相应增加，这将进一步推动金融市场的深化和发展，即金融深化。金融深化与金融抑制之间相互联系并相互制约。新凯恩斯主义学派认为，在市场失灵的情况下，政府在金融市场中的作用十分关键。Stiglitz（1994）分析了不完全信息和不完全竞争条件下金融市场失灵的问题，对金融自由化理论的实践提出了质疑，认为在不完全信息和不完全竞争市场的前提下，无法实现帕累托最优，此时适当的政府干预才能有效提高经济体的效率[87]。此外，Kapur（1976）、Fry（1978）等人相继提出了经过更为严密论证的金融抑制模型，对"麦金农—肖"框架进行了拓展[88][89]，其研究结论都与Stiglitz的观点相悖，因此学术界对金融抑制与金融自由化等相互矛盾的政策工具一直存在较大的争议。

Hellman、Murdock和Stiglitz（1997）在其著作《金融约束：一个新的分析框架》中提出了金融约束的概念，认为"金融约束"为发展中国家提供了介于金融深化和金融发展之间的一种选择[90]。在理想情况下，金融约束可以为民间部门创造租金，这也是其与金融抑制手段的根本区别。与金融自由化类似，金融约束实施的前提条件也十分苛刻，既要保证宏观经济环境的稳定，通货膨胀率易于控制，又要在限制市场准入的同时保持银行业的竞争环境，这些条件在现实中仍然很难同时满足，最终政府对利率和银行业的管控依然会演变成金融抑制。

金融抑制通常源自于政府的赶超战略（林毅夫和孙希芳，2005[91]），政府通过设定低利率等手段干预金融市场，向国有企业或特定产业倾斜金融资源，金融抑制型政策虽然以促进经济社会发展为初衷，但却未能真正达成这样的目标，通常会导致金融资源的分配效率低下，限制了金融市场的发展潜力。对于发展中国家而言，这种金融发展滞后的现象并不罕见（King和Levine，1993[295]）。中国政府为应对2008年全球金融危机，采取了巨大的财政刺激计划，这虽然使中国的经济免遭重创，但也在某种程度上加剧了金融抑制的程度。如果说在这之前，金融抑制仍被认为是有利于经济发展的，那么在2008年的全球金融危机之后，金融抑制对经济发展的影响则需要被重新审视。Bas 和 Causa（2013）通过测算发现，如果中国的金融政策与经济合作与发展组织［以下简称经合组织（OECD）］的成员国的平均水平保持一致，其可以将制造业的劳动生产率提高 6.5%[92]。Xu 和 Gui（2019）发现，政府对银行的控制权和信贷错配等金融抑制手段也存在导致金融危机的潜在风险[93]。吴茂光和冯涛（2022）发现金融抑制与系统性金融风险之间存在 U 形关系，而金融监管可弱化两者的关系[94]。当今，中国是世界金融抑制程度较高的国家之一（Huang and Ji，2017[95]）。金融抑制导致金融资源错配，对金融发展造成了负面影响。

2.1.5.3　金融功能理论

King 和 Levine（1993[295]）从金融对经济发展的功能角度讨论了金融发展对经济增长的影响。传统的金融功能理论认为金融体系是相对稳定的，当金融机构、金融组织或市场主体出现问题时，政府应当在既定体系下采取措施。然而，当金融相关的制度和法规不足以应对金融系统的快速发展时，金融体系可能会出现较大的效率损失。因此，新的金融功能理论应运而生。Merton 和 Bodie（1993）认为金融功能相对于金融体系而言更为稳定，虽然金融机构随着社会和经济的发展产生了较大的变化，现代金融机构也早已和早期的货币机构截然不同，但金融体系的功能并没有发生本质的改变[96]。不论金融发展水平如何，金融体系的功能都包括提供多样化的金融工具、聚集资金并合理进行配置、解决信息不对称导致的委托代理问题，降低或分散风险等。Levine（2005）对金融功能的分类进行了重新定义，论述了金融中介机构和市场对经济增长的重要性[97]。随着经济与社会的不断发展，金融机构的组织形式和运行模式发生了相应的变化，互联网金融、数字金融的发展就是最好的映证；并且金融结构也会随着治理思路与政策目标的不同而产生变化。然而金融系统的功能是相对稳定的，无论金融体系如何发展变化，其储蓄调动、分散风险及资源配置等功能都不变，因此从金融功能的角度研究金融对经济发展的作用要优于从金融制度的角度来进行研究。当金融供给与金融需求相匹配，金融结构与经济结构相匹配，金融功能才能得到有效的发挥（郑联盛，2019[98]）。近年来，随着可持续发展议题的兴起，金融功能理论也开始被应用于研究环境与可持续金融之中，Battiston（2017）等学者探讨了金融系统如何通过创新金融产品和服务支持绿色经济，以及如何通过环境风险管理功能促进经济向低碳转型，体现了金融功能理论在新时代背景下的新应用和发展方向[99]。

2.2　文献综述

本节首先从企业创新对经济发展的作用、创新的度量方法及其影响因素等角度梳理了企业创新的相关文献；随后回顾了环境规制与企业创新投入相关关系的研究成果，对"波特假说"的内容进行了详细探讨，并对围绕"波特假说"展开的一系列学术讨论进行了简要总结；最后梳理了现有文献中有关金融发展与企业创新投入相关关系的研究内容。

2.2.1　企业创新的作用、测度与影响因素

2.2.1.1　创新对经济发展的作用

自熊彼特创新理论提出以来，创新活动被视为企业竞争力提升的源泉和持续增长的动因，同时又被视作技术进步和经济增长的关键因素。随着技术革命的兴起，科技进步对经济发展的积极作用愈发受到关注。基于创新的内涵，学者从不同的角度探讨了创新对经济发展的作用。从宏观层面来看，Aghion 和 Howitt（1992）提出，创新不仅直接增加产出，还能通过技术进步促进产业结构升级，进一步拉动经济增长[100]。倪红福等（2014）也认为创新有助于实现技术进步和长期经济增长[101]。Hasan 和 Tucci（2010）在全球范围内的研究中也发现，一个国家的公司所拥有的专利数量与该国的经济发展水平之间存在正相关关系[102]。谢兰云（2013）使用空间计量模型对省级面板数据进行实证分析，发现创新投入对经济增长的影响存在空间溢出效应[103]。Adak（2015）探究了科技投入与经济增长的关系，指出科技创新对经济发展具有推动作用[104]。Batabyal 和 Yoo（2017）研究表明过程创新是引导区域经济增长的主要动力[105]。同样，杨玉忠和王瑾（2018）通过实证分析，发现创新投入显著促进了地区经济发展[106]。郝金磊和尹萌（2019）在省级面板数据基础上使用空间计量模型研究发现企业科技协同创新投入能够正向刺激该区域当期的经济增长[107]。喻登科和李娇（2021）则从创新质量视角切入，探究其对区域高质量发展水平的影响[108]。Mughal 等（2022）用南亚数据实证研究得出技术创新在减少环境污染和促进经济发展方面发挥着重要作用[109]。胡亮和李正辉（2010）研究证明创新对经济增长的作用是非线性的[110]。从微观层面来看，创新

活动关系到企业的竞争力与经营绩效，是企业长期持续发展的关键动力
（王核成，2001[111]），企业只有保证合理的研发投入水平，才能持续地获
得足够的市场竞争力。另外，企业还可以通过技术外溢提升创新效率和技
术水平（Grossman 和 Helpman，1990[112]；Keller，2004[113]），随着创新的
不断积累，逐渐推动着技术改进和生产效率的提高。董静和苟燕楠
（2010）发现，创新投入能有效提高资产运作效率，显著增加企业收
入[114]。创新投入也有助于企业提高盈利能力和营运能力（杜勇 等，
2014[115]），并且对民营企业的促进效果更为显著（尚洪涛和黄晓硕，
2018[116]），这种正向影响会随时间的推移而增强。创新投入对企业成长具
有显著的促进作用（马文聪 等，2013[117]），这种促进作用在中小企业
（刘睿智和王京，2021[118]）和非国有企业（吴延兵 等，2011[119]）中较明
显。创新投入可以有效提升企业竞争力（王卫星和杜靖，2021[120]），促进
企业形成新的竞争优势（帅红玉 等，2023[121]）。也有部分学者研究结果
与上述稍有不同，朱艳华和许敏（2013）的研究发现企业创新投入对企业
绩效的正向作用存在滞后效果[122]，但良好的内部控制可以减轻滞后作用
（孙自愿 等，2019[123]）。尹美群等（2018）研究得出对于技术密集型行
业，创新绩效存在周期效应，企业当期加大对创新的投入，能够有效提振
当期的经营业绩，但当期绩效的提升促使管理层放缓创新步伐，造成下期
绩效下降，进而再次增加创新投入[124]。王楠等（2021）利用面板门槛模
型研究得出，研发强度与当期企业成长呈"倒 U 形"的非线性关系，对下
期企业成长呈"U"形[125]。

2.2.1.2 企业创新的定义与测度

在熊彼特的创新理论中，创新被认为是通过"新的组合"打破旧的循
环，建立新的"创造性毁灭"，促使经济进入一个新的循环。熊彼特所提
出的"创新"包含五个层面：新的产品、新的生产方式、新的市场、新的
原材料以及新的组织。这五个层面则分别对应了产品创新、技术创新、市
场创新、材料创新与组织创新。对制造企业而言，技术创新是其创新活动
的一个重要组成部分。学者围绕熊彼特创新理论，从不同的角度对技术创
新的定义进行了阐述。Enos（1962）提出，技术创新是发明选择、资本投
入保证、组织建立、制定计划、招用工人和开辟市场等一系列活动共同作
用的结果[126]。Mansfield（1969）认为，技术创新是产生新的创意、形成
新的作品并进行市场化的完整过程[127]。1979 年，Freeman 将技术创新定

义为新的产品或技术商业化的全过程[128]。Utterback（1994）认为创新就是技术的实际采用或首次应用[129]。Burgelman 等人（1996）将技术创新视为一系列推动企业创新的特征的集合，这些特征包括企业的组织结构、文化环境、生产技术和发展战略等[130]。吴桂生（2000）对技术创新的定义与 Freeman 类似，认为技术创新是指一个新的技术构想经过研发或技术组合，运用于生产经营中，并产生一定经济效益的商业化过程[131]。刘劲杨（2002）提出，创新有多种形式，主要包括知识创新、技术创新和制度创新等，而技术创新特别指的是通过对现有技术的重新组合和优化，打破旧技术的限制，推动新技术的发展[132]。

学者们对技术创新的定义各有不同，并未形成严格统一的概念，对技术创新的衡量方式也没有统一的标准。不同行业、不同企业的"技术"很难进行统一评价，也难以用单一的标准去量化不同技术的创新成果。因此现阶段人们普遍接受的量化方式是从创新的投入、产出和效率等角度，在数据可得的基础上，选择有可比性的指标来量化企业的创新活动。创新投入的测度指标通常包含资金投入和人员投入。企业创新投入的衡量方式较为统一，通常采用企业研发投入占主营业务收入的比例（朱沆 等，2016[133]；夏清华，2019[134]；胡恒强 等，2020[135]）、研发人员占总人数的比例等指标来进行量化（钟田丽 等，2014[136]）。

不同学者对创新产出的衡量指标的研究存在较大差异。最为常见的指标是企业的专利申请与授权数量（贾俊生 等，2017[137]；Loukil，2020[138]）；另一个常见的量化方式是利用企业技术创新的收益或效果来估计企业创新产出水平，常用新产品产值占总产值的比重来衡量（戴静、张建华，2013[139]）。此外，企业利润、营业收入增长率和市值等指标也被一些学者用作创新产出的替代变量。

除上述方法外，一些研究采用 DEA 方法计算了创新的投入产出效率。董晓庆等（2014）运用基于 DEA 的 Malmquist 指数方法，对国有高新技术企业的创新效率进行了测度和评价[140]。董艳梅和朱英明（2015）通过构建两阶段动态网络 DEA 模型，对中国高技术产业创新效率进行了评价[141]。刘飒等（2020）基于三阶段 DEA 模型，对我国中小型高新技术企业的创新投入效率进行了更为严谨的测算[142]，张浩等（2023）基于三阶段 DEA-Tobit 模型，对我国智能制造企业技术创新效率进行测度分析[143]，均有效地提出了环境因素和随机噪声因素对测算结果的影响。

2.2.1.3 企业创新投入的影响因素

企业的创新活动涵盖了材料创新、设备创新、生产工艺创新、生产过程创新、产品创新等，涉及材料和燃料成本、研发人员薪酬、研发设备购置及维护费用、无形资产的摊销费用以及研发成果的评审和申请费用等多项支出，因此企业的创新投入水平会受到诸多企业内部和外部因素的影响。

企业的规模和公司治理特征等因素都会影响企业的创新投入决策。虽然企业规模对创新投入影响的研究成果丰富，但事实上学者们尚未形成统一的结论。一部分学者认为，相较于中小型企业，大型企业更能通过分散化的创新活动，达到降低研发项目风险的目的；同时，更高的市场主动权使得大型企业更易从创新活动中获利，因此大型企业创新的动机会更强烈（Koeller，1995[144]）。刘国新和李勃（2001）的研究发现规模越大的企业创新投入越多，但当企业规模超过一定程度时，规模对创新活动的影响逐渐减弱[145]。白俊红（2011）研究得出企业规模、市场竞争对创新效率有显著的线性正向影响[146]，苏昱霖等（2017）则认为企业规模对创新投入存在消极作用[147]。还有学者认为二者存在非线性关系，张国峰和陈方媛（2018）发现企业规模与研发投入呈现正"U"形关系，当企业规模大于一定水平时，企业规模的扩大才能正向促进企业研发投入[148]。

此外，股权性质、股东持股比例、激励机制等公司治理特征也会对企业的创新投入产生不同程度的影响。通常认为，国有企业具有更强的创新投入动力和相对更高的研发产出（李春涛和宋敏，2010[149]）。此外，对于家族企业，国有股权参股同样可以提高企业创新投入的意愿与资源，刺激企业进行创新活动（罗宏和秦际栋，2019[150]）。作为企业投资决策的实际执行人，高管的特征也是影响企业创新投入水平的关键之一。企业的创新投入不仅与高管激励水平正相关，也和高管任期有紧密的关联，临近退休的高管可能会出于自身利益考虑，减少创新投资（刘运国和刘雯，2007[151]）。刘鑫和薛有志（2014）基于前景理论分析了企业高管变动的影响，发现新的 CEO 上任后会减少企业的创新投入[152]。股东诉讼给管理者带来的诉讼风险也会降低管理者参与高风险创新项目的意愿（Lin 等，2021[153]）。黄雅茹（2023）认为高管通过学术深造掌握广博知识和专业技能，助力其紧跟科技前沿、行业动向和市场变迁，优化决策与应用，可以为企业带来创新和技术方面的竞争优势[154]。

除了企业的内部特征，在不同的外部环境下，企业也会做出不同的创新投资决策。Arrow（1962）认为，竞争性的市场结构能提高创新的收益率，从而促进企业创新[155]。还有部分学者认为垄断型产业对创新的作用并不如竞争性产业（Williamson，1965[156]；Mukhopadhyay，1985[157]；Nickell，1996[158]）。不同的是，Mansfield（1962）发现市场竞争对技术创新的影响是先促进后抑制的，市场竞争过高不利于创新[159]；Scherer（1967）[160]、和 Levin（1985）[161]等的研究也发现了市场集中度与研发活动之间的非线性关系。此外，Scherer（1965）和 Hamberg（1964）的研究发现市场集中度与研发活动正相关[162][163]。

政策环境也是影响企业创新投入的重要因素。通常认为，政府的技术创新补贴对企业研发投资具有积极的作用（Tzelepis 和 Skuras，2004[164]；Gomez 和 Sequeira，2014[165]）。王刚刚等（2017）、严若森等（2020）从融资约束角度进行分析，认为政府补贴能够间接提高被补贴企业的信用等级，适当缓解了企业的融资约束问题[166][167]。苗文龙等（2019）的研究发现，政府技术创新支出有助于促进企业技术创新支出的增加，尤其是对创新投入高于一定水平的企业，有着更好的促进作用[168]。在作用效果不同的各类政府补贴中，贷款贴息类的补贴政策对企业研发投入具有挤入互补效应，但无偿资助型的政策对企业创新投入并没有促进作用（张杰 等，2015[169]）。黄文娣等（2022）研究得出政府补贴对企业研发投入有正向激励效应，但效应非线性呈门槛特征，应持续对企业技术创新活动进行财政补贴[170]。陈东和法成迪（2019）认为相比于直接的政府补贴，税收优惠对企业创新投入的促进作用更胜一筹[171]。然而，也有一些研究发现政府补贴对企业研发活动的负面作用（McKenzie 和 Walls，2013[172]；Zuniga-Vicente，2014[173]）以及倒 U 形非线性关系（万文海 等，2022[174]）。

2.2.2 环境规制与企业创新投入

2.2.2.1 环境规制对企业创新的负面影响：新古典主义观点

新古典主义的传统观点认为环境规制对创新的作用是消极的，传统经济学家认为环境治理和工业行业竞争力之间存在持续的矛盾关系。由于高强度的环境规制伴随着更为严苛的污染排放管控措施，因此环境规制通常被认为会增加企业成本（Ackerman 和 Stewart，1988[175]；Fiorino，1999[176]）。Gray 和 Shadbegian（1995）的研究使用 1979—1990 年美国制造业的数据来分析环境规制对工厂生产率的影响，他们发现严格的环境规制会给企业带来额外的成本，导致生产率的显著下降，下降的幅度超出了研究者的预期。环境规制会对企业的资金和人员造成"挤占效应"，降低企业的生产率（Barbera 和 Mcconnell，1990[177]；Jaffe 等，1995[178]），降低制造业企业的财务绩效（He 等，2020[179]），导致企业不得不削减产品制造或经营管理的预算，从而降低企业研发水平（Walley 和 Whitehead，1994[180]）。传统的环境规制可能导致企业生产效率降低，阻碍企业创新（Chang，2013[181]），削弱企业的长期竞争力（Gray 和 Shadbegian，1998[182]），尤其是对于发展中的企业，环境规制的成本可能很高。张红凤和李睿（2022）发现，环境规制政策不利于中小型企业的绩效提升，对大型企业的绩效无显著影响。因而环境规制通过刺激技术改进而创造的收益并不能完全抵消合规成本，对企业而言环境规制仍是较大的负担[183]。

2.2.2.2 "波特假说"的提出

Porter 最早在 1991 年对传统的观点发出了反对的声音，认为环境管制与竞争力的提高并不冲突[184]。Porter 和 Van der Linde（1995）进一步阐释了"波特假说"的内涵[185]。减少污染和利润最大化遵循着相似的原则，其需求都是提高资源的利用率和减少不必要的生产活动。更重要的是，污染物排放超标表明产品生产工艺和过程中存在着缺陷，而环境规制能引导企业进行正确的技术革新。波特假说的提出对环境规制的研究具有里程碑式的意义。此后学者在研究环境规制与创新的关系时，都离不开对"波特假说"的探讨。

Porter 提出，环境规制可以提高企业的环保意识，迫使企业在环保压力下激发创新行为，以缓解环境规制带来的成本负担，通过"创新补偿"取得"先动优势"，在提高环境绩效的同时保障经济利益，进而提升企业的市场竞争力。这种观点被称为"波特假说"（Porter hypothesis）。1995年，Porter 与 Van der Linde 详细分析了环境规制下创新活动提升企业竞争力的过程，对学术界的质疑进行了解答，并完善了"波特假说"。后来，学术界对"波特假说"的探讨日益丰富，认为波特假说实际上包含三层含义：一是"弱"波特假说，认为合理设计的环境规制可以激励企业创新，采取更清洁、更有效的技术，从而提高资源使用效率和环境绩效。二是狭义的波特假说，认为与传统的命令控制型规制相比，那些设计得更为经济灵活的环境规制手段（如市场机制、经济激励等）更能有效地促进企业创新。三是"强"波特假说，即广义的波特假说，探讨了环境规制与企业竞争优势的关系，认为有效的环境规制不仅可以促使企业创新，还有助于提高企业的竞争力。

Porter 认为，在工业历史的过渡阶段中，企业在处理环境问题方面仍然缺乏经验。在过去，环境保护并不是企业的关注重点，也不是生产技术的主要领域。许多行业和企业对环境影响的认知仍然停留在比较浅显的层面，使得技术创新的收益不明朗，而企业环境治理的成本却是显而易见的。在此情况下，企业并不会主动地在每一项生产经营技术上进行创新，而是根据对竞争形势的判断做出选择。这时，政府的监管就起到了作用。合理设计的环境规制为企业污染治理的方式和技术创新的方向都提供了重要的指引。

在 Porter 的论述中，合理的环境规制设计有六个目的：第一，环境法规向企业发出一种信号，即企业现在的资源效率是低下的，企业可以通过技术创新改善现状。由于企业自身通常很难意识到其污染排放超标或资源利用效率低下等情况，也很难在没有市场引导的情况下做出技术改进，因此环境规制在此时起到信息传导的作用。第二，严格的环境规制通常要求企业提供更多、更详细的环境信息，这种信息披露机制能够迫使企业提高环境意识。这种信息监管往往并不强制企业减少污染，而是能够以较低的成本促进环境改善。第三，环境规制降低了环境投资的风险和不确定性。政府对环保的关注与重视传递出相应的信号，当政策对环保项目的偏向更为明显，环境项目的失败率会随之降低，收益率会有所提高。第四，环境规制对企业形成直接的压力。环境规制可以直接要求企业对生产技术进行改进，这有助于克服企业的创新惰性，培养企业创造性思维，并在一定程度上缓解委托代理问题。第五，环境规制也起到一种过渡作用。在企业形成环境意识到真正实现绿色发展的过程中，存在较长的过渡期，在这期间环境规制能确保企业不能通过回避环境投资的方式获得竞争优势。换而言之，在没有环境规制约束时，一些投机性企业，可能试图通过使用不利于环境保护但成本较低的手段，获得成本优势或价格优势，迅速占领市场，在获取竞争优势后再进行环保投资，环境监管则避免了这种情况出现。第六，合理设计的环境规制也能避免企业因为合规成本过高而放弃创新。技术创新并不总是完全抵消合规成本，在短期内技术创新所需要的研发成本可能使得企业的成本负担更重，在这种情况下，企业可能会放弃技术研发。为了保证环境质量的改善，政府有必要制定相应的规章制度。

严格的环境监管或许比宽松的环境监管更能促进企业创新，并产生更大的创新效益。在宽松的监管下，企业的压力不足，有时无须进行技术创新也能满足监管要求。然而，更严格的环境规制注重源头控制，促使企业更多地关注生产技术的改进。虽然严格的环境规制通常伴随着污染成本的提高，但以源头控制为目标的创新活动可能会更快达到预期效果，并产生更多的创新补偿，促进合规成本得到有效抵消，产生创新的净收益。创新补偿可以分为产品补偿和过程补偿：产品补偿是指在环境监管下，企业设计和生产出成本更低或质量更高、更安全的产品，或是通过回收利用等方式获取收益。过程补偿指的是新的技术使得企业在生产过程中，资源利用率提升、停机时间更少、能源消耗降低、原材料的使用量减少、储存和处理成本降低，或是更好地利用了生产过程中的副产品，为企业节约了大量的成本。

Porter 提出，能够促进创新抵消产生的环境规制应遵循三个原则：第一，要能为企业创新创造最大的机会，将创新的空间留给生产者；第二，环境法规应该促进技术的持续改进，而不是限制某些特定的环保技术；第三，环境监管过程应该致力于减少不确定性。因此，合理的环境规制可以总结为三点思路：设定更为灵活的目标，鼓励企业进行环境治理相关的技术创新，并以更为协调的方式进行环境监管。

围绕"波特假说"的理论，学界相继讨论和检验了环境规制对企业技术创新的作用，而研究的结果主要分为两类：一部分研究进一步验证了"波特假说"的观点；而另一部分研究则对"波特假说"提出了质疑或是探讨了其观点在现实中的局限性。也有部分学者研究发现强制型及公众参与型环境规制具有"强波特假说"的特征，而对于市场型环境规制来说，波特假说不一定成立（康志勇 等，2020[186]）。

2.2.2.3　环境规制对企业创新的促进作用

自波特假说提出之后，学术界对环境规制与企业创新之间关系的研究日益丰富，环境规制对企业创新的积极作用得到了进一步的验证（Kneller和 Manderson，2012[187]；Ford 等，2014[188]；Rubashkina 等，2015[189]；张国勇，2018）。O'Rourke（2004）的研究发现，环境法规可以通过鼓励企业进行自我评估和流程改进，从而激励企业创新[190]。Wang 等（2019）通过环境政策的严格程度量化环境规制，验证了强波特假说在经合组织

（OECD）成员国的工业部门的有效性，即环境规制促进了绿色发展[191]。张静晓等（2021）[192]、许文立和孙磊（2023）[193]认为"波特假说"在国内是成立的，提出市场型环境规制能够显著提高产业绿色创新效率，有助于企业通过创新效应提高经营绩效。

不同类型的环境规制工具对企业创新的作用可能有所不同。大多数相关研究都证实了自愿型环境规制更有利于促进企业创新（（Baumol 和 Oates，2004[194]；Bu 等，2020[195]）。Jiang 等人（2020）从环境信息披露和环境管理体系认证等角度验证了自愿型环境规制对企业创新的积极影响[196]。Sun 等（2021）的研究发现市场激励型和自愿型环境规制对企业创新成果的激励作用更为显著，并且创新投入在其中起到了中介作用[197]。而 Blind（2012）认为只有强制性的环境规制对企业技术创新有显著的积极影响[198]。Yang 等（2021）表明，直接监管政策可以刺激企业的绿色创新，领导者的晋升压力会对刺激有正向作用[199]。此外，环境规制的绿色技术创新的作用可能更为显著。Ahmed（2020）发现，从长期来看严格的环境政策减少了碳排放，激励了环境友好型技术的创新[200]；Czarnitzki 和 Hussinger（2004）也证明环境规制越严格，绿色技术创新效率提升越快[201]。

在一些文献中，企业创新作为一个有效的媒介，搭建了环境规制与经济社会发展之间的桥梁。李虹、邹庆（2018）在考虑了资源禀赋的影响下，验证了环境规制能够激励企业创新，进而促进了地区产业结构的升级转型[202]。然而有研究发现，虽然弱波特假说得到了验证，但强波特假说并没有得到有力支撑，严格的环境监管促进了创新，但未能促进生产率的提高（Hille 和 Möbius，2019）[203]。

2.2.2.4 "波特假说"的局限性

然而，另一些研究发现"波特假说"并不一定成立，它偏离了"利润最大化是企业最终目标"的假设（Palmer 等，1995[204]），因此环境规制并不一定会激励企业创新（蒋伏心 等，2013[205]）。Ramanathan 等人（2010）的研究也发现环境规制对企业创新没有积极影响[206]。Brunnermeier 和 Cohen（2003）对美国制造业的研究发现减排支出的增加和环境法规的执行并没有激励创新[207]。López-Gamero、Molina-Azorín 和 Claver-Cortés（2010）认为，虽然命令控制型的环境规制更能有效控制污染物排放，但同时会对企业技术创新产生负面影响[208]。Shi 等（2018）估计了中国碳排放交易试点政策对企业创新的影响，发现无论是受监管企业还是未受监管的企业，其创新都会受到负面影响[209]。

事实上，环境规制与创新之间不一定呈现稳定的线性关系。Acemoglu等（2012）和王杰（2014）的研究都表明，环境规制必须达到一定水平后才可能产生促进绿色创新的效果[210][211]；靳亚阁、常蕊（2016）发现我国环境规制整体上还处在一个相对较低的水平，未能有效刺激企业技术进步，对生产率的提高起不到积极的作用[212]；叶琴等（2018）得出环境规制对即期技术创新起阻碍作用，滞后一期起促进作用，弱波特假说成立有时间约束条件[213]。此外，环境规制对企业技术创新的抑制作用会随着经济水平的提高而改变，当经济水平发展到一定水平时，环境规制会促进企业创新，总体呈现出 U 形关系（Song 等，2019[214]；Wang 等，2020[215]）。Ouyang 等（2020）发现，从短期来看，环境规制抑制了中国的工业创新能力，但随着环境规制的深化，整个行业的技术被迫提高，从而降低了污染防控成本[216]。Liu 等（2020）认为环境规制对绿色过程创新具有非线性促进作用，其间存在政府补贴的门槛效应[217]。

环境规制的强度需要与地区的实际情况相匹配，由于经济发展水平（Du 等，2021[218]）、资源禀赋等条件的差异，环境规制对创新的影响表现出较为明显的地区异质性。对于绿色创新效率低的地区，一味地提高环境规制并不能起到预期的作用（陈斌和李拓，2020[219]）。

环境规制对创新的作用效果也取决于环境规制工具的选择（Luo 等，2021[220]）。张平等（2016）将环境规制分为费用型环境规制和投资型环境规制，并认为只有投资型环境规制能促进企业改良生产技术，同时降低技术创新的风险，实现有效的创新激励[221]；类似的，董景荣（2021）发现命令型规制、投资型规制可以促进绿色技术创新，而费用型规制对绿色技术创新的影响效果不显著，同时以上政策工具的效果还呈现出明显的地区异质性特征[222]。郭进（2019）的研究指出，征收排污费、环境保护财政支出等市场调控手段比环境行政处罚、地方性法规等命令控制型环境治理手段更有利于促进绿色技术创新[223]。杨艳芳和程翔（2021）的研究考虑了时滞效应得出，在短期内，命令控制性工具对企业绿色创新的正向影响更显著；而在长期，市场型工具和自愿型工具分别需要历经三年和两年的积累期后，才能充分发挥其对绿色创新进程的显著提振作用[224]。Weiss（2019）则认为只有"良好设计"的环境规制才能刺激企业创新[225]。

企业异质性是环境规制与企业创新关系中一个较为突出的特征。由于企业能力与资源的不同，能够积极、灵活地响应环境法规的企业更容易受到环境规制的积极影响，并从中获益（Ramanathan 等，2017[226]）。Milani（2017）研究了 2000—2007 年环境规制对 28 个经合组织（OECD）成员国家的 21 个制造业研发强度和研发支出的影响，发现环境监管严格程度的提高，会使得高污染行业的创新减少[227]。Bitat（2018）利用德国的企业面板数据发现，企业的规模、行业、区域等差异造成了企业的异质性，而已有环境规制、未来规制方向、公共财政支出和市场激励对企业绿色创新的影响是不同的，只有长期的环境目标和市场激励才对企业创新有着积极的作用，传统的法律并不能达到预期的效果[228]。王珍愚等（2021）研究得出国有企业和非国有企业在应对环境法规时展现出不同的绿色技术革新趋势。当环境法规变得更加严格时，非国有企业能更迅速地调整并积极参与绿色创新，而且它们更加偏重于申请那些具有更高创新价值的绿色发明专利，国有企业则相反[229]。

2.2.2.5　环境规制与创新投入的空间效应研究

在探讨空间不平衡性的研究中，学者们采用了多种方法来分析国家、地区或城市群的环境规制效率。这些方法包括变异系数、基尼系数、趋势检验分析法、GLS 等。徐成龙等（2014）通过划分山东省环境规制效率等级，发现山东省环境规制效率整体呈现东高西低的分布格局，并且区域差异性逐年降低[230]。程钰等（2016）等利用变异系数、基尼系数等方法，结合空间自相关分析，探讨了我国环境规制效率的空间演变特征。研究发现，我国多数地区的环境规制呈现有效规制的特征，但各地区和城市发展阶段与水平的不同，导致了环境规制效率存在差异性，总体上呈现从东部向西部递减的趋势[231]。任敏和王小梅（2019）结合变异系数、基尼系数与 GLS 对比分析了三大沿海城市群环境规制效率的空间演变特征，结果表明京津冀经济圈与长三角经济圈环境规制效率较低，空间溢出效应不显著，原因是各城市群主导驱动因素各不相同，应当从空间关联角度增强城市间的环境规制合作机制[232]。杜红梅等（2017）采用 SE-SBM 模型评估得到各个省份的环境规制效率值，比较分析各地区的环境规制效率差异，得出我国农业环境规制大多数省份都是有效的，只有少数省份的环境规制无效[233]。董会忠和韩沅刚（2021）通过使用变异系数和基尼系数来衡量长三角城市群的环境规制效率差异；结果表明，长三角城市群内部存在较大的空间差异性，而成渝城市群由于发展水平相近，内部差异相对较小[234]。还有部分国外学者通过观测环境规制效率得出中国东部和西部环境规制与生态效率之间存在 U 形关系，总体上呈现出从相对发达地区到发展中地区的地域递减趋势（Yusen Luo 等，2021[235]）。Man Qin 等（2021）采用定性比较分析法研究中国东部四大城市群内各个城市生态效率的横向差异[236]。

这些研究表明，研究区域的环境规制效率总体呈上升趋势，但存在明显的空间布局不平衡性。这被认为与当地的经济发展水平和环境法规存在一定的联系，但经济发展水平并非唯一、决定性因素。

在环境规制水平的空间互动方面，国内外学者主要关注环境规制效率的驱动因素以及区域间的互动关系。代表性研究包括：从地区间环境规制策略的交互性上看，多数学者通过构建空间面板模型研究得出我国地区间的环境规制政策存在明显的策略模仿行为，即当竞争地区减弱其环境规制的力度时，本地区也会相应地减弱环境规制的强度，而且具有"逐底竞争"的惯性（张华，2016[237]；张士云 等，2021[238]），自主型环境规制呈现"逐顶竞争"特征（薄文广 等，2018）；他们建议从建立区域良性竞争体系和技术进步等方面来改善区域的空间互动结构。部分学者运用 QAP回归分析方法，探索研究区域碳排放的空间关联影响因素，研究结果多认为经济水平（童磊，2020[239]）、空间距离（庞庆华，2019[240]）、城镇人口比重（马歆等 2021[241]）和产业集聚水平（田云和尹忞昊，2022[242]）均在一定程度上对研究区域碳排放空间关联产生影响。国外部分研究通过空间面板数据模型等方法从空间相互作用与空间关联角度展开研究，认为长三角地区环境规制与创新发展和经济增长存在倒 U 型关系，且城市扩张对于生态环境质量具有显著影响（Yu Cao，2021[243]）。Xin Peng（2020）从波特效应和污染避难效应的角度对环境规制战略互动影响绿色生产力机制进行了实证分析，研究结果表明与地理邻近地区相比，经济邻近地区的环境规制对当地绿色生产力的负面空间溢出效应更大[244]。

在环境规制水平的空间溢出效应领域，学者们主要从生态效率差异性和政府博弈等角度进行了深入研究。以下是一些代表性的研究成果：吴伟平和何乔（2017）通过构建空间杜宾模型揭示，相邻地区在环境规制与污染排放方面存在着紧密的空间相互作用，呈现出一种共进共退、相互依存的生态模式。这一发现强调了环境管理中的地域协同效应[245]。随后，马本（2018）与卢二坡等人（2018）从政府策略互动角度，利用空间动态模型分析指出，地方环境政策的实施不仅会产生跨界影响，甚至还会波及后代，提示政策制定者应警惕因受益扩散而导致的免费搭车行为，并加强地区间策略的协同与响应[246][247]。李小平等（2020）的研究中，同样借助空间杜宾模型，探讨了差异化环境政策对区域碳生产率的直接影响及其溢出效果，强调针对不同区域特点定制化环境策略的重要性，因为不同类型的环境管制手段对周边区域的碳生产率有着各异的影响方向[248]。李新安（2021）基于广泛的省际数据分析，发现环境规制与政府补贴在促进绿色技术创新方面，虽有本地正面效应，但也存在着不利的空间负向溢出，对周边区域的绿色技术进步构成挑战[249]。陈浩和罗力菲的研究（2021）则揭示了地方政府间环境规制的竞争与合作现象，指出中西部地区呈现正向溢出，有力推动了相邻区域的环保执行力，而东部区域却显示出相反的趋势，减弱了环境规制对产业结构优化的积极作用[250]。尹礼汇等（2021）在对长江经济带的研究中发现，环境规制虽然整体上具有正面的溢出效果，但非长江经济带区域的环境规制却出现了负面溢出，凸显了政策效应的复杂性[251]。在国际上，Wei Hu 等（2020）的研究也支持了环境规制与生产力之间的正向空间关联，强调相邻区域政策影响的重要性[252]。Peirong Chen 等（2021）进一步强调了环境规制对邻近城市生态效率的正面影响，提倡通过强化城市间的交流与合作，尤其是推广示范效应和技术创新的溢出，来放大这种积极影响[253]。

从空间维度看环境规制对创新的影响，多数学者从异质性环境规制工具出发，研究环境规制对技术创新的空间溢出影响。如李斌和彭星（2013）利用省域面板数据从形式、强度和空间三个维度来分析环境规制工具的异质效应，认为激励型环境规制的加强有利于环境技术创新[254]。王淑英等（2018）认为环境规制对绿色创新的影响具有差异性，其中命令型、公众参与型对绿色产品创新具有显著的正向直接和间接效应，而激励型环境规制对绿色产品创新的影响不显著[255]。董直庆和王辉（2019）的研究表明，激励型环境规制有助于环境技术创新，而环境规制的邻地效应呈现初期促进后逐渐抑制的特征，原因是短期内产业转移带来的收入水平提升，增加了邻地的绿色技术研发投入[256]。欧阳晓灵等（2022）利用地级及面板数据，基于异质性效应和空间溢出视角，探究得出环境规制政策显著激励了绿色技术创新且存在空间溢出现象[257]。也有部分学者研究不同区域环境规制对企业技术创新的空间溢出效应，游达明和欧阳乐茜（2020）根据省域空间回归结果表明，财政分权、"行政命令型"环境规制及其交互项对周边邻近地区工业企业绿色创新效率存在显著的抑制作用[258]。

以上研究结论均表明，研究区域环境规制水平与各地区经济水平、创新水平息息相关，空间集聚效应显著。但经济发展、人才流动等环节缺乏空间互动，导致了空间差异性较强，也使发达城市的空间溢出效应发挥不明显。这与前人的研究结论"城市间空间溢出效应有待加强"相印证。基于此，本书将选取空间溢出效应作为研究角度之一，探究其对长江经济带环境规制水平以及制造企业创新投入的影响。

2.2.3　金融发展与企业创新投入

2.2.3.1　金融发展水平的测度

Goldsmith 最早提出用金融相关比率来衡量金融发展水平，即金融工具的市值与国民财富市值的比率。随着金融深化理论的提出，金融相关比率更多地采用衡量地区的金融深化程度。Levine 和 Zervos（1998）利用股票总市值与 GDP 的比例反映股票市场的资本化程度，从而衡量金融发展[259]。而 Rajan 和 Zingale（1998）则增加了通过信贷总额占 GDP 比重的方式来量化金融发展[260]。Allen 等（2005）提出用银行贷款占 GDP 的比重从金融发展规模的角度来衡量金融发展水平[261]。此外，也有学者用非银行资产与金融总资产的比值从金融结构的角度来量化金融发展（马长有，2005[262]），或是利用金融机构存贷款总额与 GDP 的比值，从金融效率的角度来量化金融发展（Brown 等，2013[263]）。近期研究也有用银行和保险业务增长率及银行保险人均业务水平作为代理变量的（熊毅和粟勤，2022[264]）。随着学者们对金融发展研究的深入，其逐渐认识到单一的指标无法全面反映一个国家或地区金融发展水平，便开始构建多维度评价指标体系。高一铭等（2020）从效率、公平和可持续三个维度测度了我国金融业高质量发展水平[265]。张林等（2023）从"量的扩张"和"质的提升"两方面构建了农村金融高质量发展评价指标体系[266]。王林蔚和孔荣（2023）运用 DPSIR 模型从驱动力（Drivers）、压力（Pressures）、状态（State）、影响（Impact）和响应（Response）五个方面构建金融高质量发展评价指标体系[267]。在众多衡量方式中，由于数据获取便利，信贷总额与 GDP 比例是比较常用的金融发展量化指标（吕朝凤和黄梅波，2018[268]）。

2.2.3.2 金融发展水平对企业创新的影响

自熊彼特的经济发展理论提出后，学界也开始关注金融与创新、金融与经济发展之间的关系（鄢亚晨、黄阳华，2012[269]）。熊彼特在其理论中提出了企业和企业家的概念，企业家是创新的主体，其创新的动力源于对垄断利润或超额利润的追逐。企业家需要足够的资本来支付创新活动的费用，因此其需要以贷款等方式寻求金融市场的帮助，金融与企业创新的关系由此产生。从金融发展视角看，对于金融发展通过影响企业融资，进而影响研发投入和技术创新的内在作用机制，大多数研究能够达成普遍认同的（庄毓敏 等，2020[270]）。

首先，宏观金融环境对企业创新的影响不容忽视。由于金融中介的信息收集成本低于零散投资者，其规模经济优势有助于降低企业融资成本（Diamond，1984[271]），发达的金融体系可以缓解企业面临的外部融资约束（Levine，2005 [97]），因而地区的金融发展程度是影响企业创新决策的关键因素（戴小勇和成立为，2015 [272]）。良好的地区金融环境有利于促进企业科技创新和提高生产率（黄婷婷和高波，2020[273]）。完善的金融体系可以有效地降低技术创新与发展高新技术产业的风险，从而促进企业创新（王昱 等，2014[274]）。同时，金融发展有助于降低信贷限制，从而促进投资（Le 和 Ozturk，2020[275]），更有助于引导资金流向现代环保技术（Zafar 等，2019[276]）。此外，随着信息科技与金融体系的结合，金融科技、数字金融等新兴金融业态的发展能强化金融体系缓解信息不对称的功能，并降低融资门槛，从而缓解企业融资约束，获得更多创新市场资源，促进企业创新（李春涛 等，2020[277]；刘莉和杨宏睿，2022[278]；刘长庚 等，2022[279]）。申明浩和谭伟杰（2022）也表示数字金融发展能够促进企业增加研发投入，激励企业创新[280]。

其次，银行信贷是影响企业创新的关键要素之一。银行凭借其资金规模，能够为不同企业提供相适应的金融服务，对企业创新产生积极作用。行业竞争显著降低了工业企业面临的融资约束，增加企业融资的可获得性，促进企业成长（方芳和蔡卫星，2016[281]），从而促进企业创新行为（Benfratello 等，2008[282]）。Amore 等（2013）在其研究中发现美国州际银行放松管制后，企业创新项目从银行获取的融资增加，且小型民营企业更多地受益于银行业竞争[283]；Cornaggia 等（2015）的研究也得到了相似的结论[284]。唐清泉和巫岑（2015）发现银行业竞争有助于缓解企业研发投入的融资约束[285]。股份制银行和城市商业银行的竞争会更多地促进企业的创新行为（蔡竞和董艳，2016[286]）。贺宝成和陈霄（2022）研究得出银行业竞争能通过降低信贷成本、增加信贷供给和优化信贷结构来提高企业的研发投入，形成规模效应，并通过提高银行对创新项目的筛选能力和风险偏好，激励企业提升创新产出质量[287]。陈荣和张杰（2022）研究得出银行竞争对那些分布在对外融资依赖程度相对较高行业内的微观企业创新有显著的促进效应[288]。范润和翟淑萍（2023）研究得出银行竞争通过缓解融资约束而抑制企业杠杆操纵行为[289]。在中国信贷市场上，张杰等（2017）认为，在中国银行业市场准入管制放松的背景下，银行结构性竞争对企业创新活动产生了显著的 U 形影响，这意味着银行竞争在一定程度上会先抑制企业创新，直到超过某个临界点后，才会开始促进企业创新[290]。中国银行信贷的卖方强势依然存在，且银行信贷的风险规避的特征显著，这导致融资约束对企业创新的负面作用依然普遍存在（Brown 等，2012[291]），尤其是中小企业的创新行为所受到的影响更为严重（周达勇和董必荣，2022[292]）。

最后，从资金配置效率的角度来看，资本扭曲会对技术创新效率产生负面作用（李晓龙、冉光和，2018[293]）。而中国资本要素市场扭曲对非国有企业技术创新能力的抑制作用更大，从动态视角来看，中国资本要素市场扭曲程度的提升会对其创新机制产生持续的负面影响（陈经伟和姜能鹏，2020[294]）。在资本市场欠发达、金融机构数量较少、法律法规不那么严格、监督和透明度机制不力的经济体中，融资限制和代理问题更为突出（King 和 Levine，1993[295]；La Porta 等，1998[296]；Levine，2005［97]），会影响企业创新投入。创新活动使得企业的收益在短期内存在较大的不确定性，因此银行偏向于为低创新企业提供贷款（余琰和李怡宗，2016[297]），这加剧了信贷歧视的问题。信贷歧视降低了我国信贷资源的配置效率，补贴和信贷的锐减很可能加剧民营化公司的融资约束，使企业缺乏充足的资金进行创新（余明桂 等，2019[298]），因此信贷歧视对私营企业技术创新活动的抑制作用更大（王贞洁，2016[299]）。

2.2.4 文献评述

纵观现有研究进展和成果，企业创新的相关研究成果十分丰富，这为本书的研究提供了充足的理论与经验支撑。现有研究成果为本书的研究奠定了良好的基础，也为本书的研究留出了一定的空间。

首先，较少有研究从企业投融资的角度探讨环境规制与企业创新之间的关系。

现有研究，尤其是期刊文献，大多仅通过实证方法验证了环境规制对企业创新的影响，较少深入剖析其作用过程的"黑箱"，因此关于环境规制对企业创新投入作用机理的研究仍有待深入。同时，现有研究普遍从市场失灵、外部性理论及制度理论等角度分析环境规制对企业创新行为的影响。但企业创新投入是企业重要的投资决策，在环境规制影响企业创新投入的过程中，除了对企业创新的方向存在直接的影响外，还会通过影响企业的资金、成本和盈利能力等因素对企业的创新投入意愿以及可用于创新的资金产生作用。既然涉及资本的流动，从企业融资渠道和投资决策的角度探究环境规制对企业资金流动过程的影响，是有其理论和现实价值的。本书将在自由现金流假说、现金-现金流敏感模型等理论的基础上，利用企业融资约束作为关键纽带，深入解析"环境规制-融资约束-企业创新投入"这一作用过程。

其次，较少有研究将金融发展纳入到环境规制与企业创新投入的分析框架中；在现有研究金融发展与企业创新投入的文献中，也较少有涉及对环境规制的探讨。资本扭曲、资源配置效率低、信贷歧视等金融体系发展滞后导致的一系列问题，致使企业融资约束问题仍未得到有效缓解。因此，在探讨"环境规制-融资约束-企业创新投入"这一过程时，金融发展水平这一宏观环境因素的影响不容忽视。同时，正是因为现有研究较少同时考虑环境规制与金融发展对企业投资决策的影响，可能导致在政策制定过程中，一个地区的环境规制设计与其金融发展水平未能相互协调，加剧了企业的资金压力，提高了政策执行的难度；因此，将地区的金融发展水平纳入这一理论分析框架中，有助于解释环境规制对企业创新的非线性相关关系，也有助于为环境和金融政策的相互协调配合提供理论依据。

再次，宏观环境问题与微观企业问题的结合是现阶段研究的一大趋势。学界对微观企业问题的关注度一直很高，但关于宏观环境对企业生产经营产生影响的研究仍有待丰富。现有研究环境规制、金融发展与创新的文献，或是从宏观层面探讨二者对全国或区域技术创新总体水平的影响，或是研究二者对工业企业整体技术创新水平的影响，亦或是聚焦于企业层面，探究企业内部因素对企业技术创新的影响。这类研究虽然具有十分重要的学术价值，但企业所处的政策环境和经济环境对企业本身会产生较大的影响，因此研究宏观环境对微观企业的影响至关重要。本书从宏观层面出发，通过企业融资约束，力图搭建起从宏观问题到微观问题的桥梁。

最后，以制造企业为研究样本的文献并不丰富。《中国制造 2025》战略将制造业推向焦点，制造企业在生产经营中承担着更为艰巨的节能减排任务，而环境信息披露制度又为上市企业带来了更大的环保压力。同时，虽然制造业的融资问题受到了更多的关注，但较少有文献基于制造企业，尤其是制造业上市企业，探讨环境规制与金融发展对这类企业的影响。笔者在文献梳理过程中发现，对于不同地区、不同行业、不同企业，环境规制对企业创新投入的影响是存在异质性的。因此，针对制造企业进行研究，可以得到更有针对性的结论。此外，聚焦于长江经济带的研究较为少见，本书针对这一特定区域进行研究，并与其他经济圈进行对比，能为制定更符合区域实际情况的金融政策提供理论依据。

2.3　本章小结

现实问题的分析必须要建立在经典的理论基础之上。本书系统地回顾了创新理论的内涵及发展历程，归纳了企业融资约束理论、企业投资决策相关理论、环境规制相关理论以及金融发展理论，这为本书搭建了坚实的理论基础。创新理论以熊彼特的创新理论为基础，随着复杂性科学和系统理论等跨学科理论的加入，发展为新熊彼特增长理论。新熊彼特增长理论在强调技术进步对经济发展的积极作用的基础之上，考虑到了公共部门、金融部门和产业部门的相互作用，也因此佐证了金融在企业创新和经济发展过程中的重要地位。

创新对经济发展的积极作用得到了大量宏观和微观层面研究的证实。企业创新的投入水平和产出水平都会受到企业内部和外部因素的影响，其中企业创新投入更易受到企业规模、股权性质、激励机制等内部因素以及市场环境、政策环境等外部因素的影响。

对环境规制与企业创新之间关系的研究主要围绕"波特假说"展开。"波特假说"提出了环境保护与产业竞争力提升并存的可能性，而后学者们在其基础上补充、扩展或验证了其理论在现实中的有效性。虽然很多实证研究证实了环境规制对创新的积极作用，但越来越多的研究也发现了"波特假说"的局限性。在不同的环境规制、经济发展水平下，环境规制对创新的影响是存在差异的。

随着金融在经济发展中的作用日益凸显，对金融发展与企业创新相关关系的讨论也日渐频繁。金融环境、金融体系、资金配置、银行业竞争等因素对企业创新的影响得到了许多学者的探讨和验证。总体而言，金融发展对企业创新起着积极的作用。金融功能论为探讨金融对经济增长与企业发展的影响提供了更稳定的理论支撑；信贷歧视和银行业竞争程度低等金融发展滞后的具体表现，都造成金融功能不能充分发挥，制约了企业创新投入。

笔者通过对文献的梳理，现有研究的空白之处和本书研究的突破口逐渐显现：一是现有研究大多并未深入探讨环境规制与金融发展水平对企业创新投入的作用路径；二是也较少有研究同时检验环境规制与金融发展水平对企业创新投入的影响；三是将宏观问题和微观问题结合起来分析，更有利于政府制定针对性的政策；四是对特定区域和特性行业的研究还有待丰富。

3 环境规制、金融发展水平与制造企业创新投入：理论框架

本章旨在构建本书的理论分析框架，系统地分析环境规制、金融发展对制造企业创新投入的影响。本章首先运用逻辑推演的方法，从环境规制的作用方式、作用机制及作用路径三个层面分析环境规制如何影响制造企业创新投入，以及通过企业融资约束形成的作用路径；并进一步从金融系统的信息整合、企业监管、风险分散、储蓄调动及交易便利五大功能的角度，阐释金融发展在这一作用过程中产生的影响；在逻辑推演的基础之上，结合企业自由现金流假说与企业投资决策理论，构建系统动力学模型，进行因果关系分析与灵敏度分析，从企业内部资金流动的角度对本书的理论分析框架进行补充。

3.1　环境规制与制造企业创新投入

3.1.1　环境规制的直接与间接效应

制造企业是从事工业生产经营活动或提供工业性劳务的组织，这一特性决定其创新投入主要涉及产品设计和生产技术。产品生产过程是制造企业环境污染的主要来源，而环境规制是为解决环境污染的负外部性而生，因此制造企业的创新活动与环境规制密切相关。从环境规制的作用方式出发，合理设计的环境规制通过直接监管和间接信息传递两种方式，对制造企业创新投入产生影响。一方面，政府通过一系列直接的环境政策、法规或奖惩机制，促使企业对生产技术进行改进，以达到环保要求；若未能达

到相应的要求，企业将承担高额的环境税费，甚至面临关停的风险。另一方面，严格的环境规制向公众释放政府重视环境治理的信号，在提高企业自身的环保意识的同时，也促进整个社会绿色创新环境的改善，对企业创新投入起到了间接的促进作用。图3.1展示了这种直接效应和间接效应。

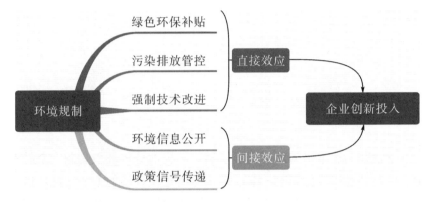

图3.1 环境规制对制造企业创新投入的直接效应与间接效应

3.1.1.1 环境规制对制造企业创新投入的直接效应

具体而言，环境规制通过多种具体策略与措施，深度介入并引导着企业的创新活动，尤其在绿色环保补贴、污染排放管控以及强制技术改性这三个关键领域，对企业的创新投入产生了直接而深远的影响。

首先，绿色环保补贴作为政府鼓励绿色转型的重要工具，针对性地为致力于环保事业的行业、企业和技术提供财政支持。以光伏产业为例，北京市发展和改革委员会、北京市财政局、北京市住房和城乡建设委员会2020年发布的《关于进一步支持光伏发电系统推广应用的通知》，明确表示对完全融入建筑一体化的光伏项目，每千瓦时给予0.4元补贴，此举旨在加速光伏技术的应用和推广。紧接着，广州市在2021年也推出类似举措，为分布式光伏发电的项目投资方按照发电量给予补贴，补贴标准为0.15元/千瓦时［应用方（屋顶方）为非公共机构的］、0.3元/千瓦时［应用方（屋顶方）为公共机构的］，鼓励新能源和可再生能源的广泛应用。这些补贴政策的实施，显著降低了企业采用绿色技术的门槛和成本，增强了企业采纳环保技术的意愿和能力，从而对制造企业的创新活动产生了强大的正向激励作用，推动了绿色技术的快速迭代与普及。

其次，污染排放管控机制通过设定严格的排放标准和实施具体的管理措施，对企业的生产行为施加了外在压力。政府不仅提高了废水、废气等污染物排放的标准，还实行总量控制，推行污染许可证制度，并对超排行为施以重罚。这些强硬的规制手段迫使企业不得不重新审视其生产流程，投资于减少污染排放的技术改造和创新，以满足日益严格的环保要求。这一过程虽然初期可能给企业带来较大的转型压力，但从长远看，却促使企业实现了生产方式的绿色转型，减少了环境合规成本，提升了企业的可持续发展能力。

最后，强制性的技术改性则是政府通过立法或政策规定，要求企业必须采用或升级到特定的环保技术，这无疑是对企业技术创新最直接的鞭策。如在《大气污染防治行动计划》中，石化行业被明确要求实施"泄漏检测与修复"技术改造，这不仅为该行业指明了技术创新的方向，而且强制性地促使企业不断精进其泄漏监测与修复技术，有效防止了环境污染事件的发生。此类强制性技术标准的引入，不仅确保了环境质量的改善，同时也驱动了企业技术的不断进步和创新，促进了产业升级。以上三种环境规制手段通过直接作用于制造企业，不仅促进了企业在环保技术上的资金与资源投入，而且激发了企业进行技术创新的内在动力，实现了环境保护与经济效益的双重目标，为构建绿色、可持续的制造业体系奠定了坚实基础。

3.1.1.2 环境规制对制造企业创新投入的间接效应

除了对制造企业的直接作用外，环境规制还通过一系列间接机制深刻地影响着这些企业的创新投入格局。随着全球范围内企业环境信息披露标准的不断提升和完善，制造企业的一举一动，尤其是在环境保护方面的表现，日益成为公众关注的焦点。在这样的透明化环境下，企业的环保行为不仅要接受政府的监管，还需经受社会公众的严格审视，这无疑极大地增强了企业的社会责任感和环保紧迫感。为了维护企业声誉，避免负面舆论影响，许多制造企业开始主动增加在环保技术研发和绿色生产改进上的投资，力求在减少环境污染的同时，提升自身产品的市场竞争力。

更为重要的是，严格的环境规制政策不仅是一种行政指令，它还在全社会范围内树立起了环境保护的正面形象，传递了政府对于可持续发展和生态文明建设的坚定承诺。在这种背景下，投资者的观念也在悄然变化，他们会更加重视企业的环境绩效，并倾向于将资金投向那些展现出良好环保实践和潜力的绿色企业或项目。这种资本市场的绿色偏好的形成，无疑为制造企业提供了额外的创新动力——那些能够开发出低碳、环保、可循环产品的公司，更容易获得资本市场的青睐和支持，进而拥有更充裕的资金来推动其绿色技术创新。

同样，消费者意识的觉醒也是不可忽视的力量。在现代社会，越来越多的消费者在购买决策中考虑到环保因素，倾向于选择那些对环境影响较小的产品。这种基于环保理念的消费趋势促使制造企业不得不调整其产品研发策略，将环保性能纳入产品设计的核心考量，通过研发更加节能、减排、易于回收的产品来迎合市场需求，从而间接地促进了企业向绿色创新方向的转型。

环境规制这一类作用的主体并不是企业本身，而是通过影响其他的市场主体的行为，进而对企业创新投入产生作用，即环境规制的间接影响是通过改变市场参与者的预期和行为，包括投资者的资本流向选择、消费者的购买偏好以及公众对企业的环保期待，来作用于制造企业，推动它们在创新活动中更多地考虑环境因素。这不仅是为了满足外部要求，更是为了让企业把握市场机遇，实现企业的长期可持续发展。这一系列机制共同作用，形成了一个由外而内，由市场需求和资本驱动的绿色创新激励系统，深刻影响着制造企业的创新战略和实践。

3.1.2 环境规制的动力与压力机制

事实上，环境规制对制造企业创新投入的直接和间接作用，都同时存在正面的激励作用和负面的强制作用：一方面，环境规制通过直接或间接的方式有效降低企业的创新成本，引导与支持制造企业创新，鼓励企业主动降低环境污染的负外部性；另一方面，环境规制也通过设置惩罚和限制措施，提高企业继续污染的成本和代价，强制企业改进生产技术。因此，从环境规制的作用机制来看，环境规制对企业创新投入的作用可划分为动力机制与压力机制；而从环境规制的具体手段来看，动力机制又对应了一系列鼓励性措施，压力机制则对应了一系列的限制性措施（如图3.2所示）。

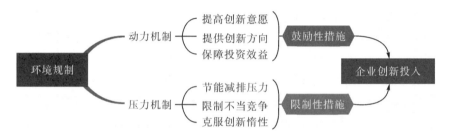

图 3.2　环境规制对制造企业创新投入的动力机制和压力机制

3.1.2.1　环境规制对制造企业创新投入的动力机制

基于"波特假说"对"合理的环境规制"的界定，环境规制的动力机制主要有三种体现：

第一，直接补贴激励：政府通过对绿色环保项目和技术的直接补贴激励企业为获取补贴而主动寻求技术升级和产品改造，以达到获取补贴的标准；同时，公众环保意识的提高使得环保产品的消费需求不断增大，以利润最大化为目标的企业自然会为了争夺超额利润，不断开发新产品以满足市场需求。因此，无论是对企业的直接作用，还是对其他市场主体的间接作用，环境规制都能直接提高企业的创新积极性。

第二，提供技术改进方向：政府通过设定强制性的技术改进和不断提高的污染排放标准，为制造企业提供了明确的技术研发方向，减少企业在技术筛选上所耗费的资源，降低企业创新成本，集中精力进行有针对性的技术创新，从而提高环境治理的效率。另外，企业通过采用先进的环保技术和生产方式，不仅可以减少污染排放，提升环境友好性，其环保型产品和绿色生产技术还能成为企业新的竞争优势，为企业带来更多的市场份额和商业机会。

第三，政策支持与市场引导：当政府对环境治理的重视程度以及社会对生态环境质量的要求不断提高时，政府将为绿色产业提供更多政策支持，公众更愿意消费环保产品，投资者和金融机构也更愿意投资绿色项目和轻污染企业，因此环境规制引导了消费和投资的方向，并且在一定程度上为绿色项目投资的成功和收益都提供了保障。这些动力机制有助于将环境治理的正外部效应内部化，提高企业通过技术革新产生的收益，即"创新补偿"。这种补偿机制为企业的创新活动提供了持续的动力，使得企业在追求利润的同时，能够主动承担环境保护的责任。

3.1.2.2　环境规制对制造企业创新投入的压力机制

压力机制则是指环境规制通过实现负外部效应内部化来矫正企业环境污染的负外部效应，即通过一系列直接和间接的途径，不仅迫使制造企业直面环境污染的内部成本，还从根本上重塑了行业的竞争格局，促进了技术革新和产业升级，最终助力实现经济社会与环境的和谐共生。具体来说：

第一，严格的环境规制确实为制造企业带来了前所未有的节能减排压力。随着环保法规的持续收紧和标准的不断提升，企业若不主动寻求生产技术的革新，以减少排放和提高能效，就不得不面临高昂的污染治理费用、排污税费以及可能的法律制裁，甚至是市场准入的限制乃至被迫退出。这种外在压力成为倒逼企业转型升级的直接动力，迫使它们在环保与经济效益之间寻找新的平衡点。

第二，环境规制通过设立严格的排放门槛，实际上改变了市场竞争的游戏规则。尽管一些企业可能试图延续低成本、高污染的生产模式以短期内获取价格优势，但日益严格的环境标准和对违规行为的严厉惩罚，实质上封堵了这种以牺牲环境为代价的盈利路径。这不仅迫使企业重新评估其生产策略，转向更加环保的技术和流程，同时也促进了市场的公平竞争，确保了那些投资于绿色技术和可持续发展的企业能够获得应有的市场回报。

第三，环境规制对于打破企业创新的惰性状态具有不可小觑的作用。特别是对于那些已经通过初次技术创新达到环保要求并享受到了初期红利的成熟企业，它们可能倾向于维持现状，减少进一步的研发投入。然而，环境规制的持续升级和对更高环保标准的追求，促使这些企业无法停留在过去的成就上，必须持续探索和采用更先进的技术来满足新的环保要求，进而避免被不断进步的环保标准所淘汰。这一过程不仅激励了企业间的良性竞争，还推动了整个行业向更高效、更清洁的生产模式转变。

环境规制通过以上方式，从动力和压力两个角度，共同缓解了制造企业环境污染的负外部性问题。而"庇古税"和"科斯定理"等外部性相关理论为环境规制具体措施的制定提供了思路，在环境规制的动力和压力机制中均发挥了作用，形成了对应的鼓励性措施和限制性措施。

3.1.2.3　环境规制具体措施的对应分类

现有研究中普遍将环境规制分为命令控制型、市场激励型和公众参与型三类，而这三类中也均有鼓励性和限制性的环境规制措施。本书对环境规制进行这样的分类，是为了便于梳理环境规制对企业资金流动产生的正面和负面的影响。按照学者们对命令控制型、市场激励型和公众参与型环境规制的定义，我们可以按照图3.3的方式对这三种环境规制中的具体措施进行归纳：

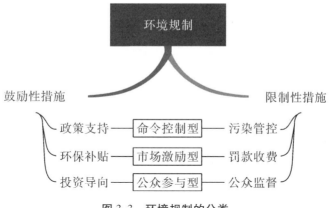

图 3.3　环境规制的分类

具体来说，命令控制型环境规制是政府通过一系列直接的法规和行政命令来监控并管理企业的生产活动，以确保其对环境的影响控制在可接受范围内。这类规制手段具有高度的强制性，明确要求企业在其生产流程、技术选择及污染排放上达到既定的环保标准。不同于激励性措施，命令控制型规制较少提供超过基本要求的额外奖励，其核心在于设置严格的界限，如污染物排放总量的上限、建设项目需同步实施的环境保护措施（"三同时"）、环境影响评价的前置审批、排污许可证的申请与核发、对特定污染源的限时治理等，这些措施共同构成了一个全面的污染控制框架，给企业施加了显著的减排压力，并随之增加了遵守环保法规的成本。例如，2021 年 1 月 24 日，第 736 号国务院令《排污许可管理条例》规定，自 2021 年 3 月 1 日起全面实施排污许可制度。《排污许可管理条例》的出台与实施，不仅界定了污染排放的法律边界，还通过排污许可制度的严格执行，强化了企业内部化其环境外部成本的必要性，促进了污染控制技术的革新。然而，命令控制型环境规制并非全然负面。它彰显了政府对环境保护的坚定立场，增强了市场和社会对环保事业的信心，从而间接鼓励了环保技术与绿色产业的发展，对制造企业而言，这既是挑战也是机遇，意味着在环保领域投入更多资源将获得政策和市场的双重认可。此外，此类规制还发挥了重要的政策导向作用，引导资本流向那些环境影响较小的行业，使这些企业得以在融资市场上获得更多青睐，促进了资源的优化配置。

市场激励型环境规制作为环保政策的重要组成部分，巧妙地运用经济杠杆来引导企业的环境行为，其中涵盖了诸多与环境保护密切相关的经济手段，比如排污费改征环保税、排污权交易体系等。与传统的命令控制型规制相比，市场激励型更侧重于通过经济刺激，唤醒企业的环保自觉性和主动性。自 2018 年排污费制度转变为环保税以来，这一变革不仅有效清退了一批效率低下、污染严重的企业，还为那些积极采用新技术、新工艺以减少污染排放的企业提供了正向激励，推动了整个行业生产效率的提升。在这一框架下，诸如对高污染企业征收罚款、对采取环保措施的企业给予补偿或补贴、实施押金返还制度、深化排污权与碳排放权交易市场等措施，既体现了对环境污染行为的惩罚性约束（属限制性规制），也展现了对环保行动的正向鼓励（属鼓励性规制），从而在"奖优罚劣"的原则下优化了资源配置，促进了绿色经济的发展。

公众参与型环境规制作为环保治理体系的另一个重要维度，侧重于利用社会舆论和公众环保意识的提升来间接促进环境保护。这一类别包括但不限于环境信息公开、环境决策过程中的公众听证，以及企业通过获得 ISO 14001 环境管理体系认证来展示其环保承诺等。例如，中国证监会在推动企业环境信息披露方面的要求，尤其是针对已上市的重污染企业，不仅增强了信息的透明度，还提升了公众对企业环境表现的关注。这种公众参与机制对不同企业的影响存在着显著差异：一方面，随着公众环保意识的增强和信息获取渠道的增多，市场和投资者更倾向于支持那些具有良好环保记录的企业或绿色项目，这无疑对高污染企业构成了市场压力，促使它们不得不加大环保投入以改善形象；而对环保表现优异的企业，这也是一个积极信号，有助于它们拓宽融资渠道，降低融资成本。另一方面，公众的积极参与和监督作用，进一步强化了环境法规的执行力度，使得所有企业不得不面对来自社会的环保压力，这同样体现了公众参与型环境规制的限制性特征，即通过社会监督机制倒逼企业加强环保治理，提升其环境绩效。

3.1.3 环境规制对制造企业创新投入的作用路径：融资约束的间接作用

根据以上围绕环境规制对企业创新投入直接与间接效应、动力与压力机制的梳理，本书对环境规制与制造企业创新投入之间的关系有了更清晰的认识。我们进一步剖析这些作用方式和作用机制可以看出，环境规制从两个方面影响了制造企业的创新投入：一是影响了企业进行创新活动的意愿，二是影响了企业进行创新活动的资金保障。首先，根据企业投资决策理论，基于企业价值最大化的目标，企业在做出投资决策时，需要充分考虑投资项目的收益与成本。随着环境规制的加强，投资者和消费者对绿色产品、绿色项目、绿色企业的偏好使得以降低环境污染为目标的技术创新的收益提高、风险下降，从而提高了制造企业的创新投入意愿。同时，环境规制的压力机制也使企业被迫改变创新意愿：未能通过创新活动合理控制污染排放的制造企业将面临高额的环境税费，或承担关停的风险。此外，由于制造企业的固定资产占比通常较大，生产成本也通常较高，经营者在做出投资决策时，不仅需要足够的创新意愿，更需要充足的资金保障。企业创新投入很大程度上依赖于企业内部现金流（顾群和翟淑萍，2012[300]），而环境规制（尤其是大部分经济手段）会对企业的现金造成挤占。根据环境规制对企业创新意愿和创造投入资金保障的作用，本书构建了如图 3.4 所示的理论分析框架，从环境规制的强制管控功能、市场调控功能与信号传导功能三个角度剖析其作用路径（图 3.4 中┈线条表示提高，━━线条条表示降低）。

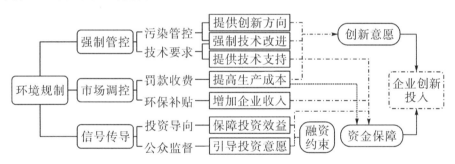

图 3.4　环境规制对制造企业创新投入的作用路径

3.1.3.1　环境规制的强制管控功能与企业创新投入

污染物排放量或排放标准的设定与污染防治技术的强制要求，都赋予了环境规制对企业污染排放的强制管控功能。污染物排放量的限制或污染排放标准的提高，证明现有技术仍有可改进的空间，为企业的技术创新提供了明确方向。继续污染的高昂代价倒逼企业改进技术，以达到环保标准。同时，若环境规制要求制造企业对特定技术进行改进，也会造成企业的创新意愿被动提高。此外，政府在提出特定技术改进时可能会配套相应的技术支持，提供技术和设施共享等利好政策，减少企业的成本，对创新活动的资金保障也起到了正向的作用。值得注意的是，虽然企业可能减少了在这项特定技术上的研发投入，但为企业节约的资金可以用于其他的研发项目；换而言之，这种技术支持缓解了污染治理对企业资金的"挤占"。

3.1.3.2 环境规制的市场调控功能与企业创新投入

环保补贴与罚款收费等市场激励手段均发挥了环境规制的市场调控功能。企业的战略决策和行为选择通常基于对成本和收益的考量，而市场型环境规制能够激发企业进行绿色行为的主动性和意愿，促使其内在地寻求绿色发展的路径和解决方案，实现企业在环保方面的实质性创新。对于重污染企业，污染排放罚款和环境税费等措施直接提高了企业的生产经营成本，在资源优先的情况下，挤占了制造企业可用于创新活动的资金。然而，对于轻污染企业，环保补贴、污染排放权交易、碳积分等鼓励性措施的作用则表现为直接增加企业的现金流，加大了企业创新活动的资金保障。

3.1.3.3 环境规制的信号传导功能与企业创新投入

环境规制的信号传导功能主要包括投资导向作用和公众监督作用。值得注意的是，这种信号传导功能不仅仅依靠公众参与型环境规制来实现，事实上当全社会生态环境治理意识提高，所有的环境规制都在传递着同样的信号，引导更多的资金流向绿色项目和绿色行业，提高绿色项目投资的成功率和收益率。对于低污染的制造企业，这种投资导向使其更易为创新活动筹集资金，而投资收益的保障则能够提高企业的利润率。然而，对于高污染的制造企业，则其呈现出完全相反的作用。

从以上分析可以看出，环境规制对企业的动力机制和压力机制同时产生作用，鼓励性措施与限制性措施并存，我们需要根据企业所处的具体外部环境，才能准确判断环境规制对企业创新投入的最终作用效果。同时，在环境规制的作用过程中，环境规制不仅仅对企业的现金流产生影响，也通过影响企业的融资活动，对企业创新活动的资金保障产生作用，从而间接地影响企业的创新投入。

3.1.3.4 融资约束的间接作用

企业的融资成本对企业的研发投资决策起到了非常关键的作用，融资活动对企业投资决策的影响早已成为学术界热议的话题之一（鞠晓生 等，2013[301]；周若馨 等，2022[302]），而融资约束问题也一直是制约中国经济转型升级的问题之一。狭义的融资约束指的是企业从外部筹措资金的难易程度；而广义的融资约束指的是外源融资成本与内源融资成本之间的差异，当外源和内源融资成本发生变化时，融资约束也随之变化。结合前文的分析，环境规制从不同方面影响了企业的融资约束水平、内源融资成本以及外源融资成本。

内源融资，即企业利用其内部留存资金进行投资的过程，其成本主要来源于留存收益的机会成本。虽然内源融资的成本相对较低，但这并不意味着其成本为零。内源融资的资金数额通常受企业盈利能力、股利分配政策和折旧等因素的影响。若企业盈利能力下降或股利分配比例提高，则其可用于投资的内源资金会减少，这时可以认为企业的内源融资成本有所上升。相对而言，外源融资成本指的是企业从金融市场筹集资金时所需支付的利息和各项费用等。根据融资优序理论，外源融资成本通常更高，与内源融资的低成本形成差异，这种差异就是广义的融资约束。

我们通过分析环境规制对企业内源融资成本和外源融资成本产生的影响，可以识别环境规制与企业融资约束直接的关系。首先，环境规制的信号传导功能使得污染较低的企业或绿色环保技术和项目更容易从金融市场获取融资，而重污染企业和项目则更难获得融资，这加剧了重污染企业狭义的融资约束程度。因此，环境规制能够直接影响企业的融资约束程度，而融资约束的加剧导致企业投向创新的资金来源减少，此为环境规制对企业创新投入的第一层间接作用。其次，环境规制的强制管控功能和市场调控功能都可能直接增加或减少企业可用于研发的资金，改变企业的内源融资成本，这是环境规制对企业创新投入的第二层间接作用。最后，环境规制的信号传导功能使得金融市场对低污染行业的偏好愈发明显，增强投资者信心，同时随着绿色金融的发展，制造企业能够以更低的融资成本获取外源融资，降低了企业的外源融资成本。当外源融资成本降低，其与内源融资成本差异的减少使得企业广义的融资约束程度降低，企业更易为其创新活动筹集充足的资金，在创新意愿的推动下，企业更愿意提高创新投入，这是环境规制对企业创新投入的第三层间接作用。综上所述，对于重污染企业，环境规制提高了其融资约束、内源融资成本和外源融资成本；对于轻污染企业，环境规制则降低了其融资约束，环境规制对其创新投入意愿的促进作用能够得到更充分的发挥。

3.2 环境规制、金融发展水平与制造企业创新投入

金融市场是企业外源融资的主要来源,企业的融资约束与金融发展水平之间存在着密不可分的联系;同时,环境规制信号传导功能的发挥也很大程度上受金融市场发展水平的影响,因此在环境规制通过企业融资约束影响制造企业创新投入的过程中,外部金融环境对企业的融资环境所产生的影响是不容忽视的。基于此,本书在前文的理论分析框架中纳入金融发展这一因素,探讨金融发展在"环境规制-融资约束-企业创新投入"这一作用过程中的角色,以及金融发展与环境规制在影响企业创新投入的过程中是如何相互作用的。

3.2.1 金融发展水平对制造企业创新投入的作用

信息不对称和交易成本推动了金融工具、金融市场和金融中介的出现,而以这三个要素为主的金融体系的不断优化又推动了金融的发展。金融功能理论指出,金融功能是相对于金融体系而言更稳定的存在,金融系统通过五大功能,影响着储蓄和投资决策,从而影响了经济发展(Levine,2005[97])。这五种功能包括:

(1)信息整合与资本分配:在理想情况下,资本会流向最有利的企业。投资者在进行投资之前,需要对被投资的项目或企业进行评估。由于信息不对称,投资者很难获取完整的信息,从而导致评估成本提高、评估效率降低,资本不能实现最优的分配方式。金融中介通过收集与整合信息,可以有效地降低信息成本(Boyd和Prescott,1986[303]),优化对投资机会的事前评估,提高了资源配置的效率。

(2)企业监管与投资管理:小股东的权利并未完全得到法律法规的保护,高额的契约成本导致零散投资者难以对公司治理进行有效监督。股票市场等金融中介的出现可以有效地节约投资者对公司治理的监督成本,使得资本的持有者更愿意进行投资,从而促进储蓄向投资的转化(Bencivenga和Smith,1991[304])。

(3)风险分散:投资者在投资过程中可能会面临三种风险,即横向风险、跨期风险及流动性风险,而金融体系为投资者提供了规避这三种风险

的途径。首先，代理人出于风险规避的原因，不愿意投资高回报但高风险的项目，而金融体系给代理人提供了持有多样化投资组合的可能性，降低了投资组合的风险，从而促使资本向高风险项目的适当流动。其次，相对稳定的金融机构为投资者提供了长期投资的机会，缓冲风险对零散投资者的冲击，平滑跨期风险。最后，资产向流动资本转化的不确定性造成了流动性风险，而金融机构的发展能够减少摩擦，降低流动性风险。

（4）储蓄调动：金融工具为个人储蓄者提供了投资组合的机会，并将资本更好地分配给促进经济增长的投资活动。因而有效的金融体系可以通过汇聚个人储蓄，提高储蓄的利用率，更好地动员储蓄，促进资本积累。

（5）交易便利：易识别的交换媒介可以促进交换（King 和 Plosser，1986[305]）。金融体系提供了更为稳定且专业化交换市场，促进了交易成本的降低。同时，不断丰富的金融工具进一步简化了资本的交易；互联网金融、数字金融的发展，本质上也是为资本交易提供更便捷、更多元化的交易媒介，进而提高投资者的投资意愿。

金融体系功能的不断优化改善推动了金融发展，多种功能相辅相成，从不同的角度促进了投资，因而金融发展对企业创新投入的影响主要体现在对创新资金保障的作用中。金融的五种功能通过四种途径影响创新活动的资金保障（如图3.5所示）。第一，降低信息成本：金融体系如同一座桥梁，连接了资金的需求方和供给方，其高效的信息整合能力能够大幅度降低市场中的信息不对称问题。通过专业的金融机构和市场平台，企业财务状况、项目前景等关键信息得以准确、及时地传递给投资者，减少了投资者搜寻、分析信息的成本，使得资金流向更具有创新潜力的项目。第二，保障投资者投资收益：金融体系为投资者提供的企业监管功能帮助零散投资者对企业的治理过程进行监督，规避或减少委托代理问题，督促管理者实现企业价值最大化的目标，从而保障投资者的投资效益。金融体系内嵌的企业监管机制，如审计、信用评级等，进一步强化了信息的可靠性，帮助投资者识别并规避不良投资项目，确保资本的合理配置。这种机制促进了企业的自我优化，激励管理层追求长期价值创造，为创新活动奠定坚实的信誉基础。第三，分散投资风险：个人投资者和机构使用金融市场的资产组合、金融衍生品等多种金融工具，能够将单一投资风险分散到多个资产之中，降低了因个别项目失败而蒙受重大损失的可能性。这种机制降低了投资者对高风险项目的避险情绪，增加了对创新项目投资的意愿，因为即使某些项目未能成功，整个投资组合的风险仍处于可控范围，从而为创新活动提供了宝贵的"试错"空间。第四，提高投资意愿：金融体系通过提供多样化的储蓄和投资产品，以及便捷的交易服务，极大地提高了储蓄向投资转化的效率。一方面，储蓄动员功能鼓励公众将闲置资金投入金融市场，增加了可用于投资的资本量，为创新型企业提供了丰富的资金来源；另一方面，电子银行、移动支付、在线交易平台等现代化金融服务的普及，极大简化了投资流程，降低了交易成本，提高了资本流动速度，使得投资者能够更灵活、迅速地响应市场变化，为创新项目注入急需的资金。

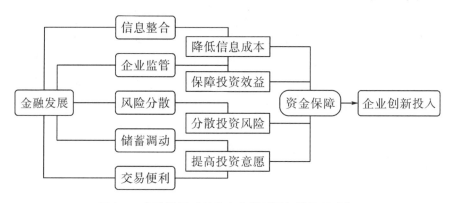

图 3.5　金融发展对制造企业创新投入的作用路径

3.2.2　环境规制、金融发展水平对制造企业创新投入的作用路径

从投资者的角度看，金融系统降低了信息成本，优化了资源配置，企业作为资金的需求方，金融发展水平的提高改善了企业的融资环境。一方面，金融发展促进储蓄向投资转化，拓宽了企业的融资渠道，缓解了企业的融资约束；另一方面，金融发展降低了投资风险，促进资本向高回报、高风险项目流动，而企业创新投入大都属于这类高风险项目，其资金来源又主要依赖于外源融资，因此金融发展水平的提高也缓解了创新项目本身的融资约束。结合前文的分析，环境规制与金融发展水平在对企业融资约束及创新投入资金保障的作用中存在交叉。因此，本书在图 3.4 的理论框架基础上，以融资约束的间接作用为出发点，纳入金融发展水平的作用机理，分析三者之间的关系。在新的分析框架中，适当简化了环境规制对企业创新投入的作用，仅将其中涉及企业创新投入资金保障的部分纳入其中（如图 3.6 所示）。

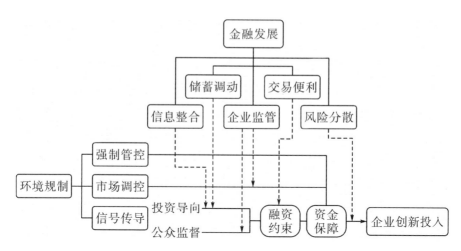

图 3.6　环境规制、金融发展对制造企业创新投入的作用路径

首先，当环境规制发挥投资导向作用，引导投资者将资金提供给绿色环保的企业或项目时，金融系统发挥了信息整合的功能，帮助投资者有效评估投资项目。同时，金融系统的储蓄调动功能促进了资本的积累，促使更多的资金流向绿色行业。

其次，金融体系的企业监管功能为零散投资者提供了监督途径。一方面，当环境规制发挥公众监督作用时，公众和投资者更加关注制造企业的环境治理行为，此时金融体系提供了更多的信息获取途径，与环境信息披露相辅相成，敦促制造企业更好地执行环境治理政策；另一方面，金融体系为投资者提供了监督企业资本利用情况的途径，帮助投资者监督企业是否将环保补贴用于绿色创新活动，从而提高环保补贴的利用率和绿色项目的投资收益率。

再次，金融体系的交易便利功能拓宽了制造企业的融资渠道，缓解了企业的融资约束。互联网金融、数字金融、金融科技等新的金融模式的发展，为资本流通提供了更多元化的媒介，制造企业可以从更多的途径为创新活动筹集资金，减缓企业的融资压力，促进企业增加创新投入。

最后，充足的资金也许并不能完全保证企业会提高创新投入水平，管理者基于风险规避的天性，更愿意将资金投入到风险较低的项目中，因而企业也可能将资金用于风险较低的扩大生产。此时，金融体系的风险分散功能将发挥作用，管理者可以利用合理的投资组合降低投资风险。因此，金融发展有助于引导资金流向高风险高回报项目，在一定程度上确保企业将筹措的资金用于创新投入。

综上所述，金融发展滞后造成企业外源融资成本居高不下，企业创新活动受到了严重的融资约束。若金融发展水平滞后，金融体系的功能得不到充分发挥，则会持续地影响企业发展，进而影响经济发展水平，形成恶性循环。基于上述分析，本书认为金融发展在"环境规制—融资约束—企业创新投入"这一间接作用过程中可能起到一定的调节作用：金融体系的发展有助于缓解企业的融资约束以及融资成本提高给企业创新投入带来的负面影响，因而环境规制通过企业融资约束对企业创新投入造成的负面影响可能会因为金融体系各项功能的良好发挥而得到缓冲；而若金融体系发展滞后，企业融资约束程度加剧，严苛的环境规制对企业造成的资金压力将进一步抑制企业创新。

3.3 基于系统动力学模型的作用路径分析

本书基于环境规制与金融发展的各项功能，从理论上分析了环境规制与金融发展作用于制造企业创新投入的过程。然而，创新投入只是制造企业生产经营中的一环，环境规制与金融发展对企业的影响并不只是对创新活动本身的影响，亦有对企业其他生产经营环节中资金流动的影响。因此，将环境规制与金融发展的作用过程与企业现金流动过程相结合，有助于进一步厘清二者在企业内部的作用机理。

企业现金流包含经营活动现金流、投资活动现金流及筹资活动现金流，基于这一内涵，制造企业的经营过程主要包含了生产销售、投资活动与融资活动三个环节。环境规制与金融发展通过影响这三个环节中的现金流入与流出，导致企业经营能力、利润率、投资决策及融资能力发生改变。笔者将图 3.6 的分析框架与企业现金流动过程相结合，绘制了图 3.7 的分析框架。

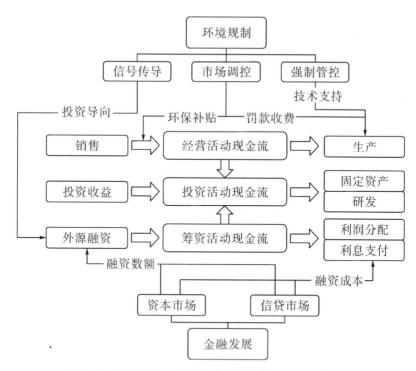

图 3.7　环境规制、金融发展对制造企业现金流的作用

　　环境规制的三项功能分别对企业的经营活动现金流和筹资活动现金流产生影响。首先，环境规制通过污染管控与技术要求实现其强制管控共享。其中，污染管控主要为强制的排放标准要求，其作用主要表现为影响企业的创新意愿，对企业现金流的直接影响较小。然而，提供特定技术支持的方式会直接影响企业的生产成本，对企业经营活动的现金流产生影响。其次，环保补贴和罚款收费等方式分别对企业经营活动的现金流入和现金流出产生影响：环保补贴直接增加企业经营现金流入，罚款收费则直接增加企业现金流出或提高企业生产成本。最后，环境规制的信号传导功能主要通过影响企业外源融资来源的方式实现。

　　企业可以通过资本市场和信贷市场获取外源融资，金融发展的各项功能将同时作用于资本市场与信贷市场，对企业筹资活动现金流产生影响。首先，金融发展水平的变化影响企业可从资本市场和信贷市场筹集的资金数额，影响企业现金流入。其次，金融体系各项功能也影响着企业的融资成本，在资本市场表现为投资回报要求的改变，在信贷市场则表现为利息的改变。企业经营活动现金流与筹资活动现金流的改变，最终会影响企业现金持有水平，从而影响企业的投资决策，对企业创新投入水平产生作用。在这一系列作用过程中，企业内部与外部的各个因素相互关联，形成相对复杂的内部循环系统，因此需要借助专业的分析工具进行解析。

3.3.1 系统动力学模型的内涵与作用

系统动力学（System Dynamics，SD）的创始人为美国麻省理工学院 J. W. Forrester 教授，该模型最初用于研究生产管理与库存管理问题。系统动力学以系统反馈控制理论为基础，利用计算机仿真技术，通过流量和流图的方式来分析系统行为与内在机制。随着系统动力学的不断发展，学者们利用这一方法解决了很多物流、金融、工业、医学等众多跨学科领域的问题。系统动力学采用了"定性—定量—定性"的分析思路，通过建立动态模型来分析系统内部的结构和关系，并利用计算机模拟将复杂系统的动态变化趋势与难以直接测量的系统内部联系起来，使得我们能够在微观和宏观层面上，对包含非线性、多重反馈和时间变化的复杂系统进行定量的研究，进而解释复杂的因果关系和非线性的相关关系。

反馈系统是指具有反馈关系的模块组成的系统，在系统动力学中，因果关系主要通过反馈循环来表达，反馈循环包括正反馈循环和负反馈循环。在一个反馈循环中，如果一个变量的变化经过整个循环后导致该变量的增加，这样的循环被称为正反馈循环；相反，如果变化导致变量的减少，则称为负反馈循环。系统动力学的反馈循环机制能够清楚地表达系统中各个子系统和因素之间的相互作用关系，人们利用系统动力学方法来模拟经济模型，能够很好地表达难以量化的主观因素，并能应用简化的数学函数来准确地推导各因素对系统的作用效果；同时，系统动力学还特别擅长处理那些涉及时间延迟和累积效应的问题。在实际的经济模型中，政策变动、市场反应、技术发展等都可能存在一定的时滞效应，而这些时滞效应对于理解系统的长期行为至关重要。系统动力学能够通过其模型设计，合理地反映这些时滞效应，从而使得模拟结果更加贴近实际情况。系统动力学的输出结果一般为图形表达的趋势变化图，这些输出结果能清楚地展现系统本身的作用过程，也可以很好地模拟外界因素对系统内部产生的影响。

系统动力学方法是一种很好的剖析系统内部各个因素之间相互作用过程的工具，也可以在数据不充足的情况下对具体问题进行研究，因此本书将利用系统动力学方法，构建环境规制、金融发展与制造企业创新投入的SD模型，模拟企业现金流及现金持有的变动过程，以及环境规制、金融发展的各项功能对企业现金流与企业创新投入的作用。根据图3.7的分析框架，本书将环境规制各项功能中涉及企业创新投入资金保障的因素纳入到系统动力学模型中，包括：实现强制管控功能的技术要求（主要为环保技术支持）、实现市场调控功能的罚款收费与环保补贴、以及实现信号传导功能的投资导向。

3.3.2 系统动力学模型构建

3.3.2.1 因果关系构建

企业的现金流主要包含三个部分：一是经营活动现金流，包括销售产品收到的现金、政府补助与退税、经营租赁租金等现金流入，以及购买原材料支付的现金、职工工资薪酬、各项税费等现金流出；二是投资活动现金流，包括收回投资、投资收益、资产处置收回的现金净额等现金流入，以及购建各类固定资产、无形资产等需要支付的现金、投资等资金流出；三是筹资活动现金流，包括股票市场收入、各类长短期借款、发行债券收到的现金，以及偿还债务、分配股利、偿付利息支付的现金。这三大活动形成的现金流净额，加上期初持有的现金及现金等价物，就是企业期末的现金及现金等价物总额，即期末现金持有总额。

因此，事实上制造企业的生产销售、投资与融资等各个经营环节中均存在现金流入与现金流出，结合环境规制与金融发展这两个企业外部因素，本书构建了包含企业现金流入、企业现金流出、环境规制、金融发展四个主体要素的系统。其中，现金流入包括销售收入、股权融资和债券融资三个基本要素；现金流出包括生产成本、研发投入（即企业创新投入）、融资成本、股利分配四个基本要素；环境规制包括环保补贴、技术支持、投资导向、罚款收费四个基本要素；由于企业的融资手段包括股权融资与债权融资，而这两种融资方式的作用过程存在差异，因此模型中的金融发展主要包括信贷市场和资本市场两个基本要素。结合上一节的理论分析，本书构建如下因果关系图（如图3.8所示）。

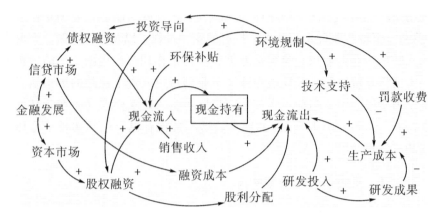

图 3.8   环境规制、金融发展与制造企业创新投入的系统动力学因果关系

图 3.8 的因果关系中共包含 12 个反馈回路，分别为：

（1）销售收入→现金流入→现金持有→现金流出

（2）研发投入→研发成果→生产成本→现金流出

以上两个回路反映了制造企业基本的生产经营的基本过程。企业生产产品进行销售，所获的销售收入扣除生产过程中支付的生产成本费用，得到企业的营业净利润，流入企业现金存量。根据投资-现金流敏感模型，企业的现金持有量影响着企业创新活动的资金投入水平；而研发活动一旦成功，可以降低企业的生产成本。

（3）环境规制→环保补贴→现金流入

（4）环境规制→技术支持→生产成本→现金流出

（5）环境规制→罚款收费→生产成本→现金流出

（6）环境规制→投资导向→股权融资→现金流入

（7）环境规制→投资导向→股权融资→股利分配→现金流出

（8）环境规制→投资导向→债权融资→现金流入

以上六个回路反映了环境规制的三项功能对制造企业生产经营产生影响的过程。政府对企业的环保补贴相当于直接增加了企业的现金流入。除了直接的环保补贴外，环境规制对企业的正面作用还包括环境政策支持。政策支持中比较容易量化的措施就是政府建设或共享的污染治理设施以及特殊技术成果，这种政策不同于直接的环保补贴，并不直接增加企业的现金持有量，但这一举措可以降低制造企业的生产成本。相应的，环境规制的负面作用主要通过污染治理的限制性措施产生，若企业不进行技术改进，污染排放的罚款收费将导致企业的生产成本增加。

此外，环境规制通过传递政府对绿色行业和绿色生产方式的重视，引导资金流向低污染行业，实现投资导向功能。这种投资导向作用会同时影响企业的股权融资和债权融资：一方面，投资者会优先选择环境治理能力强或环境污染程度较低的企业，让轻污染企业更易以较低的价格获取更多的股权融资；另一方面，银行等信贷机构也更偏向于绿色企业，或者为绿色项目提供更多的信贷产品选择，同样使得这些企业能以更低的成本获取更多的贷款。

（9）金融发展→信贷市场→债权融资→现金流入

（10）金融发展→信贷市场→融资成本→现金流出

（11）金融发展→资本市场→股权融资→现金流入

（12）金融发展→资本市场→股权融资→股利分配→现金流出

以上四个回路反映了金融发展从两个方面对企业生产经营产生影响的过程。企业可以通过股权融资和债权融资两种方式为其经营活动筹集资金，而金融体系的各种功能在资本市场和信贷市场中都会得到相应的体现。因此金融发展水平会同时影响企业的这两种外源融资途径：在信贷市场中，金融体系的储蓄调动和交易便利功能促进了投资，使得企业更易通过债券融资筹集资金，或是以更低的成本获取外源融资，因而同时增加了企业的现金流入、减少了现金流出；在资本市场中，金融体系的投资促进功能同样有助于增加企业的融资机会，同时也能够为投资项目的收益和风险保驾护航，增加投资者的信心，改变投资者对股利分配比例的要求。

3.3.2.2　基本假设

我们在构建系统流图之前，需要对系统动力学模型做出相应的基本假设。为了突出环境规制、金融发展等主要研究变量的作用，本书对模型中的制造企业作如下假设：

第一，假设该制造业企业生产单一品类的产品，单位生产成本受生产率影响，生产率受研发成果的影响，但暂不考虑研发活动对产品销售量和销售价格的影响；

第二，假设不存在除技术研发和固定资产购置以外的投资活动；

第三，假设利润分配后剩余的利润全部用于研发；

第四，不考虑非正常因素导致的系统突变。

3.3.2.3　结构流图及方程设置

基于上述分析，通过添加辅助变量，我们可构建包含生产销售、投资活动、筹资活动三个环节中的结构流图，分析研发投入随着各个因素变化而产生的变动情况。

首先，企业经营活动的现金流出主要为生产成本（Cost），包括购置生产设备、厂房等长期资产需要支付的资金，生产过程中购买原材料的费用以及支付的水电费用、工人工资等支出，以及经营过程中需要支付的租金、税费、管理人员工资等费用。设定每期产品产量（q）固定为 10 000件；产品初始单位生产成本（c）为 100 元，单位成本随生产率（θ）的变化而改变，生产率越高，产品的单位成本越低；生产率受企业研发活动的影响，成功的研发可提高生产率。由于从开始研发到获取研发成果需要一定时间，研发投入的作用要滞后一期才能显现，因而研发活动对企业生产效率的提高存在滞后性，生产效率的提高与前一期研发投入水平正相关（即研发投入总额 R&D 占销售收入的比例）。值得注意的是，企业的研发投入主要分为研究和开发两个阶段，根据中国《企业会计准则》，研究阶段的支出需要全部费用化处理，开发阶段的支出只要满足资本化规定时便可对其进行资本化处理，其余的部分进行费用化处理。然而，本书所构建的系统动力学模型以企业现金流为构建基础，其中的研发投入是指企业当期的现金投入，因而并不涉及资本化处理和费用化处理的问题（即使资本化处理，企业现金流中的折旧费用也包含了研发活动的资本化支出在当期的摊销额）。此外，环境规制中的环保技术支持（environmental technical support，简写为 ETS）与罚款收费（environmental charges，简写为 EC）将分别按比例降低或增加企业的单位生产成本。根据以上分析，设置如下系统参数方程：

$$\text{Cost} = \left[c(1 - \text{ETS})(1 + \text{EC}) \right] q$$

$$c = 0.01/\theta$$

$$\theta = \text{INTEG} \left[\text{DELAY1} \left(\theta, 1 \right) \left(\text{R\&D/Revenue} \right) \right]. \ \theta_0 = 1$$

其次，企业经营活动的现金流入主要为销售产品收到的现金，以及政府补助与退税等。企业将生产的产品投放到市场进行销售，得到销售收入（Revenue）。根据 CSMAR 数据库行业财务指标的统计数据，我国 2019 年制造业上市企业平均利润率约为 4.67%。基于此数据，将产品单位价格（p）设置为 105 元（即毛利率 5%）。而政府的环保补贴（environmental subsidies，简写为 ES）则直接流入企业自由现金流（Cash-in）。根据以上分析，我们设置如下系统参数方程：

$$Revenue = p \cdot q$$

$$Cash\text{-}in = Revenue + ES$$

假设企业初始资金（Cash）为 100 万元，企业可以通过资本市场和信贷市场进行融资。企业从资本市场筹集资金（Capital）的成本主要为利润分配（或投资者要求的投资回报）。企业的销售收入减去营业成本为企业利润，利润需要按一定比例进行利润分配（PD）。根据 CSMAR 数据库行业财务指标的统计数据，我国 2019 年制造业上市企业平均股利分配率约为 22.68%，因此我们将初始的利润分配率设置为 22.68%。利润分配率随着资本市场的投资者对投资回报率要求的变动（ROI）而产生改变，因此若企业通过资本市场进行股权融资，则最终的利润分配率会发生改变。

$$PD = (Cash\text{-}in - Cash\text{-}out)(0.226\,8 + ROI)$$

利润分配后剩余利润用于下一期的研发活动，由于假定企业不扩大生产，因此企业的外源融资将全部用于研发投入。

$$R\&D = Cash - 100 + Financing$$

企业从信贷市场上筹集资金（Credit）的成本（Fin-cost）为企业贷款需要支付的利息，r 为市场贷款年利率。根据近期我国贷款市场报价利率，我们将 r 设定为 3.85%。对企业而言，金融发展水平的提高可表现为资本市场或信贷市场融资成本的变化。此外，对于轻污染或重污染的制造企业，环境规制的投资导向作用（environmental investment orientation，简写为 EIO）可同时增加或减少企业的融资数额。以上筹资活动所获资金均为企业外源融资（Financing）：

$$Fin\text{-}cost = Credit \cdot r$$

$$Financing = Credit + Capital + EIO \times 2$$

企业的生产成本与融资成本共同构成企业的现金流出（Cash-out），而前一期的所有现金流入减去现金流出，扣除前一期的研发活动支出及利润分配，加上企业从筹资活动中获得的资金，构成企业当期期初现金余额（Cash）：

$$Cash\text{-}out = Cost + Fin\text{-}cost$$

$$Cash = INTEG(Cash\text{-}in - Cash\text{-}out - PD - R\&D + Financing)$$

至此各个变量之间形成闭环关系，企业研发投入与其他变量之间可通过系统动力学模型关系方程进行关联。在不考虑环境规制与金融发展的影响时，企业当期研发投入的数额与其他各个变量之间存在如下关系：

$$R\&D_{t+1}=p \cdot q-\frac{0.01}{\theta_0 \times \dfrac{R\&D_t}{p \times q}} \times q-PD_t$$

若考虑环境规制与金融发展的影响，企业当期研发投入的数额与环境规制和金融发展的各个要素之间存在以下关系：

$$R\&D_{t+1}=p \cdot q+ES_t-\frac{0.01}{\theta_0 \times \dfrac{R\&D_t}{p \cdot q}}(1-ETS_t)(1+EC_t)q-Credit_t \cdot r-$$

$$PD_t+Credit_t+Capital_t+EIO_t \times 2$$

上述各个变量的具体含义与参数设定如表 3.1 所示。

表 3.1　系统动力学流图中变量的含义与参数设定

变量类型	变量符号	变量名称	变量含义
状态变量	Cash	现金持有	企业期初现金持有量，初始值为 100（万元）
速率变量	Cash-in	现金流入	企业当期经营现金流入，包括营业收入与环保补贴
	Cash-out	现金流出	企业当期经营现金流出，包括生产成本与融资成本
常量	q	产量	企业当期产品销售数量，设置为 10 000 件
	p	产品售价	单位产品的销售价格，设置为 105（元），为保证单位统一，模型中为 0.01（万元）
	ES	环保补贴	环保补贴（environmental subsidies），初始值为 0，取值范围为 0~5（万元）
	ETS	技术支持	环保技术支持（environmental technical support）为企业节约的成本占单位成本的比例，初始值为 0，取值范围 0~5%
	EC	罚款收费	罚款收费（environmental charges）增加的成本占单位成本的比例，初始值为 0，取值范围 0~5%
	EIO	投资导向	投资导向作用（environmental investment orientation）增加的企业融资数额，初始值为 0，取值范围 0~5（万元）
	Credit	信贷市场	企业可以从信贷市场（credit market）获取的融资数额，初始值为 0，取值范围为 EIO+0~10（万元）
	r	贷款利率	信贷市场贷款利率，设置为 3.85%
	Capital	资本市场	企业可以从资本市场（capital market）获取的融资数额，初始值为 0，取值范围为 EIO+0~10（万元）
	ROI	投资回报率	由于设置了初始的利润分配率，此处 ROI 主要表示投资回报率的变动，取值范围为-0.1~0.1

表3.1(续)

变量类型	变量符号	变量名称	变量含义
辅助变量	Revenue	营业收入	企业当期营业收入总额
	PD	利润分配	企业当期利润分配总额
	R&D	研发投入	企业当期研发投入总额
	c	单位成本	单位产品的生产成本，与生产率相关
	θ	生产率	企业生产率，与企业研发投入水平相关
	Cost	生产成本	产品生产总成本
	Financing	外源融资	企业通过信贷市场和资本市场获取的融资数额
	Fin-cost	融资成本	企业通过信贷市场融资需要支付的利息总额

根据上述变量方程，我们结合图 3.8 中的因果关系图，建立如图 3.9 所示的制造业企业现金流动的结构流。

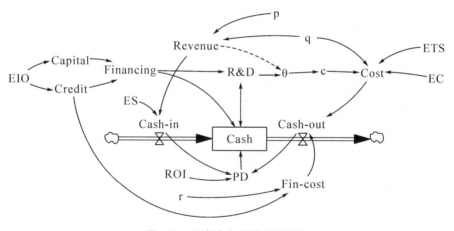

图 3.9　系统动力学基础结构流

3.3.2.4　初始仿真结果

我们在构建系统动力学模型后，利用 Vensim PLE 对模型进行仿真分析，以检验模型的有效性。模型分析的时间单位为年度，跨度 10 期，模拟 10 年内企业研发投入的变动情况。我们将环境规制和金融发展的相关变量设为初始值，考察在不考虑环境规制和金融发展的影响时企业研发投入随时间变化的状况，并运行 10 期模拟过程，企业研发投入的仿真结果如图 3.10 所示。

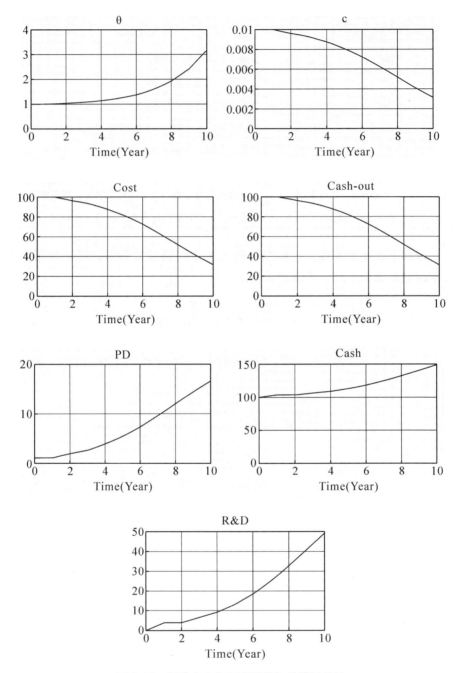

图 3.10　制造企业各项变量的初始模拟结果

环境政策对长江经济带制造企业创新的影响研究

通过模拟发现，模拟结果基本符合预期。如果企业创新活动是成功的，研发投入能够提高生产效率，降低生产成本；在假设销售收入不变的情况下，成本的降低导致现金流出的减少，企业利润率提高；利润率提高使得利润分配的总额增加，最终的现金存量仍然是持续增加的；现金流与现金存量的增加使企业增加投资。因此，在研发投入有效的情况下，企业会持续加大研发投入力度。值得注意的是，第 0 期企业不进行研发投入；同时，由于研发活动对生产率的提高有一期滞后，第一年企业进行研发投入后，当年的生产成本不会发生改变，而在销售收入和利润分配不变的情况下，第二年可用于研发投入的资金与第一年一致，因此图中第一年到第二年的数值并未发生改变。

由于环境规制和金融发展各个基本要素的真实数据难以收集，无法对系统动力学模型进行真实检验，因此本书将通过改变各个要素的参数设置，对模型进行灵敏度分析，以检验各个要素变化对企业研发投入的影响。

3.3.3　系统动力学模型灵敏度分析

系统动力学模型的灵敏度分析是指通过调整变量参数的设置，分析该变量对系统运行的影响。仿真分析中已经明确，当企业创新活动能有效促进企业生产率提高时，随着企业的不断运营和盈利，企业研发投入会持续提高。为进一步验证本书的理论分析框架，我们将通过改变环境规制与金融发展的参数设置，考察研发投入随之变化的程度，分析环境规制与金融发展对企业研发投入的影响。

3.3.3.1　环境规制的强制管控功能

环境规制的强制管控功能中能够对企业现金流产生较为直接作用的主要为环保技术支持。环保技术支持（ETS）指的是政府通过共享的污染治理设施或相关技术成果，为企业节约了环境治理的技术改造或引进费用，从而减少了企业的生产成本，模型中 ETS 为生产成本减少的比例。图 3.11 展示了分别模拟 ETS = 0、ETS = 1%、ETS = 3% 和 ETS = 5%，即单位生产成本不减少、减少 1%、减少 3% 和减少 5% 的情况下企业研发投入的变化。结果显示，环保技术支出通过节约企业生产成本，提高了企业研发投入。

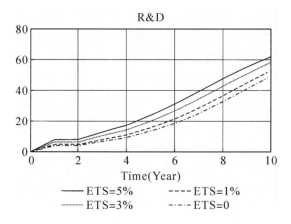

图 3.11　环保技术支持对企业研发投入的影响

3.3.3.2　环境规制的市场调控功能

环境规制的市场调控功能主要通过环保补贴和罚款收费产生作用。其中，环保补贴制度对企业资金的影响最为直观，首先检验环保补贴（ES）对模型的影响。环保补贴表现为对轻污染企业的直接补贴，或者通过碳交易、碳积分等制度为企业带来额外收益。假设环保补贴将直接增加受补贴企业的现金持有量，分别将 ES 设置为 0、1、3 和 5，模拟轻污染企业收到的环保补贴数额为 0 元、1 万元、3 万元或 5 万元时企业研发投入的变动情况，模拟结果如图 3.12 所示。从图 3.12 中可以看到，与环保技术支持相似，环保补贴的增加有效刺激了企业研发投入的提升。

罚款收费等制度导致企业的污染治理费用增加：一方面，企业需要为未达标的产品支付额外的环境污染罚款或税费，导致了企业可变生产成本的增加；另一方面，企业为应对新的环保标准，需要购置大型的污染治理设备或是引进最新的污染治理技术，导致了企业固定成本的增加。这两种成本的增加均使产品的单位平均成本提高，从而导致了企业利润的减少，挤占了企业创新活动的内源资金。在模型中，我们将这种作用设置为 EC，表现为按一定的比例增加企业的单位生产成本，并分别模拟环境罚款收费导致重污染企业生产成本增加 1%、3% 和 5% 的情况。模拟结果如图 3.13 所示，严格的环境规制使企业的生产成本上升，从而抑制了企业的研发投入，并且随着环境成本的增加，其对研发投入的抑制作用是不断增强的。值得注意的是，企业环境治理的成本上升到 5%，就完全抵消了利润，此时企业将没有多余资金用于提高研发投入，而不进行研发活动则不能降低生产成本，从而形成恶性循环。

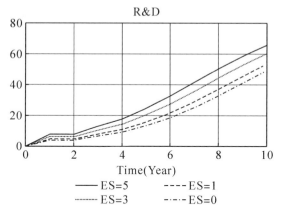

图 3.12 环保补贴对企业研发投入的影响

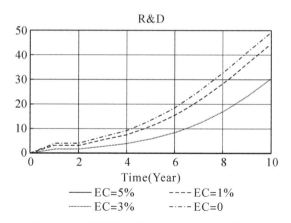

图 3.13 环境罚款收费对企业研发投入的影响

3.3.3.3 环境规制的投资导向功能

除上述情况，环境规制还存在投资引导的作用，即传递政府对绿色行业和绿色生产方式的重视，从而引导资金流向低污染行业，或是通过绿色金融等工具，有效拓宽企业的融资渠道，增加资金来源。本书进一步模拟了环境规制通过投资导向使得企业外源融资数额增加的情况，在模型中将这类投资导向型的环境规制设置为 EIO。由于企业可以通过股权融资和债券融资的方式获取资金，这种投资导向的作用也可能同时作用于这两种融资渠道，因此我们分别模拟环境规制的投资导向作用导致轻污染企业的股权融资和债权融资同时增加 1 万元、3 万元或 5 万元的情况。与此同时，股权融资的产生使得企业的利润分配率提高（假设提高 5%），模型结果如图 3.14 所示。与前面三种模拟结果明显不同的是，外源融资使得企业从初期开始便可以进行研发活动，因此企业第一年的生产成本就有所下降，企业利润率上升。同时，由于外源融资也需要承担相应的融资成本（一定比例的利息与更高的利润分配比例），因此这一投资导向作用存在一定的边际效用递减的情况。

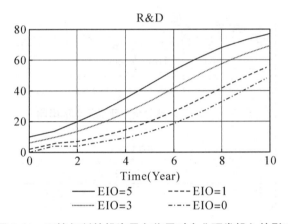

图 3.14　环境规制的投资导向作用对企业研发投入的影响

　　综上所述，本书从不同角度模拟了环境规制的各项功能对企业创新投入的作用过程和影响效果。模拟的结果与理论分析中的结论一致，鼓励性环境规制措施对企业的研发投入水平有着积极的作用，而限制性措施则抑制了企业的研发投入。

3.3.3.4　金融发展

　　在上述模型的基础上，我们继续探讨金融发展对整个模型的影响。金融发展促使金融体系各项功能的不断优化，其作用效果将同时在资本市场和信贷市场中得以体现。首先，以商业银行为主的信贷市场发展可以充分发挥金融体系的储蓄调动功能，促使更多的资金流向企业。对制造企业而言，这可以直接表现为融资数额的提高，图 3.15 的模拟结果展示了外源融资数额分别为 0 元、1 万元、5 万元及 10 万元时，企业研发投入变动的情况：外源融资能有效提高企业的研发投入。

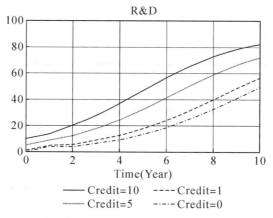

图 3.15 金融发展通过信贷市场对企业研发投入的影响

为了检验金融发展与环境规制在企业内部的相互作用，我们进一步在图 3.11 至图 3.14 模拟的四种情况中，考虑债券融资变动的影响。图 3.16 的四个图中分别展示了 ETS＝3%、ES＝3、EC＝3%、EIO＝3 时，债券融资数额的变动产生的作用效果。

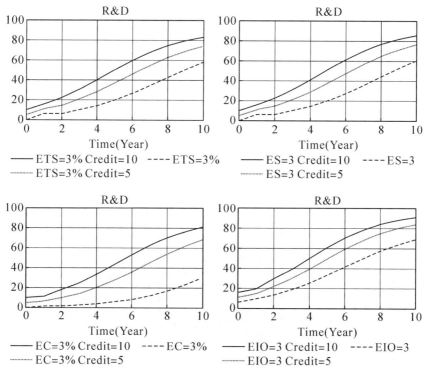

图 3.16 环境规制与金融发展（信贷市场）对企业研发投入的共同作用

根据模拟结果，外源融资可以有效加强环境规制对轻污染企业创新投入的鼓励作用，而当严苛的污染管控措施使得重污染企业的污染治理成本增加时，外源融资的增加可以减缓或抵消环境规制对企业创新投入的负面作用。这一结果印证了前文的分析，即金融发展影响了企业的融资约束以及"环境规制—融资约束—企业创新投入"这一作用过程，改变了环境规制对企业研发投入的作用效果。然而，对于重污染企业，现实情况可能更为复杂。一方面，金融体系的发展使其储蓄转化和风险控制能力得以有效发挥，有助于拓宽企业的融资渠道，企业可以获取更多资金用于投资；另一方面，金融系统的信息整合和企业监管等功能使得企业的信息更加透明，而绿色金融的发展也使得银行等信贷机构更偏向于投资绿色项目，此时重污染企业可能面临更严重的融资约束。两种作用同时产生，最终作用结果如何，我们将在实证分析中进行检验。此外，从以上模拟结果中我们可以初步判断，债权融资数额的提高虽然可以有效提升环境规制对研发投入的积极作用，缓解其负面作用，但存在一定程度的边际效用递减的问题。

在模拟过程中我们发现，即使环保补贴和债券融资都为企业增加了同样数额的现金存量，但其作用效果是不同的（如图3.17所示），其中债券融资对企业创新投入的促进作用明显更强。究其原因，环保补贴将作为企业的营业外收入，纳入企业的利润当中，而利润分配制度导致环保补贴并不能全部用于研发投入，因此其作用效果可能不如债权融资。

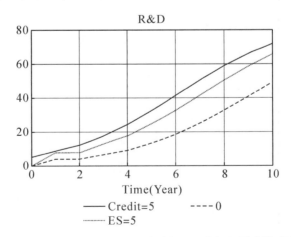

图 3.17　债权融资与环保补贴对企业研发投入影响的对比

除债权融资外，股票、债券及基金等资本市场的发展也会对企业创新投入产生间接的影响。一方面，金融发展推动金融体系的信息整合和风险分散能力不断提高，资本市场又为投资者提供了多元化的金融工具，促使储蓄向投资的转化。对于企业，这可能表现为股权融资数额的增加。另一方面，金融体系监管功能的不断完善，使企业信息更加透明，投资者也能更多地参与企业的投资决策。对于重污染企业，如果此时企业仍保留污染较高的生产方式，投资者基于风险规避的特性，可能会提高对投资收益率的要求，提高企业的融资成本，因此这一作用与环境规制的投资导向作用是相辅相成的。图 3.18 模拟了股权融资变化对企业研发投入的影响（仍假设股权融资固定提高 5% 利润分配率），并将其与债权融资的影响进行了对比。根据融资优序理论，股权融资的成本通常大于债权融资，因此同样数额的股权融资对企业研发投入的激励作用弱于债权融资。

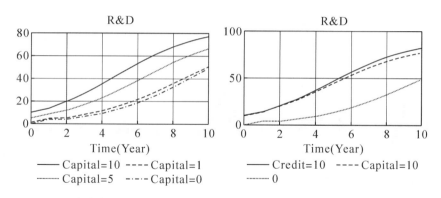

图 3.18　资本市场融资数额对企业研发投入的影响 & 与信贷市场融资的对比

此外，金融发展也可能造成企业股权融资成本的改变，图 3.19 模拟了利润分配率不同程度改变时企业研发投入的变化。从图 3.19 中我们可以看到，股权融资成本提高导致的利润分配率提高会造成企业可用于研发投资的剩余利润减少，抑制了企业的研发投入。同样，与债权融资相比，同样数额的股权融资对研发投入的促进作用更弱，当股权融资的成本下降到1% 时，其对研发投入的影响才与债权融资相似。

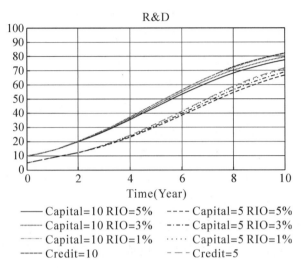

图 3.19　资本市场融资成本对企业研发投入的影响 & 与信贷市场融资的对比

　　根据以上模拟结果，本书认为金融发展在环境规制对企业研发投入的作用过程中起到了一定的调节作用，金融发展对企业债权融资和股权融资的影响均会引起环境规制对企业研发投入的作用产生不同程度的变化。同时，在所有的模拟过程中，融资约束的中介作用逐渐显现。除了环保补贴直接影响企业的现金持有量外，罚款收费和环保技术支持会对企业的内源融资产生影响，而环境规制的投资导向功能则通过影响企业的外源融资约束，对企业创新投入的资金保障产生作用。以上灵敏度检验显示，系统动力学模型很好地从企业现金流动的角度展现了环境规制、金融发展与企业创新投入的作用过程，与前文的理论分析相互呼应、相互补充。

3.4　本章小结

　　本章借鉴现有研究成果，结合环境规制的定义和内涵，运用逻辑推演的方法，归纳、总结和推演出本书的理论分析框架，确定了环境规制、金融发展、融资约束与制造企业创新投入之间的关系和作用机理。

　　环境规制在解决环境污染负外部性问题的过程中，对企业的行为决策产生了影响。环境规制不仅直接作用于制造企业本身，也通过影响其他市场主体的行为，影响企业的创新投入。其中，环境规制的直接作用主要包括绿色环保补贴、污染排放管控和强制技术改进；环境规制的间接作用主要包括环境信息公开和政策信号传递。同时，环境规制对制造企业创新投入同时存在动力机制与压力机制，其中动力机制主要包括提高创新意愿、提供创新方向和保障投资效益；而压力机制主要包括节能减排压力、限制不当竞争和克服创新惰性。结合现有研究中常见的对环境规制具体措施的分类，本书进一步将这些措施归类为鼓励性措施和限制性措施，其中鼓励性措施包含命令控制型环境规制中对企业环境治理有支持作用的政策、市场激励型环境规制中的环保补贴政策以及公众参与型环境规制中的投资导向；限制性措施则包含了大部分的命令控制型环境规制、市场激励型环境规制中的罚款收费制度以及公众参与型环境规制中的公众监督措施。

综合以上分类，本书进一步总结了环境规制的三项功能，即强制管控功能、市场调控功能及信号传导功能，并识别出各项功能分别对企业创新投入意愿与资金保障的作用。环境规制通过提供创新方向、强制技术改进以及提高生产成本等方式提高企业的主动或被动创新意愿；同时，通过提供技术支持、提供环保补贴、保障绿色投资收益等方式为企业节约环境治理支出，或者通过提高污染成本和引导投资意愿等方式影响企业现金流，最终影响企业创新投入的资金保障。此外，环境规制的市场调控和信号传导功能通过三层作用过程间接影响了企业的技术创新投入：一是直接影响了企业的现金持有水平；二是直接影响了企业的融资约束程度，融资约束导致企业资金来源减少；三是通过影响企业的内源融资与外源融资成本，使企业的融资约束水平产生变化。

在此基础上，本书考虑了金融发展的作用。金融体系有着信息整合、企业监管、风险分散、储蓄调动和交易便利五种功能。其中，企业监管功能将在环境规制的市场调控功能对创新资金保障产生影响的过程中发挥作用；而金融体系的企业监管功能与信息整合、储蓄调动功能一起，在环境规制的信号传导功能影响企业融资约束的过程中发挥作用；交易便利功能直接影响企业的融资约束，风险分散功能则促使资金流入高风险的创新项目。因此，环境规制与金融发展并不是两个完全孤立的要素，二者将通过其各自的功能，对企业的融资环境和资金使用过程产生影响。

通过逻辑推演，本书梳理了环境规制、金融发展对制造企业创新投入产生影响的机理。为了进一步探究环境规制与金融发展对企业内部资金流动的影响，本书借助系统动力学方法，对制造企业的经营过程进行模拟，验证了理论分析框架的逻辑正确性，并对其进行补充。在分析过程中发现，环保补贴对企业创新投入的促进作用可能弱于外源融资，而股权融资的促进作用也弱于债权融资。

结合现实情况，制造业企业相较于其他企业，其生产过程中需要应对的环保压力更大，也承担着更强的绿色发展责任，因此环境规制的压力机制可能会强于其动力机制，造成环境规制对企业研发投入的负面作用效果更为明显。由于现实的情况总是比理论分析具有更高的不确定性，在研究成渝地区双城经济圈的具体问题时，需要在合理参考与应用现有的理论成果的基础上，更多地结合现实状况进行验证。

4 环境规制、金融发展水平与制造企业创新投入：现状分析

长江经济带作为未来经济高质量发展的重要增长极，其战略地位不仅关乎区域的繁荣，更是国家发展战略的重要组成部分。目前，关于长江经济带的研究相对较少，但其巨大的发展潜力和发展空间使得我们对其进行深入研究显得尤为重要。长江经济带横跨中国中部、东部和西部，涵盖了11个省级行政区，承载着"生态优先、绿色发展"的国家战略使命，面临着如何平衡经济发展和生态保护的重大挑战，这要求在长江经济带区域内的环境规制设计必须与创新驱动发展相结合，以实现可持续的绿色发展。在这一背景下，制造业作为推动绿色发展的关键主体，同时也是实施创新驱动发展战略的核心力量，其作用不可小觑。制造企业的创新能力直接关系到整个制造业的转型升级和竞争力提升，因此，我们对制造企业创新的研究不仅具有重要的理论意义，也具有深远的现实影响。

此外，外部环境对制造企业的影响是一个复杂而多维的问题，涉及政策支持、市场需求、资本运作等多个方面，这些因素共同作用于制造企业的创新活动。由于上市企业的数据披露更为完整，且具有较高的透明度，也便于与其他经济圈进行对比分析，所以本书将主要针对制造业上市企业的创新投入进行讨论。从本章开始，本书将深入探讨长江经济带沿线的城市的制造业上市企业的创新投入现状。

本章将对长江经济带内制造业上市企业的创新投入现状、区域内主要城市的环境规制与金融发展现状进行评价与分析，为后续章节的实证检验提供现实基础。本章涵盖了三个主要部分：在第一部分中，基于长江经济带内上市企业数据，分析区域内制造业上市企业的发展现状与创新投入情况；在第二部分中，梳理长江经济带近年来环境保护相关的重要规划与政

策，选用合理的指标对长江经济带内各城市的环境规制水平进行量化，并与其他经济圈的测算结果进行对比；在第三部分中，分析长江经济带内各城市的金融发展水平，识别其中存在的主要问题。

4.1 长江经济带内制造企业创新投入现状分析

4.1.1 长江经济带内上市企业行业分布情况

长江经济带是中国的一个重要经济发展区域，其发展历史悠久，特别是长江这条"黄金水道"对区域经济发展的贡献一直受到人们的重视。在2014 年之前，长江经济带的空间范围被定义为"7+2"，涵盖了上海、江苏、安徽、江西、湖北、湖南、云南、四川和重庆等省市。这些地区因长江便利的交通和丰富的水资源，经济活动相对集中，形成了较为显著的经济带状发展格局。随着经济的快速发展，生态环境保护的重要性日益凸显，长江经济带的发展理念从强调资源开发的流域概念逐渐转向了更加综合的区域概念。基于此，2014 年，国家对长江经济带的范围进行了调整，从原来的"7+2"模式扩大到了"9+2"模式，增加了浙江和贵州两省。截至 2022 年年底，长江经济带内共有 2 537 家上市公司（不含 ST 公司）。表 4.1 列出了 2010 年和 2022 年长江经济带内上市企业在各个行业大类中的分布数量［按《国民经济行业分类（GB/T 4754—2017）》中的门类划分］。在区域内所有的上市企业中，制造业企业的数量最多且增幅较大。2010 年 902 家上市企业中有 591 家制造业企业，2022 年 2 537 家上市企业中有 1 797 家制造业企业，数量增长有两倍多。此外，相较于 2010 年，2022 年科学研究和技术服务业，信息传输、软件和信息技术服务业和居民服务、修理和其他服务业等第三产业内的企业增幅非常大，由此可以看出长江经济带地区整体的产业结构越来越趋向于高级化和合理化。图 4.1 展示了 2022 年长江经济带各行业大类的上市企业占比情况，制造业上市企业占比高达 70.8%，且这一比例相对稳定。

表 4.1 2010 年、2022 年长江经济带内上市企业分类统计

行业名称	门类代码	2010 年	2022 年
G	交通运输、仓储和邮政业	31	51
H	住宿和餐饮业	3	5

表4.1(续)

行业名称	门类代码	2010 年	2022 年
I	信息传输、软件和信息技术服务业	36	158
A	农、林、牧、渔业	8	14
C	制造业	591	1 797
Q	卫生和社会工作	2	8
O	居民服务、修理和其他服务业	6	51
E	建筑业	18	53
K	房地产业	49	98
F	批发和零售业	56	5
R	文化、体育和娱乐业	8	33
N	水利、环境和公共设施管理业	6	55
D	电力、热力、燃气及水生产和供应业	25	51
M	科学研究和技术服务业	4	52
L	租赁和商务服务业	10	24
B	采矿业	10	16
J	金融业	14	61
	综合	25	5
合计		902	2 537

图 4.1　2022 年长江经济带内各行业大类上市企业占比（以面积代表比例）

表 4.2 列出了 2010 年和 2022 年长江经济带内制造业上市企业的细分行业分布情况［按《国民经济行业分类（GB/T 4754—2017）》中的大类代码划分］。其中，化学原料和化学制品制造业，医药制造业，计算机、通信和其他电子设备制造业的数量最多。废弃物综合利用业是较 2010 年的新增行业，到 2022 年已经有 6 家企业，这充分体现了国家对环保产业的支持力度。据中国环境保护产业协会统计测算，2021 年全国环保产业营业收入约 2.18 万亿元，较 2020 年增长约 11.8%，增速同比提高 4.5 个百分点。环保产业营业收入年均复合增长率为 12.8%，高于同期 GDP 增长率，2022 年，我国环保产业营业收入约 2.22 万亿元，已成为绿色经济中的重要力量，从营业收入来看，固体废物处理处置与资源化，水污染防治，大气污染防治 3 个领域企业的营业收入及环保业务营业收入分别位列 1、2、3 位。除纺织业、黑色金属冶炼和压延加工业以及金属制品业等行业外，2022 年各类别企业在数量上相较于 2010 年均有所增加。就增减的类别和数量而言，医药制造业，通用设备制造业，汽车制造业，计算机、通信和其他电子设备制造业这类技术含量较高、环境污染相对较小的行业增加量更多；而污染相对较大的行业上市企业数量有所减少。

表 4.2　2010 年、2022 年长江经济带内制造业上市企业细分行业统计

行业名称	2010年	2022年	行业名称	2010年	2022年
农副食品加工业	13	24	橡胶和塑料制品业	23	70
食品制造业	5	36	非金属矿物制品业	17	44
酒、饮料和精制茶制造业	12	22	黑色金属冶炼及压延加工业	12	13
纺织业	25	38	有色金属冶炼及压延加工业	22	47
纺织服装、服饰业	10	22	金属制品业	19	63
皮革、毛皮、羽毛及其制品和制鞋业	1	4	通用设备制造业	46	142
木材加工及木、竹、藤、棕、草制品业	4	6	专用设备制造业	43	188
家具制造业	1	18	汽车制造业	29	116
造纸及纸制品业	5	21	铁路、船舶、航空航天和其他运输设备制造业	18	40
印刷和记录媒介复制业	1	5	电气机械及器材制造业	46	177

表4.2(续)

行业名称	2010年	2022年	行业名称	2010年	2022年
文教、工美、体育和娱乐用品制造业	1	10	计算机、通信和其他电子设备制造业	70	244
石油加工、炼焦及核燃料加工业	4	6	仪器仪表制造业	6	53
化学原料及化学制品制造业	71	193	金属制品、机械和设备修理业	1	
医药制造业	58	163	废弃物综合利用业		6
化学纤维制造业	15	19	其他制造业	13	7

4.1.2　长江经济带内制造业上市企业地理分布情况

表4.3列出了2010年和2022年长江经济带内主要城市制造业上市企业的数量以及增长幅度。从表4.3中我们可以看出区域内制造业上市企业数量均有增长，并且主要集中在长江下游地区，浙江省的制造业上市企业数量最多，增长幅度也最大，高达274%，云南省和贵州省的制造业上市公司数量最少。

表4.3　2010年、2022年长江经济带内制造业上市企业地理分布统计

年份	上海市	浙江省	江苏省	安徽省	江西省	湖南省	湖北省	重庆市	四川省	云南省	贵州省	合计
2010	79	136	129	47	21	35	44	19	49	16	16	591
2022	228	509	498	118	59	94	111	39	91	25	25	1 797
增长幅度/%	189	274	286	151	181	169	152	105	86	56	56	204

4.1.3　长江经济带内制造业上市企业研发投入情况

本书采用上市企业 R&D 研发投入占营业收入的比例来衡量企业研发投入，并计算了2012年至2021年长江经济带区域内各城市制造业上市企业各年度的平均研发投入水平（如图4.2所示），以及每个细分行业十年的平均研发投入水平（如表4.4所示）。其中，从长江经济带各省（直辖市）十年研发投入趋势图可以看出，长江经济带地区上市公司平均研发投入水平不断提高，长江下游城市的制造业上市企业平均研发投入水平普遍低于长江中游和长江上游城市，非中心城市的上市企业平均研发投入水平低于中心城市。另外，湖北省近年来通过实施多项技术改造工程和战略性

新兴产业倍增计划，加速了传统产业的转型升级，例如，"万企万亿技改工程"和"技改提能、制造焕新"三年行动；同时，湖北省正争创湖北东湖综合性国家科学中心和武汉国家科技创新中心，加快建设以东湖科学城为核心的光谷科技创新大走廊，旨在通过技术创新推动传统产业向高端化、绿色化、智能化方向发展，因而湖北省企业创新投入较高。

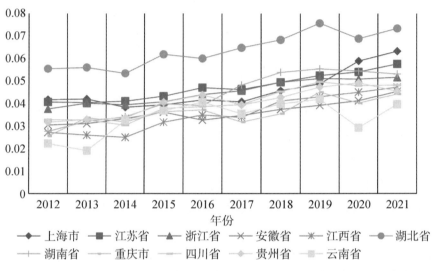

图 4.2　2012—2021 年长江经济带内制造业上市企业平均研发投入水平历史变化

表 4.4　长江经济带内制造业上市企业细分行业平均研发投入水平

行业名称	研发投入	行业名称	研发投入
农副食品加工业	1.133%	非金属矿物制品业	5.817%
食品制造业	1.746%	黑色金属冶炼及压延加工业	2.614%
酒、饮料和精制茶制造业	1.146%	有色金属冶炼及压延加工业	3.737%
纺织业	2.331%	金属制品业	3.969%
纺织服装、服饰业	2.244%	通用设备制造业	2.239%
皮革、毛皮、羽毛及其制品和制鞋业	1.960%	专用设备制造业	2.273%
木材加工及木、竹、藤、棕、草制品业	1.956%	汽车制造业	4.082%
家具制造业	3.377%	铁路、船舶、航空航天和其他运输设备制造业	4.452%

表4.4(续)

行业名称	研发投入	行业名称	研发投入
造纸及纸制品业	3.770%	电气机械及器材制造业	6.179%
印刷和记录媒介复制业	3.824%	计算机、通信和其他电子设备制造业	4.461%
文教、工美、体育和娱乐用品制造业	3.082%	仪器仪表制造业	4.649%
石油加工、炼焦及核燃料加工业	0.593%	其他制造业	3.381%
化学原料及化学制品制造业	3.445%	废弃资源综合利用业	18.925%

从表4.4中可以看出，虽然同属制造业，但是各细分行业的平均研发水平存在较大差异。医药制造业，金属制品业，通用设备制造业，汽车制造业，铁路、船舶、航空航天和其他运输设备制造业，电子设备制造业和仪器仪表制造业等行业的研发投入均高于平均水平，其中废弃资源综合利用业的研发投入水平最高，电气机械及器材制造业次之。由此可以看出，废弃资源综合利用业在中国的发展呈现出积极态势。这得益于政府对循环经济的大力推广和实施，以及对再生资源、能源循环利用和高效利用的提倡。这为废弃资源综合利用业的发展提供了强有力的政策支持。国家发展和改革委员会对"十四五"循环经济发展作出了整体部署，强调资源循环利用和高效利用，提高废旧物资和再生资源的利用率和回收再生率。农副食品加工业，食品制造业，酒、饮料和精制茶制造业，皮革、毛皮、羽毛及其制品和制鞋业，木材加工及木、竹、藤、棕、草制品业和石油加工、炼焦及核燃料加工业的研发投入水平较低，均低于2%。

4.1.4 五大经济圈制造业上市企业研发投入水平比较分析

为了评估长江经济带内制造业上市企业的平均研发投入的整体水平，本书将其上中下游三个区域内的三大经济圈与珠三角、京津冀经济圈中制造业上市企业的平均研发投入水平进行比较。图4.3展示了五个经济圈内制造业上市企业的平均研发投入水平在2012—2021年的变化情况，从中可以看到，珠三角和京津冀经济圈内的制造企业研发投入水平始终高于长江经济带三大经济圈，而成渝地区双城经济圈的制造企业研发投入水平相对较低，自2012年起一直低于其他经济圈的平均水平，制造企业研发投入相对不足。

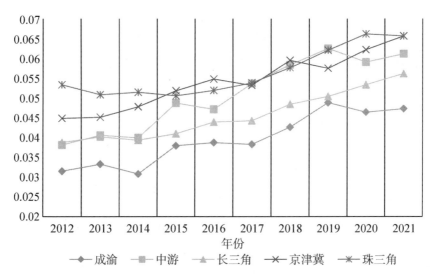

图 4.3　2012—2021 年五大经济圈制造业上市企业平均研发水平对比

4.2　长江经济带环境规制现状分析

4.2.1　主要环保政策的梳理

4.2.1.1　逐步完善的环境规制顶层设计

党的十八大将生态文明建设纳入"五位一体"中国特色社会主义总体布局后，生态环境保护已成为推进生态文明建设的首要任务和关键领域，提升环境质量已经成为环保工作的中心目标和基本任务。在此基础之上，我国政府设计和修订了各项环境保护规划、制度和政策，生态环境治理的顶层设计逐步完善。2015 年 4 月 25 日中共中央、国务院印发的《关于加快推进生态文明建设的意见》对生态文明建设做出了总体部署，是落实我国生态文明建设顶层设计的纲领性文件；紧接着于同年 9 月中共中央、国务院印发的《生态文明体制改革总体方案》则更为具体、全面地部署了五十多条生态文明体制改革的任务和举措。

自党的十八大以来，环境保护相关的法律法规也日趋严格与完善。这些法律包括环境保护法、深海海底区域资源勘探开发法、核安全法、土壤污染防治法、生物安全法、长江保护法、湿地保护法、噪声污染防治法、黑土地保护法、黄河保护法、青藏高原生态保护法等。此外，我国还全面清理了现行法律法规中与加快推进生态文明建设不相适应的内容，加强法律法规的衔接，维护社会主义法治统一，形成保护生态环境的合力。具体来说，2015 年起实施的《中华人民共和国环境保护法》，对环境保护和治理提出了十分严苛的要求，被称为"史上最为严格的环保法"；2016 年 12 月 25 日在中华人民共和国第二十届全国人民代表大会常务委员会第二十五次会议上通过的《中华人民共和国环境保护税法》及 2017 年 6 月对应发布的《中华人民共和国环境保护税法实施条例》，改革了我国的排污收费制度；2017 年发布的《关于政府参与的污水、垃圾处理项目全面实施 PPP 模式的通知》，标志着 PPP 模式在污染治理中的全面实施；《环境保护部关于推进环境污染第三方治理的实施意见》细化了环境污染的第三方治理实施方案，推动了环保设施建设和运营的产业化；《关于培育环境治理和生态保护市场主体的意见》促进了环保产业发展；《关于构建绿色金融体系的指导意见》推动了绿色金融体系的构建。

2017 年 10 月 18 日，党的十九大的召开，推动生态环境保护和生态文明建设进入一个崭新的阶段，对环境治理提出了更高、更具体的要求。2018 年 3 月，第十三届全国人民代表大会第一次会议通过了国务院机构改革方案，生态环境部正式组建，对强化我国生态环境治理和监管能力有着里程碑式的意义；同时，中国第十三届全国人民代表大会第一次会议表决通过了《中华人民共和国宪法修正案》，将创新、协调、绿色、开放、共享的新发展理念，以及生态文明和打造美丽中国的目标写入宪法，这一修正案确立了生态文明在宪法中的地位，并为推动生态环境治理体系与治理能力的现代化提供了宪法层面的支持。2021 年 12 月 28 日，国务院印发了《"十四五"节能减排综合工作方案》（以下简称《方案》）。该《方案》旨在认真贯彻落实党中央、国务院的重大决策部署，大力推动节能减排，深入打好污染防治攻坚战，加快建立健全绿色低碳循环发展经济体系，推进经济社会发展全面绿色转型，助力双碳目标的实现。中国环境政策的演变过程反映了对环境保护认识的深化和环境管理体制的持续优化。从最初将"环境保护"写入《宪法》，到后来将"生态文明"纳入《宪法》，这一变化标志着环境保护在中国国家发展战略中的地位不断提升。在合理的顶层设计下，我国环境规制体系正在向着更为完善、合理和多元化的方向转变，从单一的命令控制型规制手段，发展到如今命令控制、市场激励、公众参与等多种手段并存的综合性治理模式，逐步形成了具有中国特色的环境规制体系。

4.2.1.2 日趋严格的重点行业污染防治制度

生态环境建设工作的稳步推进不仅要依靠科学的顶层设计和规划，也有赖于具体环保条例的实施。从 2013 年至 2016 年，"大气十条""水十条""土十条"的陆续发布，对污染防治提出了相对具体的目标和要求。"大气十条"指的是 2013 年 9 月 10 日国务院印发实施的《大气污染防治行动计划》，该计划在指导污染防治工作的同时，也对重点行业的企业提出了更高的要求。《大气污染防治行动计划》对大气污染防治工作提出了具体的目标，即到 2017 年，全国地级及以上城市可吸入颗粒物浓度比 2012 年下降 10%以上，优良天数逐年提高；京津冀、长三角、珠三角等区域细颗粒物浓度分别下降 25%、20%、15%左右。《大气污染防治行动计划》提出了加大综合治理力度、调整优化产业结构、加快企业技术改造、加快调整能源结构、严格节能环保准入、发挥市场机制作用、健全法律法规体系等十条要求，对部分高污染、高能耗企业制订了严格的整治计划。"水十条"指的是 2015 年 4 月 16 日国务院印发的《水污染防治行动计划》，该计划要求到 2020 年，全国水环境质量得到阶段性改善。到 2030 年，力争全国水环境质量总体改善水生态系统功能初步恢复。该计划也针对性地对造纸、焦化、氮肥、有色金属、印染、农副食品加工、原料药制造、制革、农药、电镀等行业实施了严格的水污染管控和整改措施，并对农业面源污染、生活污染及港口污染提出了相应的防治要求。"土十条"则是指 2016 年 5 月 28 日国务院印发的《土壤污染防治行动计划》，该计划着眼于调查摸底和立法监督等工作，对土壤环境保护提出了具体的工作部署。以上三大行动计划分别针对大气污染、水污染和土壤污染，对重点行业和重点领域提出了具体的污染防治要求，有助于推动国家顶层设计和总体部署的落地，但同时也加大了高污染、高能耗行业的合规压力。

4.2.1.3 长江经济带逐步细化的环境规制

相较于国家的总体规划，地方政府的环境规制对地方的现实状况更有针对性。

2014 年至 2017 年是中央政府颁布关于长江流域生态环境保护政策的高峰期，在此期间政府颁布了一系列针对长江流域发展战略、水污染防治、渔业管理等方面的相关政策。比如，针对长江经济带地区的生态环境脆弱问题，政府出台了一系列生态保护政策，包括禁止乱砍滥伐、限制工业排放、加强水资源管理等措施，以保护长江流域的生态环境；为了保护中国最重要的水资源之一，政府出台了一系列水资源管理政策，包括加强水资源调度、控制水污染、推动水资源节约利用等措施，以确保长江流域的水资源安全；为了缓解由于长江经济带地区的工业快速发展所带来的严重的环境污染问题，政府出台了一系列工业排放控制政策，包括加强工业企业的环保监管、推动清洁生产、限制高污染高能耗产业等措施，以减少工业排放对环境的影响；为了解决长江经济带地区存在大量的生态破坏问题，政府出台了一系列生态修复政策，包括推动湿地保护和恢复、加强水土保持工作、推动生态农业发展等措施，以恢复长江流域的生态平衡。

在国家层面，在生物多样性保护方面，在长江流域 332 个水生生物保护区已于 2020 年 1 月 1 日起实行全面禁捕的基础上，2021 年 1 月 1 日起，长江流域重点水域（"一江两湖七河"，即长江干流，鄱阳湖、洞庭湖，大渡河、岷江、沱江、赤水河、嘉陵江、乌江、汉江重要支流）实行暂定为期 10 年的常年禁捕。调查显示，2017 年赤水河率先试点全面禁捕后，赤水河鱼类资源量增加了近 1 倍。2020 年和 2021 年，鄱阳湖刀鲚的资源量增加，多年未见的鳤鱼在长江中游再次出现。在南京、武汉等长江干流江段，"微笑天使"长江江豚出现频率显著增加，部分水域单个聚集群体达到 60 多头。到 2022 年 11 月，长江流域已建立保护长江江豚相关的自然保护区 13 处，覆盖了 40% 长江江豚的分布水域，保护近 80% 的种群。落实好长江"十年禁渔"，有利于深入推进水生态系统保护修复，持续推进长江流域珍稀、濒危物种保护。

在法治保障方面，2020 年 12 月 26 日，中华人民共和国第十三届全国人大常委会第二十四次会议通过《中华人民共和国长江保护法》（以下简称《长江保护法》），自 2021 年 3 月 1 日施行，这从根本上夯实了长江大保护的制度保障。《长江保护法》的制定与实施是将习近平总书记关于长江保护的重要指示和党中央对长江经济带绿色发展战略部署以法律形式予以贯彻落实的最有效措施，是我国首部以国家法律的形式为特定流域制定的法律，是我国生态环境法体系建设的标志性成果。《长江保护法》以推进共抓大保护、不搞大开发，提高长江流域生态环境保护的整体性和系统性为立法思路，以生态优先、绿色发展为立法原则，以实现长江经济带高质量发展为立法目标，在立法理念和立法内容等方面均有重大创新与突破。

在整体发展方面，2021 年 11 月 5 日，国家发展和改革委员会举行专题发布会，介绍"十四五"长江经济带发展"1+N"规划政策体系有关情况，科学谋划"十四五"长江经济带发展的战略举措，推动长江经济带绿色、持续发展。领导小组办公室组织编制了《"十四五"长江经济带发展实施方案》和重点领域、重点行业的专项规划和实施方案，形成了以《"十四五"长江经济带发展实施方案》为统领，以综合交通运输体系规划和环境污染治理"4+1"工程、湿地保护、塑料污染治理、重要支流系统保护修复等系列专项实施方案为支撑的"十四五"长江经济带发展"1+N"规划政策体系。《"十四五"长江经济带发展实施方案》提出了生态环保、绿色低碳、创新驱动、综合交通、区域协调、对外开放、长江文化等重点任务。

2021 年 11 月，《中共中央 国务院关于深入打好污染防治攻坚战的意见》明确把长江保护修复列为八大标志性战役之一，要求持续打好长江保护修复攻坚战的要求。2022 年 8 月生态环境部联合相关部门结合《长江保护修复攻坚战行动计划》，研究制定了《深入打好长江保护修复攻坚战行动方案》（以下简称《行动方案》）。该《行动方案》强调从生态系统整体性和流域系统性出发，坚持生态优先、绿色发展，坚持综合治理、系统治理和源头治理，精准、科学、依法治污，以高水平保护推动高质量发展。《行动方案》明确到 2025 年年底，长江流域的水质总体保持优良，干流水质达到 II 类标准，饮用水安全得到持续保障，重要河湖的生态用水得到有效保障，水生态质量明显提高。

在地区层面，各地对于长江经济带的环保政策的制定与执行存在一定的异质性。具体而言，长江下游的上海、江苏、浙江和安徽在长江流域生态环境保护方面起步较早，自 1997 年起便陆续发布有关长江渔业资源、污染防治等生态环境治理的相关文件。特别值得注意的是，从 2004 年开始，长江下游的上海、江苏、浙江三地从区域协作的角度强调生态环境治理的重要性，并开始联合发文，这反映出长江下游在区域生态环境协同治理方面具有前瞻性和实际行动。相比之下，长江中游的江西、湖北、湖南三省在生态环境保护方面的发文数量相对较少，且发文多集中在 2014 年之后。而长江上游的重庆、四川、贵州、云南四地，发文量更是有限。党的十八大以来，习近平总书记主持召开三次座谈会聚焦长江经济带发展，从"共抓大保护、不搞大开发"到强调以长江经济带发展推动经济高质量发展，再到要全面推动长江经济带发展。

"共抓大保护、不搞大开发。"沿江省市把修复长江生态环境摆在压倒性位置，长江流域重点水域启动"十年禁渔"。四川、贵州、云南三省建立流域横向生态补偿机制，共同保护长江上游生态。在中游的湖北武汉将长江生态治理向纵深推进，阻断城市污水流入长江。在下游，长三角三省一市协同治理、共享数据、联防联控。长江经济带生态环境发生了转折性变化。在发展中保护、在保护中发展，沿江各地发展观念悄然转变。在上游，四川天府新区将七成面积规划为生态空间，严格控制高能耗、高污染企业准入。在中游，江西、湖南、湖北三省在基础设施、产业创新、公共服务等方面深入共享，协同发展。在下游，江苏破解化工围江，关闭退出沿江1千米内化工生产企业，努力将长江生态环境优势转化为绿色发展的新优势。

长江经济带沿岸各省市探索协同推进生态优先和绿色发展新路子。其中，2021年11月23日，重庆市第五届人大常委会第二十九次会议听取了重庆市人大城乡建设环境保护委员会关于《重庆市人民代表大会常务委员会关于加强嘉陵江流域水生态环境协同保护的决定（草案）》[以下简称《决定（草案）》]的说明。《决定（草案）》与《四川省嘉陵江流域生态环境保护条例（三次审议稿）》中的"区域协作"专章紧密衔接。《决定（草案）》规定，重庆市人民政府将与四川省人民政府建立嘉陵江流域水生态环境保护联席会议协调机制，统筹协调、研究解决嘉陵江流域水生态环境保护重大事项，督促检查重要工作落实情况，推动流域水生态环境保护跨区域合作，川渝立法协同保护嘉陵江流域水生态环境。2021年11月29日，长三角三省一市签署"长江大保护"倡议书。来自上海、江苏、浙江、安徽的生态环境厅（局）等的代表共同启动长三角宣教联动活动，并通过"云签约"的方式，签署"长江大保护"倡议书。

2022年11月19日，中国生态文明论坛南昌年会召开。会上，生态环境部对106个第六批生态文明建设示范区、8个生态文明建设示范区（生态工业园区）、51个第六批"绿水青山就是金山银山"实践创新基地进行了授牌命名，同时年会向社会发布《生态文明·南昌宣言》等论坛成果。2022年11月25日，首届长江大保护司法论坛达成"武汉共识"，"武汉共识"提出，要将长江流域生态环境保护和修复摆在压倒性位置，坚决筑牢长江保护的司法屏障；坚持山水林田湖草沙冰一体化保护和系统治理，坚持共抓大保护、不搞大开发；立足司法审判职能，探索构建长江流域一体化司法保护机制，共同保护长江流域生态环境，保障资源合理开发利用，推进长江流域绿色低碳发展，大力促进长江流域绿水青山的"生态颜值"和人民生活的"幸福指数"同步提升。《江苏省长江船舶污染防治条例》于 2023 年 3 月 1 日正式实施，苏沪皖三地协同立法，立足长三角区域船舶污染防治一体化，从污染事故调查、信用联合监管、协调机制建立、应急联防联控等方面明确了长三角区域船舶污染防治协作相关要求。

总的来说，长江经济带环境规制政策主要是为了保护长江流域的生态环境，确保长江经济带的可持续发展，由此可以看出，未来政府将继续加大环境保护力度，促进长江经济带的绿色发展。因而无论是国家的顶层规划，还是地方政府的具体规划，都对高污染、高能耗的企业提出了严格的排污管控措施，这无疑是对钢铁、建材等长江经济带重要的制造行业的一项不小的负担。因此，在生态环境工作不断深化的常态下，长江经济带内的制造业企业可能会受到较大的影响。

4.2.2 环境规制测度方法选择

为了客观评价地区的环境规制，我们需要对其环境规制的水平进行合理的量化。现有文献中对环境规制的度量方法主要有三类：一是选取单个指标来衡量环境规制，包括环境规制政策、环境治理投入、环境政策绩效等指标（Levinson 和 Taylor，2005[306]；张成 等，2011[307]），但这种方法因过于片面，在近几年的研究中已鲜有出现。此外，也有不少学者将环境规制细分为命令控制型、市场激励型和公众参与型，分析不同环境规制工具的效用，但这种方法大多仍然选取单个指标来进行衡量。二是采用综合指标来进行量化，即通过科学的方法测算污染物排放量、去除量或处理率等指标的综合指数来反映区域内环境规制强度（乔杉，2021[308]），或是同时选用环保车辆税、二氧化碳排放标准和税后燃料价格等指标来综合测算环境规制强度。三是构建较为系统的指标体系，即分等级地对多个指标进行综合评分或赋值评分，然而这种赋值评分的方法通常难以保证最终结果的客观性。

基于现有研究中所选取的环境规制的量化指标，为尽可能保证环境规制量化结果的客观性与准确性，本书综合考量了现有研究中的指标计算方法、本书的理论逻辑以及各个城市的实际数据，最终选择综合指标测度法来量化各个城市的环境规制。现有研究中有两个较为常见的环境规制量化指标，一是污染治理投资总额，二是污染物排放强度，二者分别从环境规制的投入水平与治理效果两个方面来量化环境规制，然而这两种量化方式均存在一定的局限性。

首先，采用污染治理投资总额这一指标，从资金投入的角度来量化环境规制，存在一定的现实问题。一方面，以重庆为例，根据 2020 年重庆统计年鉴，2019 年重庆市总计 37 461 万元的工业污染治理资金中，有 36 522 万元来源于企业自筹，占比高达 97.5%，因此污染治理投资总额实际上反映了企业在环境治理中的资金投入，并不能直观地衡量政府部门在实现环境目标过程中的投入。另一方面，污染治理投资是对污染控制的末端治理手段，而技术创新则有助于污染物排放的前端预防。因此，同样是企业内部的经费支出，但其也同样可以作用于污染治理，污染治理投资与企业创新投入的内在逻辑是比较难剥离开的，这可能导致在实证分析过程中产生严重的内生性问题。这也是本书没有选择采用企业环境治理成本、排污环保费用或环境投资等企业层面指标来衡量环境规制的原因。由于本书需要考察宏观环境政策的效果，因而政府投入是本书需要观测的核心指标之一。为实现这一目标，本书选择了衡量政府财政支出中的节能环保支出作为环境规制投入水平的量化指标。城市一般公共预算支出中的节能环保（或环境保护）支出包含了政府在环境保护管理事务、环境监测与检查、污染防治、自然生态保护、能源节约利用、污染减排、可再生能源及能源管理事务等多个方面的财政资金投入，能较好地衡量地方政府对环境治理工作的重视程度与资金投入。

其次，本书将污染物综合排放量作为环境规制作用效果的量化指标是现有研究普遍认可的。通常而言，污染排放量越低，表明环境治理效果越好、环境规制水平越高。然而，污染物排放的总量与地区的经济发展水平存在很强的关联性，尽管有学者用工业产值对污染排放综合强度这一指标进行了修正（苏冬蔚和连莉莉，2018[309]），但污染物排放强度这一产出指标仅反映了环境规制的治理结果，并未直观地反映政府在环境治理中的作用，也难以体现本书在理论分析中所提到的鼓励性环境措施的作用。因此，环境规制的量化过程中需要综合考虑环境规制的投入指标与产出指标。

基于上述原因，本书选择采用综合指标测算法，利用节能环保财政支出和工业污染物排放量的相对指标来量化地区的环境规制，这样可以同时排除经济发展水平对环保投入与污染物排放量的影响。具体而言，工业污染较为严重的地区，其污染排放量相对较大，而政府对环境治理的投入也必然更高。纵向来看，若一个地方政府环保投入与污染排放量的比值较往年有所提高，则从侧面反映政府投入了更多的资金用于环境治理，证明政府对环保的重视程度提高，环境规制加强；横向来看，若一个地区的污染物排放量较低，但财政环保投入较高，其环保投入与污染排放量的比值则高于其他地区，亦能证明在这一地区政府对环境治理的重视程度更高。因此，使用节能环保财政支出和工业污染物综合排放量的比值这一相对指标来衡量环境规制，比使用绝对指标更加有效。

对于环境规制的产出指标这一部分，本书采用熵值法进行计算。具体的选择理由如下：第一，虽然污染物去除率或处理率等指标是衡量环境规制治理效果的更优选择，但经数据筛选发现，城市层面的工业废水排放达标量、二氧化硫去除量、烟（粉）尘去除量等指标自 2011 年起不再统计公布，因此本书仍选择污染物排放量作为治理效果的量化指标。第二，工业污染物综合排放需要同时考虑到大气污染、水污染等多个方面，基于对数据可得性和连续性的考量，本书在综合对比了长江经济带各市的统计年鉴和各项统计数据后发现，一般工业固体废物利用率这一指标虽然曾在很多文献中被作为主要指标之一，但大部分城市的一般工业固体废物利用率都达到90%以上，各城市之间的差异较小，随时间变化的幅度也比较小，且近两年的数据缺失程度也较高，因此排除了这一指标。最终，本书选择了数据最为完整的三个指标来进行测算：工业废水排放量（万吨）、工业二氧化硫排放量（万吨）及工业烟粉尘排放量（万吨）。本书利用熵值法计算了城市 c 的这三种污染物的综合排放强度 W_c。具体的计算方法和步骤如下：

①对原始数据进行无量纲化处理：

$$x'_{cj} = \frac{x_{cj} - \min(x_{1j}, x_{2j}, \cdots, x_{nj})}{\max(x_{1j}, x_{2j}, \cdots, x_{nj}) - \min(x_{1j}, x_{2j}, \cdots, x_{nj})}$$
$$(c = 1, 2, \cdots, n; j = 1, 2, \cdots, m)$$

其中，x_{cj} 为城市 c、第 j 项污染物排放量的原始数值，x'_{cj} 为标准化后的指标值；n 为城市个数，m 为指标个数。

②计算城市 c 第 j 项污染物排放量占所有城市该项污染物排放总量的比重（p_{cj}），使各指标同度量化：$p_{cj} = x_{cj} / \sum_{c=1}^{n} x_{cj}$

③计算第 j 项污染物排放物的熵值（e_j），由于需要取对数，$p_{cj} = 0$ 时需将其数值调整为 0.0001：$e_j = -k \sum_{c=1}^{n} p_{cj} \ln(p_{cj})$ $k = 1/\ln(n)$，$e_j \geqslant 0$

④计算第 j 项污染物排放指标的差异系数（d_j）：$d_j = 1 - e_j$

⑤计算第 j 项污染物排放指标的权重（w_j）：$w_j = d_j / \sum_{j=1}^{m} d_j$

⑥计算城市 c 的污染物综合排放强度（W_c）：$W_c = \sum_{j=1}^{m} w_j x_{cj}$

⑦使用城市 c 的地方政府财政环保支出总额 EF_c 对污染物排放强度进行修正。为了减少数据单位的影响和修正数据分布右偏的情况，本书对财政环保投入和污染强度取对数后进行计算，得到衡量一个经济圈内城市 c 环境规制水平的指标 ER_c：

$$ER_c = \ln EF_c / \ln W_c$$

根据以上计算方法，地方政府节能环保财政支出总额越高，ER_c 的值越大，代表环境规制水平越高；而工业污染物综合排放量越大，ER_c 值越小，代表环境规制水平越低。本书依照此方法计算每一年 c 城市的环境规制水平 ER_{ct}，该指标可以有效反映地方政府每年对环境治理的投入及其对工业污染的综合治理效果。在实证检验中，按照上市企业办公所在地址对应的城市，匹配每家上市企业当年的环境规制效果指数 ER_{ct}，得到完整面板数据。

这一综合指标尝试在现有研究所用指标的基础上做如下改进：第一，污染物排放指标的选择保证了数据的完整性和真实性；第二，对节能环保财政支出和工业污染物综合排放量的测算结果进行取对数处理，可以减少单位的影响，并修正数据分布右偏的情况；第三，将节能环保财政支出和工业污染物综合排放量取对数之后的比值作为环境规制的最终测度结果，即沿用了现有研究中用 GDP 或工业总产值对污染物排放量进行修正的思想，又可以避免对节能环保财政支出和工业污染物综合排放量进行重复的修正（节能环保财政支出的数额和污染物排放量都会随着地区经济发展水平和工业产值水平的不同而变化，因此二者都需要进行修正，选用二者的比值则可以省略修正的过程）。

4.2.3 长江经济带主要城市环境规制水平测算结果

4.2.3.1 长江经济带内各城市环境规制量化结果

由于长江经济带城市较多，无法展示全部结果，故我们求得了各省

2012—2021年各地环境规制水平均值,具体测算结果在表4.5中列出,并根据测算结果,绘制了如图4.4所示的历史变化趋势。从总体趋势上看,大多数城市的环境规制一直处于上升趋势,尤其在2015年以后上升趋势明显。从图4.4可以明显看出,长江上游地区环境规制水平高于中游地区。在下游地区,云南省的环境规制水平是最高的,虽然也存在较大的波动,但在2015年以后也呈现上升状态。结合各项环保政策颁布的时间,这一结果印证了2015年前后颁布的环境治理规划、制度和法规促使各城市政府的环境投入,提高了环境治理水平,因而加强了整体的环境规制。

结合本书测度指标的定义来看,环境规制水平高说明当地增加环保专项资金的投入是有效的,可以有效降低当地的工业污染排放量;然而东部地区指标测度值偏小不代表其环境规制效率低,而是由于东部地区一直属于制造业密集发展区域,污染排放量大。经济发展条件好、创新活力较高的东部地区长期积极探索环境治理效率模式,积极合理配置环境从业人员数量与结构,以此助推生态文明建设和环境管理体制改革,力求在有限环保投入内实现最高效率的规制影响。而西部地区环境规制水平高且增幅大是由于重污染工业分布较少,西部地区在"一带一路"倡议的契机下,积极融入全球经济一体化进程并与周边区域展开密切的经济合作和技术交流,通过接受外部经济和技术的外溢辐射和利用学习效应,实现了区域内部环境质量的改善和环境规制水平的提升。

表 4.5　2012—2021 年长江经济带内各省份环境规制量化结果

	2012 年	2013 年	2014 年	2015 年	2016 年	2017 年	2018 年	2019 年	2020 年	2021 年
上海	1.375 5	1.384 8	1.421 3	1.442 7	1.505 9	1.590 4	1.605 9	1.555 1	1.566 1	1.549 9
江苏	1.400 8	1.431 1	1.450 7	1.479 2	1.482 6	1.526 6	1.553 8	1.581 0	1.594 1	1.568 9
浙江	1.342 7	1.357 3	1.412 3	1.453 9	1.482 2	1.526 3	1.544 3	1.580 2	1.573 5	1.591 7
安徽	1.521 9	1.518 1	1.546 8	1.567 2	1.687 8	1.794 4	1.812 2	1.838 0	1.828 8	1.870 4
江西	1.440 4	1.487 9	1.488 9	1.511 5	1.569 8	1.677 7	1.720 2	1.761 8	1.799 0	1.590 0
湖北	1.470 4	1.496 7	1.496 1	1.542 8	1.670 6	1.704 2	1.771 6	1.798 3	1.800 4	1.780 9
湖南	1.499 4	1.513 5	1.551 2	1.578 6	1.778 9	1.926 7	1.953 6	1.988 7	1.953 3	1.905 9
重庆	1.534 4	1.506 8	1.489 4	1.517 7	1.565 1	1.637 2	1.629 6	1.622 0	1.630 7	1.676 4
四川	1.645 9	1.667 8	1.699 7	1.693 5	1.796 6	1.888 0	1.931 7	1.906 7	1.845 7	1.841 1
贵州	1.647 3	1.663 0	1.694 3	1.737 7	1.934 4	1.983 1	1.962 0	1.918 7	1.893 8	1.888 3
云南	1.603 8	1.608 5	1.751 5	1.741 4	1.747 4	2.029 6	2.027 8	1.996 3	2.054 3	1.960 6

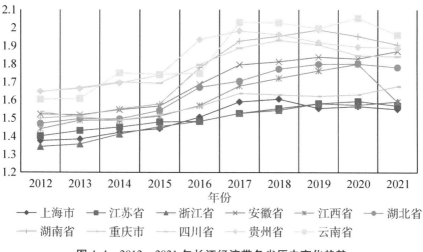

图 4.4　2012—2021 年长江经济带各省历史变化趋势

4.2.3.2　长江经济带环境规制空间分布情况

整体而言，十年间长江经济带区域内总体的环境规制水平不断提升，各城市间的差异略有缩小。具体来看，2012 年环境规制较高的前十位是巴中市（2.28）、广元市（2.234）、黄山市（2.151）、张家界市（1.94）、资阳市（1.945）、雅安市（1.82）、贵阳市（1.823）、丽江市（1.78）以及普洱市（1.773），主要集中在上游和中游地区，下游只有黄山市环境规制水平较高，整体存在高高聚集与低低聚集的特征；2015 年以前环境规制都是保持缓慢的增长，而在 2015 年后开始大幅增加；部分城市如张家界市（3.668）、丽江市（2.92）安顺市（2.617）、永州市（2.43）保山市（1.978）、随州市（2.239）等在 2018 年的环境规制水平较 2012 年的增幅超过 50%，说明这些地区意识到了以牺牲环境为代价来发展经济的模式难以为继，认识到生态环境对于地区发展的主要意义，因而转变了发展理念与发展模式，加大了对环境污染与破坏的治理。

4.2.4　长江经济带环境规制分布动态及演进规律

4.2.4.1　Dagum 基尼系数及其分解方法

在深入探讨区域经济与社会发展不平衡的问题时，研究者们常借助多种统计工具来量化和解析这种差异性，其中包括标准差、变异系数、泰尔指数和基尼系数等经典方法。尽管这些指标在衡量区域差距方面各有所长，但在实际应用中却存在各自的局限性，我们需要结合实际情况谨慎选用。标准差作为衡量数据离散程度的常用指标，简单直观，但在反映区域差异时，可能无法充分体现不同区域之间的结构性区别，尤其是当区域间的差异大于区域内部分布的不均匀时，其解释力有限。变异系数虽然能较好地解决不同规模数据间的可比性问题，通过标准化处理反映出单位水平上的差异程度，但是其计算结果易受到数据测量尺度和单位变换的影响，且在极端值或样本容量差异较大时，变异系数的解释力可能会减弱。

泰尔指数是衡量不平等程度的一个有力工具，它能够细致地区分出不平等的两个来源——组内不平等和组间不平等，这对于理解复杂的社会经济结构非常有用。然而，泰尔指数在处理数据集中的类别交叉与重叠现象时显得力有不逮，尤其是当不同群体边界模糊、成员相互渗透时，其分析的有效性和准确性会显著降低。

基尼系数，源于收入分配研究，现已被广泛应用于衡量各种类型的数据差异研究，包括环境规制水平的区域分布。其优势在于能够敏感地捕捉到整体不均衡的状态，尤其适用于分析区域内部的差异性，并且不受样本数量变动过大的影响，从而提供了一个相对稳定的比较基准。不过，传统基尼系数聚焦于描述组内的不平等，忽略了组间差异，这在分析具有明显地域分割特征的经济带时可能不够全面。鉴于此，本书在探讨长江经济带环境规制水平的区域差距及其根源时，特别采用了 Dagum 基尼系数及其分解方法。Dagum 基尼系数是在传统基尼系数基础上的拓展，它不仅保留了基尼系数的优点，通过分解技术，还能够细致地剖析出区域差距的具体来源，既考虑了组内差异，又兼顾了组间差异，为深入理解长江经济带内各城市环境规制水平的不均衡提供了更为精细的视角和工具。根据 Dagum 的研究，基尼系数 G 可以分解为地区内差异 G_w、地区间差异 G_{nb} 和超变密度 G_t，这不仅考虑了地区之间和地区内部的环境规制水平差距，还将样本数据的交叉重叠问题纳入考虑范畴。它们之间的关系满足 $G = G_w + G_{nb} + G_t$。计算结果见表 4.6。

表 4.6　2012 年、2015 年、2018 年、2021 年长江经济带 Dagun 基尼系数测算结果

Dagum 基尼系数		2012 年	2015 年	2018 年	2021 年
长江经济带总体差异		0.065 027 6	0.067 713 1	0.090 689 3	0.087 785
地区内	长江上游	0.072 205 9	0.093 943 7	0.098 119 7	0.085 391
	长江中游	0.045 735 3	0.050 532	0.084 793 6	0.099 037
	长江下游	0.055 363 1	0.047 863	0.067 393 3	0.070 69

表4.6(续)

Dagum 基尼系数		2012 年	2015 年	2018 年	2021 年
地区间	（上–中）	0.072 936 1	0.081 141 8	0.098 998 9	0.095 52
	（上–下）	0.085 090 5	0.086 157 8	0.105 644 2	0.087 239
	（下–中）	0.052 748 6	0.050 940 8	0.083 976 9	0.087 567
差异分解和 贡献率/%	区域内	0.018 997 1	0.020 325 2	0.027 262 3	0.028 252
	贡献率	29. 213 911	30. 016 695	30. 061 254	32. 182 686
	区域间	0.027 889 3	0.026 355 6	0.036 380 2	0.021 751
	贡献率	42. 888 424	38. 922 4	40. 115 231	24. 777 173
	超变	0.018 141 2	0.021 032 3	0.027 046 7	0.037 783
	贡献率	27. 897 665	31. 060 905	29. 823 515	43. 040 141

（1）总体差异及分解项特征。长江经济带近年来环境规制水平的总体差异动态呈现了一种逐年递增的态势，这一趋势从 2012 年的低点 0.065 显著上升至 2021 年的 0.087，增幅达到了 34.99%。这一数据直观地揭示了长江经济带内部各城市之间在环境规制强度和成效上的差异不仅没有得到有效缓解，反而随着时间推移而加剧，显示出缺乏协同发展的明显迹象，对区域环境治理一体化构成挑战。

详细分析区域差异构成，我们可以发现长江经济带环境规制水平的总体差异主要源自区域间差异，这一差异在 2013 年经历了一次短暂的上升后，进入了一段较为平缓的下降期，直至 2018 年再次转为稳定下降趋势。值得注意的是，区域内差异虽然仅占总体差异的大约 30%，但其始终保持一种温和的上升轨迹，尽管其增长速率低于区域间差异的下降速度。这表示在相近地理和经济条件的区域内，环境规制水平的不均衡也在缓慢扩大。此外，超变密度差异作为衡量区域内高-低环境规制水平交错分布程度的指标，其占比也逐步提升至约 30%，尽管升幅细微，却映射出环境规制水平在不同区域内的不均衡分布特点，即高环境规制水平区域中存在低规制水平城市，反之亦然。这种区域间的交叉重叠现象显著，加剧了环境治理的复杂性。

观察图 4.5 右图发现，长江经济带环境规制水平三大差异来源在不同年份的动态变化中，区域间差异在 2019 年之前始终占据主导地位，虽然近年来有所减缓，但直到最近两年才显现明显的下降趋势。这一发现强调了在推进长江经济带环境规制水平的协调发展过程中，缩小区域间的发展鸿沟是至关重要的任务。这意味着未来的环境政策和治理措施需更加注重区域平衡，政府需通过精准施策、差异化管理和加强区域合作，来有效应对环境规制差异带来的挑战，以促进整个长江经济带的环境质量协同提升与经济可持续发展。

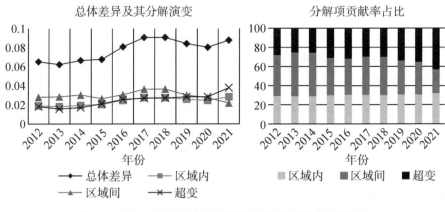

图 4.5　2012—2021 年长江经济带总体差异及其分解演变

（2）区域内差异特征。依据图 4.6（a）的数据，长江经济带内三大区域——上游、中游及下游，在环境规制水平的区域内基尼系数方面均表现出了波动上升的趋势。这一走势凸显了各区域内环境治理不平衡状况的日益加剧。尤为突出的是上游地区，其环境规制水平的区域内基尼系数最高，充分反映出上游城市间在环境规制实施效果上的巨大差异。以 2021 年为例，丽江市以 2.671 6 的环境规制指数位居上游之首，而同区域的攀枝花市环境规制指数仅为 1.453 3，两者之间超过 1.2 的差距，直接体现了经济发展水平与环境规制力度的强烈反差，进一步验证了上游地区环境规制不平衡状态的严峻性。相比之下，下游地区在环境规制水平的区域内基尼系数出现最低值，意味着这一区域内的城市在环境规制方面保持了较高的相似性和集中度，反映出下游城市间环境治理措施的普遍协调与一致性。中游区域则展现了一个中等水平的区域差异，但近年来的增长幅度引人注目，核密度估计的分析进一步揭示了区域内高环境规制城市发展数量的显著增多，与低环境规制城市间的差距逐渐拉大，这一趋势不仅预示着环境治理难度的提升，也为区域内部的差异化政策制定提供了依据。

（3）区域间差距特征。为更直观感受三大区域之间的环境规制差距，我们绘制了图 4.6（b）。从图 4.6（b）中可以看出，三大区域间的区间基尼系数呈现出先上升、随后下降，又再次上升的波动趋势。这一复杂动态变化直观地反映出，上中下游地区之间环境规制水平的差异随着时间的推移而经历着不稳定的波动，表明规制均衡状态的调整过程并非线性，而是存在显著的阶段性变化。其中，上游与下游区域间的环境规制水平差距最为显著，从 2012 年的 0.085 增至 2017 年的 0.107，随后至 2021 年虽略有下降至 0.087，但总体变化范围保持在一定界限内，波动趋势显示政策调整与宏观经济条件的改变对这类差距有着直接影响。尽管上游与中游区域之间的发展差异相对较小，但仍呈现出波动性增长的趋势。而中游与下游区域间的发展差距在十年间从 0.052 7 显著扩大至 0.087 56，增幅达到了约 66%，这一数据的急剧增长凸显了区域发展不平衡问题的严峻性和紧迫性。

针对上述区域间差距，东部地区因其资源与技术优势，应积极考虑对中西部省份提供多维度支持，如产业升级、技术创新、教育资源共享及基础设施建设等方面，旨在通过增强区域间的合作与互补，促进环境规制水平的整体提升，最终实现区域经济与环境的和谐发展。这种策略不仅能有效降低环境规制水平的地域差异，还能推动形成更加均衡和可持续的区域发展格局。

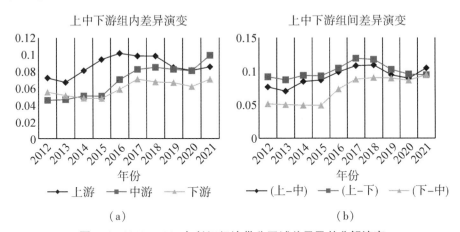

图 4.6　2012—2021 年长江经济带分区域差异及其分解演变

4.2.4.2　核密度估计方法

本书采用核密度估计方法来描述和分析环境规制水平的分布动态演进。作为一种非参数估计技术，核密度估计在处理不均衡分布问题方面具有显著优势，它通过平滑且连续的密度曲线来描绘随机变量的概率密度，提供一种直观的方式来观察和分析数据的分布特征。核密度估计的一个显著特点是它对模型的依赖性较弱，这意味着它不需要对数据的分布做出假设，它使得该方法在处理复杂和非典型的数据分布时尤为有效。核密度估计的核心在于选择合适的核函数，本书选用高斯核函数，原因在于它在处理实际数据时表现稳健，能够有效地捕捉到分布的细节特征，以便更细致地刻画长江经济带环境规制水平的分布、形态以及发展趋势等关键动态特征。

在分析环境规制水平的动态演进趋势时，核密度估计通过平滑的峰值函数对所有样本观测数据进行拟合，揭示了环境规制水平分布的位置、形态以及延展性等特征。同时能够观察到环境规制水平分布的演变过程，包括任何可能的偏斜、多峰或融合现象，这些都是传统参数估计方法难以捕捉到的。核密度估计提供了关于环境规制水平分布的全面视角，对于理解环境规制水平随时间变化的规律至关重要。我们使用核密度估计方法，得到长江经济带地区环境规制水平的分布动态及演进特征如图4.7所示：

第一，着眼于分布位置的变迁，我们可以观察到长江经济带地区以及其内部三大区域（上游、中游、下游）的环境规制水平核密度曲线均发生了向右偏移的现象。这一方向上的位移象征着环境规制水平的普遍提升，右侧代表着更高的环境规制水平。这意味着，在长达十年的研究时段内，无论是在整个长江经济带还是其细分区域，环境规制的强化与优化都成为了显著的趋势。

第二，从分布形态来看，长江经济带在考察期前期核的密度函数峰值约在1.5处达到最高，说明长江经济带环境规制水平大样本群主要集中在1.5附近，在2016年开始，主峰有一个明显的向下移动，此后几年大样本群主要集中在1.8附近，宽度也几乎在同时间经历了一个扩大的过程，整体来看这说明长江经济带环境规制水平宏观上逐步提升，但绝对差异还是存在一定幅度的增加，反映了环境规制效果的不均衡性加剧。

分区域来看，三大区域的核密度曲线同样在2016年前后经历了主峰的下降，且曲线宽度逐渐拓宽，这表明区域内部环境规制水平离散程度的上升，即不同城市间环境治理成效的差异在扩大。具体而言，中游地区的主峰逐年递减，但其宽度相对稳定，表示尽管中游城市环境规制水平整体有提升，但其内部的绝对差异并未显著增加，环境规制的推进较为均衡。相比之下，上游和下游地区在经历了一次主峰显著下降后，没有再次出现类似的下降趋势，同时曲线宽度没有明显收窄，说明这两个区域环境规制水平的不均衡状态持续存在，尽管总体水平有所提升，但区域内部城市间的差异收敛并不明显，显示出环境规制政策执行与效果的复杂性和挑战性。

第三，从分布延展性来看，长江经济带在环境规制水平上展现出了显著的右拖尾特征，意味着在众多城市中，有一部分城市的环境规制水平远远超过了区域的平均水平，这种差距随着时间的推移而逐渐拉大。右侧分布的拓宽伴随不平滑性出现，不仅揭示了高水平环境规制城市与区域均值之间日益增大的差距，还显示了地区发展中的多极化趋势，即部分地区或城市在环境治理方面显著领先，而其他地区则进展缓慢，不同城市或区域之间的发展极不均衡。分区域来看，三大区域在不同时间段均存在类似的右拖尾现象，上游地区以及中游地区右拖尾现象明显，说明存在一批环境规制水平较高的城市，出现在环境规制水平低的区域，如上游地区成渝双城经济圈中的城市以及中游地区的省会城市武汉、长沙和南昌等。相比之下，下游地区虽然也显示出一定的不平滑性以及右拖尾迹象，但不如上游和中游地区显著，说明下游地区城市之间的环境规制水平分布更为均衡，即在观察期内没出现大量城市的环境规制水平显著高于同年同一区域内其他城市。

第四，从分布极化现象来看，长江经济带出现了一个主峰和多个小侧峰的现象，表明环境规制的多级分化格局，存在高水平集聚，区域经济发展的梯度特征明显。分区域来看，上游地区早年出现过明显的右峰即若干城市环境规制远超区域平均水平，但随着时间推移，这一极化现象得到了一定缓解，右峰渐趋平缓。中游地区近年依然存在明显的右峰，意味着高环境规制水平的城市群体较为庞大；至于下游地区，2016年之前环境规制水平的分布延展性较大，显示出较明显的不均衡，但自2016年后，这一情况有所改善，环境规制水平的极端值与平均值之间的差距趋于缩小，表明环境规制的推进在下游地区变得更加均衡，极化现象不复明显。

总的来说，长江经济带在环境规制领域展现了持续的进步势头，整体的环境规制水平呈上升趋势，这反映出该区域对可持续发展与环境保护的重视不断增强。伴随着这一积极趋势，区域内各城市及地区间的发展差异也在一定时期内有所扩大，表现为环境规制水平的多级分层现象更为显著，形成了从高度规制到低度规制的梯度分布格局，这样的分化格局揭示了经济发展与环境保护推进步伐的不一致性。同时单一极化格局明显，意味着部分先前规制水平落后的地区正在加速追赶，力求缩小与领头城市之间的差距。随着政策引导、技术创新与资金投入的不断优化，加之企业环境意识的普遍提高，我们预期未来长江经济带内的区域差距将逐步得到缓解。该区域通过协同努力与精准施策，正朝着环境治理均衡发展的目标稳步迈进，一个更加平衡且可持续的发展态势可期。

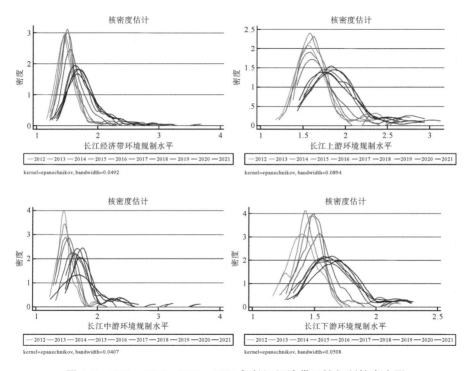

图 4.7　2012、2015、2018、2021 年长江经济带环境规制核密度图

4.2.4.3　马尔可夫链法

传统数理统计的可视化表达方法和探索性空间数据分析在揭示区域环境规制差异的时空转移路径方面存在局限，无法充分展现局部空间单元间环境规制差异的动态变化，这对于理解环境规制差异分布状态的演变而言显得不够深入。为了更全面地探索长江经济带在不同尺度上环境规制水平的时空动态变化规律，以及邻近单元环境规制状态对目标单元环境规制状态转移的影响，本节采用了马尔可夫链和空间马尔可夫链分析方法。

（1）传统马尔可夫链（markov chain）是由俄国数学家安德雷·马尔可夫于19世纪末提出的，是一种描述随机过程的数学模型，其核心特征是系统的未来状态只依赖于当前状态，而与系统到达当前状态的历史路径无关，这种性质被称为马尔可夫性质；马尔可夫链模型因其随机性、稳定性和无后效性等特性，被广泛应用于地理学和经济学领域，模拟自然地理现象的演化过程和社会经济现象中的"俱乐部趋同"现象。在空间经济学的框架下，马尔可夫链成为了分析区域经济差异变化规律和环境规制状态时空转移路径的理想工具。构建马尔可夫链模型需要满足以下前提条件：首先，区域内环境规制水平在研究期内各时序节点的状态必须是随机的；其次，环境规制水平类型从时序节点到下一个时序节点的转移是基于不同概率路径实现的；最后，环境规制水平的演变仅取决于转移路径的概率和当前时序节点的状态，与之前的状态无关。

基于这些条件，我们可以将研究期内各空间单元的环境规制水平按照指标数值大小分为不同的等级，构建出一个 $k \times k$ 反映状态转移概率的矩阵。这个矩阵记录了环境规制水平从一种类型转移到另一种类型的概率分布，从而完整地描述了区域环境规制水平的时空转移过程。通过这种方式，马尔可夫链主要用于解决概率论中的问题，如计算随机过程的期望值和概率分布。其表达式为：

$$M_{ij} = \frac{n_{ij}}{n_j}$$

其中，n_{ij} 是研究期内，环境规制的状态从初始时期的 i 状态转移到下一时期的 j 状的次数，n_j 是初始时期 j 状态出现的总次数。

（2）空间马尔可夫链。在地理空间中，经济现象并非随机分布，而是受到资源禀赋、生产要素配置不均以及政策倾斜的影响，呈现出明显的区位指向性。这种不均等的空间分布导致了不同区域的经济活动密度和强度存在显著差异，进而形成了区域环境规制差异的现象。根据地理学第一定律，任何经济现象都是与其空间关系紧密相连的，不能脱离地理空间而孤立存在。环境污染与创新活动在地理空间上呈现出显著的空间相关性和空间依赖性，这种关联程度与距离最近的邻接单元最为紧密。美国地理学家塞尔吉奥·罗伊（Sergio J. Rey）在研究区域收入分配的时空演变时，指出了传统马尔可夫链模型的局限性，即它过于重视类别间的相互转化，而忽视了空间关联性和区域背景因素。为解决这一问题，塞尔吉奥·罗伊将传统马尔可夫链模型与局部空间统计方法相结合，引入了"空间滞后"的概念，从而构建了空间马尔可夫链模型。这一模型能够更好地捕捉到经济活动在地理空间上的关联性，利于考察空间因素即邻域城市的水平对于本地区转移概率大小的影响。测算某地区的邻近地区水平要借助空间权重矩阵（W），本书利用经济与空间嵌套矩阵来实现，公式表示为

$$\text{Lag} = \sum_{i=1}^{n} w_{ij}y_i$$

其中，Lag 表示空间滞后值，n 表示空间单元数，w_{ij} 是 W 中的元素，$i = j = 1, \cdots, n$。数 y_i 表示空间单元 i 地区的水平值。与传统马尔可夫转移链的 $k \times k$ 矩阵有所区别，空间马尔可夫链考虑 k 个空间滞后类型作为地区的转移条件时，将产生 k 个 $k \times k$ 的条件转移阵（k 为空间滞后因子数量），$M_{ij}(k)$ 的含义为以空间单元在 t 年份所具有的空间滞后因子 k 为条件，在 t 年份环境规制水平为 i 类型，到 $t + 1$ 年份转变成 j 类型的空间转移概率。空间滞后值的大小决定了空间单元归属于何种空间滞后类型。

这两种链分析方法通过概率模型来描述环境规制状态在时间和空间上的转移，从而揭示了环境规制差异在长江经济带各空间单元之间的传递机制。通过这种分析，我们能够更准确地评估环境规制政策在不同区域间的效果以及它们如何相互作用，来影响整个经济带的环境规制水平。

表 4.7 显示传统马尔可夫链计算结果（Ⅰ、Ⅱ、Ⅲ、Ⅳ分别代表低、较低、较高、高，下同）：

①长江经济带环境规制水平维持原有状态的稳定性非常强，这一现象强调了不论城市当前的环境规制水平如何，对角线上的概率均远大于非对角线概率。在城市尺度上，区域环境规制水平维持在原有状态的最低概率为 63.67%，其中最高概率为高环境规制水平的 88.36%，维持原有状态的加权平均概率为 72.37%。

②对角线两端点的概率值最高，中间较低，表明环境规制水平高的区域和环境规制水平低的区域的稳定性明显高于较高和较低区域。这意味着，在路径依赖效应作用下，在环境规制的发展路径上，一旦城市落入了某一极端状态，不论是高水平还是低水平，它们更有可能维持现状，而不是向中等水平过渡。长江经济带各城市环境规制水平存在两极分化现象，这

种现象在马尔可夫链理论框架下，是指"俱乐部趋同"（club convergence）效应，即相似环境规制水平的城市倾向于聚集在一起，形成各自独立的稳定群体，从而在长期中强化了区域间的环境规制差异。该结论充分体现了长江经济带区域环境规制水平的结构稳定性以及区域环境规制差异的存在具有长期性。

③从各条转移路径上看，各城市在初始年份的环境规制水平对未来环境规制的路径选择具有重要导向作用。环境规制水平较低的区域向上（向规制水平更高的类型转移）和向下（向规制水平更低的类型转移）的转移概率分别为 7.23% 和 26.91%，其更倾向于向下转移；环境规制水平中上等地区受路径依赖效应影响较小，状态最易发生转变，其向上和向下的转移概率分别为 7.63% 和 24.15%；环境规制水平高的区域和环境规制水平低的区域均只有一条转移路径，向下和向上转移概率分别为 4.17% 和 25.88%。这说明"高水平"俱乐部的稳定性强于"低水平"俱乐部。随着时序推移"高水平"俱乐部的地市存在局部的路径锁定，即环境规制高水平区域有绝对优势，几乎没有跌落的风险，低水平城市虽不稳定，但向上转移的概率较高，说明低环境规制水平城市有意加强环境规制，力争摆脱"马太效应"。

④数值约为 0 的概率均分布在远离对角线的位置，表明长江经济带各地市的环境规制发展状态较稳定，增长较为平稳，不存在短期内越级的跳跃式转移路径。

表 4.7　长江经济带传统马尔可夫链转移矩阵

	空间滞后类型	t/（t+1）	I	II	III	IV	观测值
传统	无滞后	I	0.721 6	0.258 8	0.015 7	0.003 9	255
		II	0.072 3	0.638 6	0.269 1	0.020 1	249
		III	0.016 9	0.076 3	0.665 3	0.241 5	236
		IV	0.000 0	0.009 0	0.107 6	0.883 4	223

表 4.8 显示了空间马尔可夫链的计算结果：

①环境规制水平类型转移与区域背景存在较强的空间关联关系，在不同区域背景下环境规制水平的时空转移概率差异较大，且各条转移路径的概率均与传统马尔可夫转移矩阵中的不同。这表明区域环境规制水平的演

变存在空间溢出效应，而不同区域背景下的空间溢出效应强度不同。我们可以看出，低水平城市在遇到较低水平、较上水平、高水平时，其向上转移的概率分别为31.86%、29.09%、60.00%；当较低城市与较上水平和高水平城市为邻时，向上转移的概率分别为31.07%、40.63%，向下转移的概率只有6.80%、6.25%；中上水平城市与高水平城市相邻时，向上转移的概率达26.39%，向下转移的概率只有5.56%。结果表明，较高发展水平地区对发展水平低于自身的地区有比较明显的带动作用，尤其是低水平城市被包围时，会受到周围高水平城市的正向技术溢出以及严格的环境标准影响而提高环境水平。同样，当高水平城市与低水平相邻时，其负向转移的概率占到16.67%，高于传统马尔可夫转移矩阵中的10.76%，即高环境规制水平城市也会受到周围城市对环境的宽松管制的影响，放松对环境保护的要求。

②无论处于何种区域背景下，对角线上的概率均远大于非对角线上的概率，即各城市保持环境规制水平初始状态的可能性依然是最大的；而远离对角线的所有概率皆为0，即短期内能发生跨等级的跳跃式转移路径是不存在的。这表明区域背景并不能打破环境规制增长的空间锁定和路径依赖特性。

③区域背景使"俱乐部趋同"效应强化，以高水平俱乐部和低水平俱乐部的稳定性提高尤为显著。在高环境规制水平区域背景下，规制水平高的区域维持高水平状态的概率为89.92%，高于无区域背景的88.34%；在"低—低"聚集的区域背景下，经济水平低的县区维持低水平状态的概率为84.15%，同样高于无区域背景的72.16%，这说明若一个地区被相似环境规制水平的城市包围，则该城市维持初始环境规制水平的概率会增加。

④计算结果可以明显看出不论处于什么环境规制水平的城市，面对任何类型的城市，其向上转移的概率均大于向下转移的概率，这说明长江经济带的环境规制水平都在稳步提高。

表 4.8　长江经济带空间马尔可夫链转移矩阵

空间滞后类型		t/(t+1)	I	II	III	IV	观测值
空间	I	I	0.841 5	0.134 1	0.024 4	0.000 0	82
		II	0.100 0	0.700 0	0.200 0	0.000 0	20
		III	0.055 6	0.111 1	0.833 3	0.000 0	18
		IV	0.000 0	0.000 0	0.166 7	0.833 3	6
	II	I	0.663 7	0.318 6	0.017 7	0.000 0	113
		II	0.074 5	0.723 4	0.191 5	0.010 6	94
		III	0.000 0	0.094 3	0.660 4	0.245 3	53
		IV	0.000 0	0.000 0	0.041 7	0.958 3	24
	III	I	0.709 1	0.290 9	0.000 0	0.000 0	55
		II	0.068 0	0.582 5	0.310 7	0.038 8	103
		III	0.000 0	0.075 3	0.655 9	0.268 8	93
		IV	0.000 0	0.015 6	0.156 3	0.828 1	64
	IV	I	0.200 0	0.600 0	0.000 0	0.200 0	5
		II	0.062 5	0.531 3	0.406 3	0.000 0	32
		III	0.041 7	0.055 6	0.638 9	0.263 9	72
		IV	0.000 0	0.007 8	0.093 0	0.899 2	129

4.2.5　五大经济圈环境规制水平比较分析

本书同时测算了京津冀、珠三角这两个经济圈内各城市的环境规制，2021 年这五个经济圈的环境规制分布情况如图 4.8 所示，从中可以看出珠三角和京津冀经济圈的环境规制水平要高于长江经济带内三大城市群的环境规制水平。结合图 4.8，我们可以看出京津冀经济圈的环境规制水平最高，这是由于京津冀地区为实现生态文明进步与经济发展相匹配，各地方政府采取了多项措施：制定相关政策文件，如《天津市生态环境保护条例》和《河北省大气污染防治条例》，强调区域间的联动协作机制，明确环境规制和治理的重点，确保生态环境建设在战略上得到巩固。同时，京津冀地区积极召开了城市间的联合会议，例如：明确执法联动重点健全工作机制，京津冀三地生态环境部门召开执法联席会议（2021 年），强调要完善京津冀区域环境规制联动执法机制，重点围绕大气、水、固废（危废）、移动源及交界处环境违法投诉举报五方面展开工作。此外，北京市、天津市和河北省的生态环境局还联合举办了突发环境事件的综合研究性演练，以保障联防联控方案的有效实施和联动机制的有序运行。而在珠三角经济圈中，佛山、江门的环境规制水平相对较低，深圳、珠海、惠州则明显更高，尤其深圳市的环境规制与其他城市拉开了较大差距。经查阅资料发现，深圳市自 2017 年起污染物排放综合指数骤降，几乎仅为前一年的50%，而环保支出持续增加，因此出现了非常高的环境规制测算结果。根据 2017 年度深圳市环境状况统计公报，深圳市政府以 2017 年 1 号文件的形式下发了《深圳市大气环境质量提升计划（2017—2020 年）》，并正式发布了《饮食业油烟排放控制规范》《房屋拆除工程扬尘污染防治技术规范》《在用柴油车及非道路移动机械安装颗粒捕集器技术规范》等 6 项技术规范，并同时完成了对多项环境保护条例的一次性修订。从这一角度来看，本书的环境规制测度方法能够在一定程度上反映现实情况。

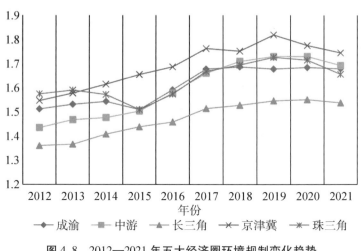

图 4.8 2012—2021 年五大经济圈环境规制变化趋势

4.3 长江经济带金融发展水平现状分析

本书参考现有文献中金融发展水平的量化指标，基于长江经济带内各城市的数据可得性，本书分别选择了以下两个指标来衡量地区的金融发展水平：①衡量金融发展规模的金融机构贷款供应水平＝年末金融机构人民币贷款余额/GDP；②衡量金融发展结构的金融机构存贷比＝（金融机构人民币存款余额－金融机构人民币贷款余额）/金融机构人民币存款余额。

表 4.9 列出了 2012 年至 2022 年长江经济带内主要城市年末金融机构人民币贷款余额与 GDP 比值的计算结果。总体而言，长江经济带内主要城市的贷款供应水平逐年攀升，金融规模逐渐扩大，说明长江经济带的金融发展水平在逐渐提高。通过横向对比主要城市的计算结果我们可以发现，各省省会城市的贷款供应水平要高于周边城市，即中心城市的金融发展水平更高。

表 4.9　2012—2022 年长江经济带内主要城市贷款供应水平

	2012年	2013年	2014年	2015年	2016年	2017年	2018年	2019年	2020年	2021年	2022年
上海	1.713	1.912	1.896	1.986	1.806	1.858	1.876	1.935	2.015	2.042	2.310
江苏	0.844	0.879	0.906	0.953	1.010	1.021	1.093	1.198	1.336	1.380	1.485
浙江	1.461	1.498	1.526	1.543	1.491	1.545	1.638	1.741	1.983	2.051	2.249
安徽	0.809	0.865	0.896	0.979	1.049	1.101	1.145	1.086	1.221	1.250	1.408
江西	0.683	0.738	0.800	0.877	0.955	1.012	1.144	1.208	1.373	1.365	1.427
湖北	0.571	0.609	0.649	0.700	0.722	0.747	0.780	0.782	2.652	0.940	0.982
湖南	0.525	0.559	0.580	0.617	0.642	0.732	0.775	0.848	3.271	1.000	1.083
重庆	1.305	1.334	1.368	1.396	1.375	1.389	1.456	1.535	1.587	1.651	1.695
四川	0.663	0.727	0.781	0.829	0.847	0.869	0.915	0.953	2.043	1.083	1.090
贵州	0.944	0.976	1.098	1.129	1.199	1.240	1.370	1.510	4.473	1.661	1.813
云南	1.074	1.078	1.132	1.212	1.207	1.201	1.255	1.105	1.255	1.169	1.198

表 4.10 列出了 2012 年至 2022 年长江经济带内主要城市金融机构存贷差与存款余额比值的计算结果。存贷差与存款余额的比值反映了银行吸纳的存款与发放的贷款之间的差异，一般而言，存贷差越低，证明储蓄向投资转化的效率越高，是金融结构优化的表现之一。虽然随着金融体系的不断发展，存贷差已不能完全反映银行的资金利用情况，但这一数据仍可以在一定程度上反映企业的信贷融资渠道。从计算结果来看，大部分省市的存贷差比例均逐渐减小，并且重庆市、浙江省以及贵州省均出现负数，证明长江经济带内各城市的金融发展水平逐年提高。同时，各省省会城市的

存贷差明显低于周边城市，这也印证了中心城市的金融发展水平更高。

表 4.10 2012—2022 年长江经济带内主要城市存贷差比例

	2012年	2013年	2014年	2015年	2016年	2017年	2018年	2019年	2020年	2021年	2022年
上海	0.642	0.561	0.542	0.944	0.911	0.718	0.667	0.671	0.863	0.856	0.864
江苏	0.423	0.412	0.368	0.365	0.370	0.318	0.225	0.180	0.137	0.077	0.055
浙江	0.173	0.176	0.146	0.169	0.219	0.179	0.123	0.096	0.050	0.002	−0.005
安徽	0.566	0.525	0.509	0.477	0.504	0.449	0.379	0.292	0.223	0.183	0.139
江西	0.721	0.657	0.542	0.510	0.472	0.412	0.305	0.239	0.168	0.116	0.100
湖北	0.880	0.822	0.748	0.716	0.734	0.689	0.614	0.529	0.508	0.417	0.418
湖南	0.933	0.887	0.863	0.874	0.957	0.831	0.654	0.478	0.391	0.309	0.296
重庆	0.251	0.277	0.224	0.203	0.259	0.210	0.134	0.047	0.065	−0.039	−0.023
四川	1.113	1.023	0.890	0.861	0.926	0.886	0.729	0.632	0.580	0.524	0.505
贵州	0.420	0.421	0.272	0.341	0.422	0.342	0.154	0.001	−0.098	−0.179	−0.197
云南	0.310	0.295	0.276	0.266	0.306	0.290	0.236	0.188	0.150	0.091	0.072

图 4.9 展示了五个经济圈的贷款供应水平在 2012 年至 2021 年间的变化情况（按各经济圈内各城市数据均值计算）。其中，长江经济带的三个经济圈的金融发展水平一直低于其他经济圈，中游经济圈发展水平最低，长江经济带地区的金融发展相对滞后。此外，京津冀经济圈的金融发展水平一直位于首位，但在 2021 年被珠三角经济圈反超。截至 2021 年，珠三角经济圈已成为五个经济圈中金融发展整体水平最高的地区。

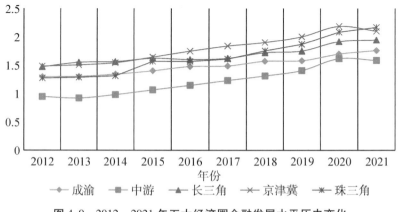

图 4.9 2012—2021 年五大经济圈金融发展水平历史变化

4.4　本章小结

本章主要对长江经济带内制造业上市企业基本情况和研发投入水平、区域内各城市环境规制与金融发展水平进行了历史进程梳理与现状分析，并与京津冀及珠三角经济圈的相应数据进行比较分析。本章的现状分析主要得出以下几点结论：

（1）长江经济带内制造业上市企业占全部上市企业的70%以上，且呈现出明显的中心化分布。随着环境规制提高，技术含量较高、环境污染相对较小的行业上升公司的增加量更多，而污染相对较大的行业上市企业数量有所减少。区域内长江下游的制造业上市企业最多，增长幅度也最大，长江上游地区制造业上市企业最少。中心城市的制造业上市企业研发投入水平高于非中心城市。与其他经济圈相比，长江经济带内各经济圈的制造业上市企业的平均研发投入水平较低。

（2）长江经济带的环境规制水平呈现出整体上升的趋势，并在2015年左右出现较为明显的拐点，说明2015年前后颁布的各项环境规划起到了作用，促进了区域内环境规制水平的提高。与其他经济圈相比，长江经济带的环境规制总体水平更高，区域内各城市之间的差异最小。

（3）虽然长江经济带内各城市的金融发展水平正逐年提高，但与其他经济圈相比，长江经济带的金融发展水平仍相对较低。区域内中心城市的金融发展水平明显高于非中心城市。

5 宏观层面实证检验：环境规制、金融抑制与技术创新

我国现阶段面临的最为突出的问题之一，是经济发展与资源环境承载力之间的矛盾。生态环境的破坏源于人类活动，工业革命在提高劳动生产率的同时，也对地球的资源和环境造成了不可逆的损害。人们在意识到生态环境的重要性之后，开始采用一系列的环境规制工具来抑制和减缓人类生产生活对环境的进一步破坏。在"波特假说"（Porter，1991[184]；Porter & Van der Linde，1995[185]）提出之前，人们通常认为生态环境保护和工业快速发展是需要权衡的，虽然环境规制是治理生态环境的有效工具，但环境保护政策通常伴随着一系列的限制性措施及环境税费，从而对企业的生产经营和资金分配造成较大的影响。党的十九届五中全会明确提出，要坚持创新在我国现代化建设全局中的核心地位。我们要推动绿色创新、实现绿色发展，既需要数字科技的直接支撑，也离不开企业在研发、生产、销售以及商业模式等方面的全面重构和深度变革，这就要求企业要不断提升自身的技术创新能力，解决环境治理和自主创新的矛盾。"十四五"规划中将"生态文明建设实现新进步"设为主要目标之一，把环境保护工作的重要性提高到了一个新台阶。而"波特假说"为生态环境改善和工业技术进步的协同提供了可能性，合理的环境规制能够促进企业的技术进步，从而抵消部分环境规制对企业生产经营造成的压力。随着近年来环境规制工具的不断改善，我国的工业企业正在焕发新的"绿色活力"，生态环境保护与技术创新逐渐展现出和谐共生的前景。本章基于长江经济带内各城市2012—2021 年的面板数据，实证检验"波特假说"在长江经济带的有效性。

5.1　研究假设

从理论上来说，环境规制通过"压力"和"动力"两种机制激励企业绿色技术创新。一方面，环境规制通过加大排污惩罚力度或者对资源收取费用等方式，提高企业的生产经营成本，企业则需要通过有效的技术创新来降低排污成本，或提高利润率，从而确保净利润不变；在技术创新水平足够高的情况下，环境规制甚至可以持续提升企业的资源利用效率，从而增加企业的利润。另一方面，环境规制工具中也不乏鼓励性的手段。对绿色创新技术的补贴、对绿色行业的优惠政策直接增加了技术创新的效益；而环境规制也同时起着政策引导的作用，减少了环境投资的不确定性，鼓励全社会更广泛地进行绿色投资，这也间接地增加了技术创新的收益。因此，环境规制通过形成"压力"，倒逼企业技术创新，同时也通过提供"动力"，加速企业技术创新。基于本书定义的环境规制水平测度指标，当财政环保投入增加时，环境规制水平测度指标增大，意味着政府通过直接的环保投入和间接的引导政策，为技术创新提供了动力；而当污染物排放强度减小时，环境规制水平测度指标增大，此时意味着政府采取了更为严厉的环境政策，迫使企业减少污染，技术创新的"倒逼机制"形成。近年来，随着国家对环境保护重视程度的提高，长江经济带各城市在环境规制方面采取了一系列措施，既涉及对污染治理项目的支持，也不乏对排污惩罚力度的加大，从总体上来看，长江经济带的环境规制是有益于企业进行绿色技术创新的。

在中国目前的金融体系背景下，金融市场体系发展并不完善，企业创新研发活动所需要的资金投入仍主要依靠以银行机构为主的外部融资渠道。由于企业创新活动通常有投资回报周期长、投资项目风险较高的特性，所以企业需要时刻准备足够的资金来支持研发创新，资金链的突然中断和再延续会使企业遭受很大的损失。现有文献表明了银行竞争度提高对企业创新活动具有促进作用。国外研究认为，银行业竞争度的提升可以降低信贷成本，降低贷款门槛，提高中小企业和创新项目的信贷可得性，增强企业创新的动力。另外，垄断性银行结构也有其优势，如建立长期信贷关系，深入了解企业信息，从而获得长期利益，激励银行进行关系型贷款。为了降低贷款风险并避免"赢家的困境"，所有类型的银行都有更大的动力来减少信息不对称，从而增加融资渠道。银行信贷是企业技术创新的主要资金来源，加强银行业竞争可以增强企业的产品创新，并促进其内部业务的简化，特别是有利于中小企业和有大量外部融资需求的企业。Li和Du（2021）表明，银行的发展可以鼓励企业的创新行为。银行竞争加剧导致对优质企业的信贷配置增加，缓解了其融资限制并促进了创新投资[310]。Carlson等（2022）强调，金融市场在支持企业研发投资方面的作用是一个重大问题，竞争性的银行市场结构可以有效降低企业研发投资活动的融资限制，这种影响在民营企业、科技型企业和中小微型企业中尤为明显[311]。刘慧好和焦文妞（2021）研究得出，银行业竞争通过缓解企业融资约束提高了企业的创新投入水平[312]。因此，结合环境规制影响技术创新的内在逻辑来看，如果企业的内部资金充裕，那么排污费用的增加并不会对企业的创新活动投资造成严重的挤占效应。对于处在政策鼓励性行业中的企业，宽松的融资环境则会在一定程度上弱化政府补贴的激励作用。因此，银行竞争度的提高所带来的融资约束的缓解在一定程度上对环境规制与技术创新的关系形成了缓冲作用。基于上述的分析，本书提出以下假设：

H1a：环境规制与技术绿色创新水平呈正相关关系。

H1b：银行业竞争度的提高会促进绿色技术创新水平提高，并且在不同的金融抑制水平下，环境规制对技术创新的作用不同。

从空间维度来看，生产要素在不同区域间的流动，特别是邻近地区间的频繁互动，不仅加深了它们在经济活动上的相互依赖，还促进了技术和知识的跨区传递。科技创新的成果，通过商品流通、人才的迁移以及技术交流与合作，跨越地理界限，产生了显著的溢出效应，推动了接收区域的技术进步与产业升级。然而，在这一过程中，空间因素扮演着复杂的角色，如环境规制的竞争态势、产业集聚现象和污染物的跨界扩散，这些因素共同作用，加剧了区域间经济活动的空间相关性，对传统的计量经济学分析提出了挑战，可能导致研究结果的偏差。因此，在探索技术创新与环境规制之间的关系时，纳入空间维度的考量来确保分析的全面性和准确性就显得尤为关键。近年来，学术界已逐渐意识到这一问题的重要性，诸多研究开始采用先进的空间计量分析方法，以期更精准地捕捉和衡量技术创新与环境规制间复杂的互动关系。

具体到中国这一幅员辽阔的国家，环境规制与技术创新的关联性及空间效应更为复杂且引人注目。由于不同地区在经济发展水平和环境政策执行强度上存在的显著差异，严格的环境规制在某些情况下可能成为企业迁移的动因，促使高污染企业向监管相对宽松的地区转移。这种迁移行为虽然短期内可能加剧接收地的环境压力，但从长远看，这种迁移行为却会在多个层面对接收地的创新与经济发展产生深远影响。一方面，迁入企业的涌入加剧了本地市场的竞争，迫使本土企业不得不通过绿色创新来提升其产品与服务的附加值，以适应更为激烈的市场竞争，从而间接地推动了这些地区的绿色技术创新。另一方面，环境污染问题的恶化倒逼地方政府加强环境治理，出台更为严格的环保政策，促使企业加大环保技术的研发投入，实现生产过程的绿色转型。值得注意的是，尽管产业转移可能带来短期的环境负面影响，但它同时也为接收地带来了经济增长的新动能，如就业机会的增加和经济活动的多样化，这些正面效应进一步增强了地区对创新活动的财力支持，为绿色技术的研发提供了必要的资金后盾。

此外，环境规制的区域联动效应不容忽视。一旦某地区采取了更为严厉的环境管控措施，相邻区域往往会感受到提升自身环保标准的压力，出于避免成为污染避难所的考虑，会主动加强自身的环境规制。这种规制协同效应不仅有助于在更大范围内构建统一、严格的环保体系，更是在区域尺度上催化了一场绿色创新的浪潮，促进了环境友好型技术的广泛应用与持续升级，为实现区域经济的可持续发展奠定了坚实基础。基于上述的分析，本书提出以下假设：

H2：环境规制政策存在正向的空间溢出作用，推动了地区绿色技术创新。

5.2　模型设定与指标选择

5.2.1　指标选择与数据说明

被解释变量：创新综合指数（INNOVATION）。

为了进一步科学地量化各个地级市的综合绿色创新水平，本书综合参考国家统计局社科文司《中国创新指数（CII）研究》课题组设计的"中国创新指数"、《国家创作指数报告》以及《中国区域创新能力评价报告》的指标体系设计方法，考虑到数据的可得性、连续性和各城市统计口径的差异，选择以下几个指标（见表 5.1）构建了一个简单的绿色创新水平综合指数量化指标体系，并利用熵值法计算各指标权重，计算地级市的绿色创新水平综合指数。计算步骤如下：

①对原始数据进行无量纲化处理：

$$y'_{cj} = \frac{y_{cj} - \min(y_{1j}, y_{2j}, \cdots, y_{nj})}{\max(y_{1j}, y_{2j}, \cdots, y_{nj}) - \min(y_{1j}, y_{2j}, \cdots, y_{nj})}$$
$$(c = 1, 2, \cdots, n; j = 1, 2, \cdots, m)$$

其中，n 为城市个数，m 为指标个数。

②计算城市 c 第 j 项指标占所有城市该指标总和的比重，使各指标同度量化：

$$p_{cj} = y_{cj} / \sum_{c=1}^{n} y_{cj}$$

③计算第 j 项创新指标的熵值（e_j）：

$$e_j = -k \sum_{c=1}^{n} p_{cj} \ln(p_{cj}) \quad k = 1/\ln(n), \ e_j \geqslant 0$$

④计算第 j 项创新指标的差异系数（d_j）：$d_j = 1 - e_j$

⑤计算第 j 项创新指标的权重（W_j）：$w_j = d_j / \sum_{j=1}^{m} d_j$

⑥计算城市 c 的综合绿色创新水平（I_c）：$I_c = \sum_{j=1}^{m} w_j y_{cj}$

本书通过对每年每个城市的指标进行测算，得到如下指标权重计算结果：

表 5.1　绿色创新水平综合指数指标及权重

一级指标	二级指标	指标计算方法
绿色创新水平综合指数	教育拨款（x_1）	财政教育支出/一般财政支出/%
	科研拨款（x_2）	财政科技支出/一般财政总支出/%
	人才储备（x_4）	Ln（普通高等学校在校生数）
	创新成果（x_5）	Ln（绿色专利授权总量）
	创新影响（x_6）	Ln（绿色实用新型授权数量）

解释变量：环境规制水平（ER）。使用本书第 4 章所测算的环境规制水平。

调节变量：银行业竞争度（HHI）。关于银行业竞争的测度，现有文献主要有两类方法，分别是结构化方法和非结构化方法。非结构化方法计算过程复杂,且在实际应用中存在诸多困难。因此,本书参考蔡竞和董艳(2016)[286]的结构化方法,计算 HHI 指标测度银行业竞争。

$$HHI = \sum_{r=1}^{N_m} (branch_{rm} / \sum_{r=1}^{N_m} branch_{rm})^2$$

其中,$branch_{rm}$代表第 r 家银行在城市 m 内的分支行数量,N_m 是城市 m 内所有银行类型的数量。0<HHI<1,HHI 越接近于 0 表示银行竞争性越强。

控制变量组:为保证构建模型的有效性,参考现有文献结论,本章节选取了以下的控制变量:①地区经济发展水平(GDP);②金融发展水平(FIN);③教育投入(EDU);④政府干预程度(GOV);⑤平均工资(AVE_SAL)。具体指标定义如表 5.2 所示。

表 5.2 变量定义及概述

变量性质	变量符号	变量名称	变量定义
被解释变量	INNOVATION	创新综合指数	技术创新综合指数
解释变量	ER	环境规制水平	地区环境规制水平
调节变量	HHI	银行业竞争度	赫芬达尔指数
控制变量	GDP	经济发展水平	地区生产总值/万元
	FIN	金融发展水平	金融机构人民币贷款余额/地区生产总值
	HR	人力资本	年末单位就业人员/万人
	GOV	政府干预程度	财政教育支出/地区一般财政支出/%
	AVE_SAL	平均工资	职工平均工资元/元

数据说明:本章以位于长江经济带 11 个省(直辖市),共 107 个城市为主要研究对象,选取 2012—2021 年的面板数据,最终获得 1 070 个观测样本。本章所用各地级市的研发、专利、经济发展、就业、教育、财政环保投入和污染物排放量数据来源于《中国城市统计年鉴》《中国科技统计年鉴》《中国环境年鉴》、EPS 数据平台、中经网各个城市群统计年鉴以及各地级市统计年鉴及政府网站公布的统计公报和财政决算数据,部分缺失的城市数据使用插值法补齐。

5.2.2 模型的设定

5.2.2.1 地区环境规制对技术创新的影响

为了验证 H1a,探究环境规制对区域内技术绿色创新水平的影响,建立以下模型：

$$INNOVATION_{it} = \alpha_0 + \beta_1 ER_{it} + \gamma_1 \ln GDP_{it} + \gamma_2 FIN_{it} + \gamma_3 \ln HR_{it} +$$
$$\gamma_4 GOV_{it} + \gamma_5 \ln AVESAL_{it} + \varepsilon \qquad (5.1)$$

其中，$INNOVATION_{it}$代表地区创新能力综合指数，ER_{it}表示环境规制水平。控制变量中：$\ln GDP_{it}$为地区生产总值的自然对数，反映地区经济发展水平；FIN_{it}为当年金融机构贷款余额与地区生产总值的比值，用于控制金融发展水平技术创新的影响；$\ln HR_{it}$为城镇单位就业人数的自然对数，反映当地的劳动力水平；GOV_{it}为地区财政支出占地区生产总值的比例，反映了地方政府对经济发展的干预程度；$\ln AVESAL_{it}$为城镇单位在岗职工平均工资的自然对数，用于控制薪酬差异对研发创新意愿和创新效率的影响。α_0表示截距项，β_1表示解释变量系数，γ_1表示控制变量系数，ε为随机扰动项。在公式（5.1）中，系数β_1越大，说明环境规制水平越高，区域技术绿色创新水平越高。根据假设 H1a，预期β_1显著为正。

5.2.2.2 银行业竞争度分组回归

为了验证 H1b，本书在模型（5.1）的基础上加入 HHI 作为解释变量，并根据当年银行业集中度均值将样本分为高银行业集中度和低银行业集中度两组做分组回归。模型设定如下：

$$INNOVATION_{it} = \alpha_0 + \beta_1 ER_{it} + \gamma_0 HHI_{it} + \gamma_1 \ln GDP_{it} + \gamma_2 \ln FIN_{it} +$$
$$\gamma_3 \ln HR_{it} + \gamma_4 GOV_{it} + \gamma_5 \ln AVESAL_{it} + \varepsilon \qquad (5.2)$$

在式（5.2）中，γ_0表示 HHI 的回归系数，根据假设 H1b，预期γ_0显著为负，并且在高银行业竞争度的分组内，环境规制对技术创新的正向影响更显著。

5.2.2.3 空间计量模型构建

空间计量模型在经济学中的应用考虑了空间相关性，即一个地区的经济现象与其他地区存在依赖关系。这种依赖意味着空间上的数据不是独立的，而是受到地区间相对和绝对位置的影响。根据 Anselin（1988）的定义，空间计量经济学是一套基于空间结构规范的描述，包括模型设定、估计、假设检验和预测的计量经济学方法。在进行空间计量分析时，选择合适的空间权重矩阵至关重要[313]。

（1）空间权重矩阵

国内学者多使用 0-1 空间邻接矩阵，但这种矩阵可能无法充分反映区域间的经济联系，甚至可能忽略许多重要信息。例如，即使两个地区在行政区划上不相邻，但如果它们在经济上相似，它们之间可能仍然存在相互影响。因此，本书选择使用地理距离与经济发展水平嵌套的权重矩阵作为空间权重矩阵，将空间因素考虑进来的同时又可以更好地捕捉那些在经济发展水平上接近但在地理位置上不相邻的地区间的空间相关性，从而在一定程度上保持信息完整性。参考邵帅（2016）[314]等学者的研究，公式如下：

对于空间经济距离矩阵 W_1，本书选择长江经济带各城市人均 GDP 差值的绝对值来衡量，以此构造经济权重矩阵，矩阵的主对角线元素为 0，非主对角线元素为 $E_{ij} = \dfrac{1}{|Y_i - Y_j|}$，其中 Y_i 为地区在研究期间的实际人均 GDP 的均值。

$$W_{ij} = \begin{cases} E_{ij} & i \text{ 和 } j \text{ 空间相邻} \\ 0 & i \text{ 和 } j \text{ 空间不相邻} \end{cases}$$

对于空间地理距离矩阵 W_2，本书选择基于各城市经纬度计算。其中，d 为各地区核心城市之间的经纬度之差的倒数值。

$$W_{ij} = \begin{cases} \dfrac{1}{d} & i \text{ 和 } j \text{ 空间相邻} \\ 0 & i \text{ 和 } j \text{ 空间不相邻} \end{cases}$$

对于经济地理权重矩阵 W，本书基于经济权重 W_1 和地理权重矩阵 W_2 来构建（$\varphi = 0.5$），具体表现为：

$$W_{ij} = \begin{cases} \varphi W_1 + (1 - \varphi) W_2 & i \text{ 和 } j \text{ 空间相邻} \\ 0 & i \text{ 和 } j \text{ 空间不相邻} \end{cases}$$

（2）Moran's I（莫兰指数）

全局空间相关性是指在整个研究范围内指定的属性是否具有相关性。用以反映区域间相互作用，以及空间上的相关性。一般情况下，以 Moran's I（莫兰指数）度量空间自相关的全局指标。具体的计算公式为

$$I = \frac{\sum_{i=1}^{n} \sum_{j=1}^{n} \omega_{ij} (x_i - \bar{x})(x_j - \bar{x})}{s^2 \sum_{i=1}^{n} \sum_{j=1}^{n} \omega_{ij}}$$

其中，I 是全局空间 Moran 指数，$s^2 = \dfrac{1}{n} \sum_{i=1}^{n} (x_i - \bar{x})^2$，$\bar{x} = \dfrac{1}{n} \sum_{i=1}^{n} x_i$。其中，$x_i$ 表示第 i 地区样本观测值，n 为地区总数，ω_{ij} 空间权重矩阵。I 指数取值

范围为［-1，1］，大于0说明地区间存在空间正相关；而小于0，则说明地区间存在空间负相关；当等于0时，则说明呈随机分布，不存在空间自相关性。

（3）局部空间自相关

局部空间相关性是指在特定的局部地点指定的属性是否具有相关性，以衡量局部地区是否存在相似或不同的观测值聚集在一起的情况，其可表示每个城市空间区域关联全局总趋势的依赖度。本书拟选用区域 i 的局部Moran 指数，也称为 LISA 指数，来测度区域 i 与其相邻区域之间的相关性。具体的公式表达式为

$$I_i = \frac{(x_i - \bar{x})}{s^2} \sum_{i \neq j} \omega_{ij}(x_j - \bar{x})$$

其中，I_i 为局部 Moran 指数，x_1，s^2，$\bar{x}$，ω_{ij} 与上节表示含义相同。当 I_i 大于 0 时，表示高值被高值所包围，低值被低值所包围，分别记为高-高（H-H）、低-低（L-L）；当 I_i 小于 0 时，表示高值被低值所包围或者低值被高值所包围，分别记为高-低（H-L）、低-高（L-H），其值可用 Moran 散点图或 Lisa 散点图表示。

（4）空间计量模型

当数据通过 Moran's I 指数检验后，需要对空间计量模型进行选择。空间计量模型包括空间滞后模型、空间误差模型和空间杜宾模型。随后，根据检验及显著性结果，来具体选择模型形式。

①空间滞后模型（SAR）：

$$y_{it} = \alpha + \beta X_{it} + \rho \sum_{j=1}^{N} w_{ij}y_{it} + \varepsilon_{it}$$

其中，ρ 度量了相邻区域观测值对本区域观测值的影响程度，W_{ij} 表示经过行标准化处理后的空间权重矩阵的矩阵元素，$\sum_{j=1}^{N} w_{ij}y_{it}$ 表示空间滞后因变量，即相邻区域观测值的加权平均值。

②空间误差模型（SEM）：

$$y_{it} = \beta X_{it} + \varepsilon_{it}$$

$$\varepsilon_{it} = \alpha + \gamma \sum_{j=1}^{N} w_{ij} \varepsilon_{it} + \mu_{it}$$

其中，γ 度量了相邻区域关于因变量的误差冲击对本区域观测值的影响程度，

W_{ij} 表示经过行标准化处理后的空间嵌套权重矩阵的矩阵元素，$\sum\limits_{j=1}^{N} w_{ij}\varepsilon_{it}$ 表示空间滞后误差变量，即相邻区域观测值的误差冲击的加权平均值，且 μ_{it} 遵循正态分布。

③空间杜宾模型（SDM）：

$$y_{it} = \beta_1 X_{it} + \rho \sum_{j=1}^{N} W_{ij} y_{it} + \beta_2 \sum_{j=1}^{N} W_{ij} X_{it} + \varepsilon_{it}$$

其中，ρ 是空间自回归参数，度量了相邻区域观测值对本区域观测值的影响程度，W_{ij} 表示经过行标准化处理后的空间权重矩阵的矩阵元素，$W_{ij}X_{it}$ 是模型中加入的一个空间滞后解释变量。

5.3 实证检验结果

5.3.1 描述性统计结果

表 5.3 列出了长江经济带主要指标的描述性统计结果。结果显示，长江经济带各地级市的平均绿色创新水平指数为 0.338。长三角城市群的平均绿色创新水平指数 0.506，高于整体均值，可以看出长三角的绿色技术创新水平较高；而成渝城市群的平均绿色创新水平指数为 0.267，长江中游城市群的平均绿色创新水平为 0.308，都低于长江经济带的整体均值。在控制变量中，地区生产总值、年末单位就业人员以及职工平均工资数值和标准差较大，为使数据更加平稳、削弱模型的共线性、异方差性，本节在进行实证分析时做了取对数处理。金融发展水平均值 1.042，最大值为 3.664，标准差是 0.512，整体金融发展水平不算高。银行业竞争的均值为 0.167，标准差为 0.068，可以看出长江经济带整体的银行业竞争度较高。

表 5.3　长江经济带描述性统计结果

变量	观测量	均值	标准差	最小值	最大值
INNOVATION	1 070	0.338	0.154	0.056	0.886
ER	1 070	1.675	0.298	1.215	3.692
GDP	1 070	3 307.046	4 495.132	212.24	43 215
FIN	1 070	1.042	0.512	0.264	3.664

表5.3(续)

变量	观测量	均值	标准差	最小值	最大值
HR	1 070	67.731	100.044	1.9	986.87
GOV	1 070	0.195	0.079	0.076	0.675
AVESAL	1 070	65 733	22 180.27	26 094.26	196 000
HHI	1 070	0.167	0.068	0.052	0.414

5.3.2 环境规制对地区技术绿色创新水平影响的检验结果

本节首先分别使用固定效应模型和随机效应模型,对模型(5.1)进行回归。根据豪斯曼检验(Hausman,1978)的结果,确定使用固定效应模型(Prob>chi2 = 0.000 0)。表5.4中结果为模型(5.1)在控制了时间固定效应和城市固定效应后,回归检验的结果。

表5.4 模型(5.1)检验结果

模型	(5.1)
变量	INNOVATION
ER	0.031 ***
	(0.012)
lnGDP	0.083 ***
	(0.020)
lnHR	0.003
	(0.006)
FIN	0.095 ***
	(0.013)
GOV	−0.242 ***
	(0.059)
lnAVESAL	0.061 ***
	(0.019)
constant	−0.978 ***
	(0.248)
city	YES
year	YES
observations	1 070
number of id	107
r-squared	0.213

注:(1)*** 表示 $p<0.01$,** 表示 $p<0.05$,* 表示 $p<0.1$;(2)括号内为标准误差。

根据表 5.4 的结果，环境规制的回归系数在 5% 的显著水平上显著为正（0.025，$p<0.05$），表明各城市的环境规制水平与城市的绿色创新水平呈正相关关系，即各城市环境规制促进了技术创新综合水平的提高，假设 H1a 成立，即"波特假说"在长江经济带的地级市层面得到了检验。

在控制变量中，政府干预程度与绿色创新水平负相关（-0.239，$p<0.01$），但本书认为这并不代表政府干预对创新有抑制作用，而是政府的过度干预会造成资源的浪费以及市场体系自发机制失调，资源配置效率降低，进而不利于绿色创新水平的提高。职工平均工资（0.061 8，$p<0.01$）与绿色创新水平显著正相关，即地级市的绿色创新水平提高还有赖于从业人员的高工资激励，人才的作用不容忽视。金融发展水平与绿色创新水平正相关（0.094 3，$p<0.01$），也符合了前文金融发展水平对创新的积极影响的理论分析。

5.3.3 银行业竞争度分组回归结果及分析

根据表 5.5 的结果，环境规制的回归系数在 1% 的显著水平上显著为正（0.034，$p<0.01$），表明模型 5.2 在加入银行业竞争度作为解释变量后，各城市的环境规制水平与城市的绿色创新水平仍呈正相关关系，且显著性水平较模型 5.1 的结果要更高，银行业竞争度这一变量的引入，为我们更精准地理解二者之间的联系提供了依据。HHI 指标越小表示银行业竞争度越高，此处银行业竞争度的回归系数在 1% 的显著水平上显著为负（-0.777，$p<0.000$）。随着银行业竞争度的提升，即市场趋向于更加开放和竞争，企业面临的融资约束得以缓解，从而间接鼓励企业增加对研发活动的投入，所以在环境规制与技术创新的相互作用中，银行业竞争度扮演了关键的缓冲角色，有助于减轻环境规制可能带来的资金压力，促进企业向绿色创新转型。

进一步，分组回归结果显示，在高银行业竞争度的分组中，环境规制的回归系数在 1% 的显著水平上显著为正（0.074，$p<0.001$），银行业竞争度的回归系数在 1% 的显著水平上显著为负（-1.899，$p<0.000$），且该模型的拟合优度得到提升。这说明较高程度的银行业竞争有效降低了融资约束，为企业的绿色技术研发活动创造了更为宽松的财务环境。相反，在低银行业竞争度的分组中，尽管环境规制对绿色技术创新的直接影响在统计意义上未达到显著水平，但趋势上显示出一定的负面影响。说明在那些银

行业竞争不充分、融资环境相对紧张的地区，企业开展创新活动时面临的资金障碍更加显著。而绿色技术创新通常需要大量的前期投资且回报周期较长，融资约束的加剧无疑会限制企业对研发的投入，阻碍技术创新的进程。结果证明假设 H1b 成立。

表 5.5　模型（5.2）检验结果

模型	（5.2）	高银行业竞争度	低银行业竞争度
变量	INNOVATION	INNOVATION	INNOVATION
ER	0.034 ***	0.074 ***	−0.006
	（0.012）	（0.023）	（0.011）
lnGDP	0.100 ***	0.081 **	0.072 ***
	（0.020）	（0.039）	（0.021）
lnHR	0.005	−0.012	0.007
	（0.006）	（0.014）	（0.005）
FIN	0.088 ***	0.079 ***	0.098 ***
	（0.013）	（0.017）	（0.019）
GOV	−0.221 ***	−0.475 ***	−0.118 **
	（0.059）	（0.134）	（0.052）
lnAVESAL	0.054 ***	0.089 **	0.037 **
	（0.019）	（0.041）	（0.017）
HHI	−0.777 ***	−1.899 ***	0.092
	（0.185）	（0.574）	（0.166）
constant	−0.897 ***	−0.906 *	−0.709 ***
	（0.246）	（0.512）	（0.225）
city	YES	YES	YES
year	YES	YES	YES
observations	1 070	569	501
r-squared	0.228	0.337	0.287

注：（1）*** 表示 $p<0.01$，** 表示 $p<0.05$，* 表示 $p<0.1$；（2）括号内为标准误差。

5.3.4　环境规制对地区技术绿色创新水平影响的空间计量

5.3.4.1　全局莫兰指数

本书运用全局莫兰指数分别对长江经济带 107 个城市 2012—2021 年的地区技术绿色创新水平和环境规制水平进行空间自相关检验。如表 5.6 所示，2012— 2021 年，地区技术绿色创新水平的 Moran's I 指数虽有波动，但均为正值，且均通过 1% 的显著性检验；环境规制水平的 Moran's I 指数也均为正值并且逐年上升，大部分年份均通过 1% 的显著性检验，并且可以明显看出 p 指越来越小，显著性水平不断增强。这表明长江经济带内各城市在绿色技术创新水平和环境规制水平的发展并非随机分布，而是呈现出显著的空间依赖性。具体来说，这些城市的绿色创新和环境规制活动并非独立发生，而是受到邻近城市的显著影响，表现为高水平城市的聚集。这种聚集现象初步证明了各城市创新之间存在着明显的空间相关性，并且这种空间依赖性正在逐渐增强。因此，本书通过空间自相关检验的结果，支持了使用空间计量面板模型来研究长江经济带各城市间空间溢出效应的必要性，这在统计逻辑上是有依据的，可以使我们能够更好地理解和分析城市间的相互作用和发展动态。

表 5.6　绿色创新水平和环境规制水平的全局莫兰指数

年份	INNOVATION			ER		
	Moran's I	Z 值	P 值	Moran's I	Z 值	P 值
2012	0.42	9.058	0.000	0.057	1.431	0.153
2013	0.431	9.308	0.000	0.048	1.244	0.213
2014	0.406	8.781	0.000	0.066	1.648	0.099
2015	0.433	9.315	0.000	0.059	1.509	0.131
2016	0.342	7.495	0.000	0.131	3.093	0.002
2017	0.396	8.562	0.000	0.170	3.987	0.000
2018	0.344	7.449	0.000	0.194	4.494	0.000
2019	0.346	7.516	0.000	0.170	3.871	0.000
2020	0.334	7.263	0.000	0.176	3.981	0.000
2021	0.303	6.627	0.000	0.101	2.335	0.020

5.3.4.2　局部莫兰指数

为考察某一特定区域的空间相关程度，本书绘制绿色创新水平和环境规制水平的局部莫兰图。由于篇幅原因，仅汇报 2016 年和 2021 年两年的结果。由图 5.1 可知，各城市之间的绿色创新水平和环境规制水平的莫兰指数所对应的点大多分布在第一、第三象限，即各城市在局部空间上具有较强的正向促进效果，与全局莫兰指数的检验结果相同。

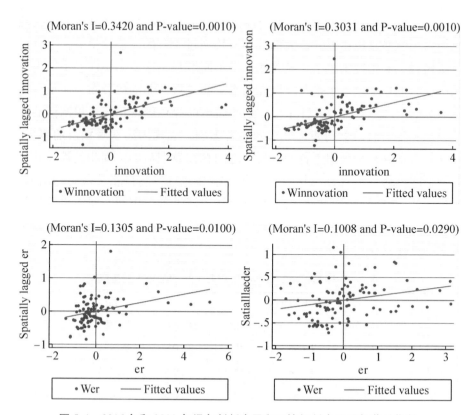

图 5.1 2016 年和 2022 年绿色创新水平和环境规制水平局部莫兰指数

5.3.4.3 LM 检验

本书通过对普通静态面板回归（OLS）进行空间相关性检验，包括 LM–Lag 和稳健的 LM–Lag 检验以及 LM–Error 和稳健的 LM–Error 检验，来判断空间效应类型，选择模型形式。由表 5.7 可知，有三个检验均拒绝了原假设，说明本书所选样本具有空间滞后和空间误差自相关双重效应，由于 SDM 模型同时考虑这两种效应，是空间计量模型的一般形式，因此初步判断选择空间杜宾模型（SDM）是合理的。设立模型如下：

$$\text{INNOVATION}_{it} = \alpha + \beta X_{it} + \rho \sum_{j=1}^{N} w_{ij}\text{INNOVATION}_{it} + \theta \sum_{j=1}^{N} w_{ij}X_{it} + \mu_{it} + \varphi_{it} + \varepsilon_{it} \tag{5.3}$$

其中，INNOVATION_{it} 为被解释变量城市绿色技术创新水平；X_{it} 代表解释变量集合；w_{ij} 为 107×107 的对角线元素为 0 的经济地理嵌套空间权重矩阵；β 表示解释变量的估计参数；ρ 为空间自回归系数，来用测量整体的区域之间的依赖强度，代表相邻地区的绿色技术创新水平对本地区绿色技术创新水平的影响；θ 表示待估计的空间自相关系数，代表相邻地区的解释变量对本地区的绿色技术创新水平也有溢出效应；μ_{it}、φ_{it} 分别为城市固定效应与时间固定效应；ε_{it} 为随机扰动项。

表 5.7　LM 检验

检验	LM 值	P 值
LM-Lag 检验	3.568	0.059
稳健的 LM-Lag 检验	6.383	0.012
LM-Error 检验	1.214	0.271
稳健的 LM-Error 检验	4.028	0.045

5.3.4.4　Hausman 检验和 LR 检验

本书分别构建了 SAR 模型、SEM 模型、SDM 模型，限于篇幅仅汇报部分回归结果。根据豪斯曼检验结果，SDM 模型豪斯曼指标为 108.87，在 1% 的显著性水平上通过了检验，选择固定效应。然后对时间个体双固定-空间杜宾效应模型进行 LR 检验，验证空间杜宾模型是否可退化为空间自回归模型、空间误差模型。由表 5.8 可知，LR 检验的指标值分别为 19.34 和 18.78，在 1% 的显著性水平上拒绝原假设，说明空间杜宾模型不会退化为空间自回归模型和空间误差模型。综上所述，选择 SDM 是合理的。

表 5.8　Hausman 检验和 LR 检验

VARIABLES	SAR	SEM	SDM	
	Main	Main	Main	Wx
ER	0.030 ***	0.030 ***	0.025 **	0.074 **
	(0.011)	(0.011)	(0.011)	(0.031)
lnGDP	0.084 ***	0.086 ***	0.086 ***	−0.198 ***
	(0.019)	(0.019)	(0.019)	(0.059)
lnHR	0.004	0.004	0.003	−0.005
	(0.006)	(0.006)	(0.006)	(0.013)
FIN	0.095 ***	0.095 ***	0.089 ***	−0.040
	(0.012)	(0.012)	(0.012)	(0.040)
GOV	−0.242 ***	−0.242 ***	−0.256 ***	0.001
	(0.056)	(0.055)	(0.056)	(0.092)

表5.8(续)

VARIABLES	SAR	SEM	SDM	
	Main	Main	Main	Wx
lnAVESAL	0.060 ***	0.059 ***	0.060 ***	0.066
	(0.018)	(0.018)	(0.018)	(0.050)
rho	0.105 *		0.123 **	0.123 **
	(0.054)		(0.057)	(0.057)
lambda		0.117 **		
		(0.057)		
city	YES	YES	YES	YES
year	YES	YES	YES	YES
observations	1 070	1 070	1 070	1 070
number of id	107	107	107	107
r-squared	0.588	0.596	0.134	0.134
Hausman 检验			108.8 ***	108.8 ***
LR 检验	18.84 ***	18.31 ***		

注：（1）*** 表示 $p<0.01$，** 表示 $p<0.05$，* 表示 $p<0.1$；（2）括号内为标准误差。

　　根据表5.8中 SDM（fe）模型的结果，环境规制水平的系数为正值，且在5%的显著性水平下通过假设检验，表明城市的环境规制水平发展水平越高，该城市的绿色技术创新水平越高。Rho值在5%的显著性水平下拒绝原假设，说明变量之间存在着明显的空间相关性。环境规制水平的空间滞后项回归系数为正值，且在5%的显著性水平下拒绝原假设，表明环境规制水平发展水平具有显著的空间效应，即本市的环境规制水平对其他城市的绿色技术创新水平也具有显著的促进作用。

　　由于空间杜宾模型解释了各市之间的空间经济相关性，其参数估计结果并不能直接反映直接作用和空间溢出效应真实作用效果。本书将各个变量对绿色技术创新的影响系数分解为直接效应、间接效应以及总效应。如表5.9所示，环境规制发展水平的直接效应、间接效应及总效应均为正且通过了显著性检验，表明本市的环境规制发展水平不仅对本市的绿色技术创新水平具有正向促进作用，而且具有显著的空间溢出作用。其中包含了环境规制的直接溢出，即本市环境规制强度增加带动相邻城市环境规制强度的提高，进而影响相邻地区域绿色技术创新水平的发展，还包含了间接溢出，即本地环境规制强度变化引起的本地技术创新变化，通过技术创新的溢出，带动相邻城市绿色技术创新呈现相应的变化态势。若忽略空间因素互动影响，则会低估环境规制水平促进绿色技术创新的作用效果，再次证明空间计量模型选择的合理性。

在控制变量中，直接效应结果与前文分析基本一致；经济发展水平的提升对本市创新产生了显著正向影响，但对邻近城市创新的间接效应显著为负。这表明经济发展好的地区可能会虹吸周边邻近地区人才、人力和资本等发展要素，不利于其他城市创新活动开展。

表 5.9　空间杜宾模型及效应分解

模型	(5.3)				
变量	Main	Wx	Direct	Indirect	Total
ER	0.025 **	0.074 **	0.026 **	0.086 **	0.112 ***
	(0.011)	(0.031)	(0.011)	(0.036)	(0.033)
lnGDP	0.086 ***	−0.198 ***	0.080 ***	−0.224 ***	−0.144 **
	(0.019)	(0.059)	(0.016)	(0.063)	(0.064)
lnHR	0.003	−0.005	0.003	−0.006	−0.003
	(0.006)	(0.013)	(0.006)	(0.014)	(0.016)
FIN	0.089 ***	−0.040	0.089 ***	−0.035	0.054
	(0.012)	(0.040)	(0.013)	(0.043)	(0.047)
GOV	−0.256 ***	0.001	−0.269 ***	−0.036	−0.304 **
	(0.056)	(0.092)	(0.063)	(0.112)	(0.138)
lnAVESAL	0.060 ***	0.066	0.062 ***	0.083	0.146 **
	(0.018)	(0.050)	(0.017)	(0.061)	(0.068)
spatial					
rho	0.123 **	0.123 **	0.123 **	0.123 **	0.123 **
	(0.057)	(0.057)	(0.057)	(0.057)	(0.057)
observations	1 070	1 070	1 070	1 070	1 070
r-squared	0.134	0.134	0.134	0.134	0.134
number of id	107	107	107	107	107
year fix	YES	YES	YES	YES	YES
id fix	YES	YES	YES	YES	YES

注：（1）*** 表示 $p<0.01$，** 表示 $p<0.05$，* 表示 $p<0.1$；（2）括号内为标准误差。

5.4　稳健性检验

为了验证假设 H1 实证结果的稳健性，第一，本章增加了外商直接投资（FDI）以及产业结构高级化（INS）两个变量作为控制变量，见表5.10。本书认为，外商直接投资是创新成果溢出的重要载体。改革开放以来，中国吸引了大量的外商直接投资，这些跨国公司在中国投资建厂，带来了技术、管理经验和市场渠道，对提升我国绿色创新水平产生了重要的直接影响和间接影响。因此本书选取外商直接投资额占地区 GDP 比重来衡量这一指标。企业在开展绿色创新的过程中，所处的区域产业结构会对资源的使用效率和环境的整体质量产生显著的影响，本章选择第三产业增加值与第二产业增加值之比来衡量地区产业结构高级化程度。第二，缩短时间考察期，剔除受到新冠病毒感染疫情影响的 2020 年、2021 年数据。第三，剔除直辖市，即重庆市以及上海市数据。

本书将模型设定如下：

$$\text{INNOVATION}_{it} = \alpha_0 + \beta_1 \text{ER}_{it} + \gamma_1 \ln\text{GDP}_{it} + \gamma_2 \ln\text{FIN}_{it} + \gamma_3 \ln\text{HR}_{it} +$$
$$\gamma_4 \text{GOV}_{it} + \gamma_5 \ln\text{AVESAL}_{it} + \gamma_6 \text{FDI}_{it} + \gamma_7 \text{EDU}_{it} +$$
$$\gamma_8 \text{INS}_{it} + \varepsilon \qquad (5.4)$$

表 5.10　变量定义及概述

变量性质	变量符号	变量名称	变量定义
被解释变量	INNOVATION	创新综合指数	技术创新综合指数
解释变量	ER	环境规制水平	地区环境规制水平
门槛变量	HHI	银行业竞争度	赫芬达尔指数
控制变量	GDP	经济发展水平	地区生产总值/万元
	FIN	金融发展水平	金融机构人民币贷款余额/地区生产总值
	HR	人力资本	年末单位就业人员/万人
	GOV	政府干预程度	财政教育支出/地区一般财政支出/%
	AVE_SAL	平均工资	职工平均工资元/元
	FDI	外商直接投资	外商直接投资额占地区 GDP 比重
	INS	产业结构高级化	第三产业增加值/第二产业增加值/%

稳健性检验结果如表 5.11 显示，环境规制对绿色技术创新的正向影响依然在 5%的水平下是显著的，本章假设 H1a 结论是稳健的。银行业竞争度对绿色技术创新的负向影响在 1%的水平下是显著的，本章假设 H1b 结果是稳健的。

表 5.11　稳健性检验结果

模型 变量	(5.4) INNOVATION	缩短时间观察期 INNOVATION	剔除直辖市 INNOVATION
ER	0.025 7 **	0.023 7 **	0.026 6 **
	(2.38)	(1.97)	(2.51)
lnGDP	0.107 ***	0.105 ***	0.096 9 ***
	(5.06)	(4.05)	(4.80)
lnHR	0.003 86	−0.000 797	0.008 90
	(0.62)	(−0.07)	(1.42)
FIN	0.088 1 ***	0.124 ***	0.082 8 ***
	(6.72)	(7.53)	(6.39)
GOV	−0.210 ***	−0.214 ***	−0.192 ***
	(−3.56)	(−3.34)	(−3.30)
lnAVESAL	0.053 3 ***	0.074 3 ***	0.063 4 ***
	(2.77)	(3.42)	(3.28)
HHI	−0.737 ***	−0.692 ***	−0.729 ***
	(−3.95)	(−3.45)	(−3.98)
FDI	0.000 540		
	(0.24)		
INS	0.014 9 *		
	(1.70)		
constant	−0.946 ***	−1.150 ***	−0.980 ***
	(−3.80)	(−4.08)	(−3.96)
city	YES	YES	YES
year	YES	YES	YES
observations	1 070	856	1 050
number of id	107	107	105
r−squared	0.114	0.146	0.108

注：(1) *** 表示 $p<0.01$，** 表示 $p<0.05$，* 表示 $p<0.1$；(2) 括号内为标准误差。

为验证假设 H2，环境规制的绿色技术创新效应在空间层面的正向溢出效应，本书将用经济距离矩阵和地理距离矩阵分别做空间杜宾模型回归。

结果如表 5.12 所示，可以看出在换了空间权重矩阵后，环境规制对地区绿色技术创新的直接效应和间接效应依然显著，假设 H2 的结论依然稳健。

表 5.12　空间计量稳健性检验结果

模型	经济距离			地理距离		
变量	Direct	Indirect	Total	Direct	Indirect	Total
ER	0.020 *	0.082 **	0.102 ***	0.016 *	0.451 **	0.467 **
	(0.010)	(0.032)	(0.030)	(0.009)	(0.205)	(0.206)
lnGDP	0.080 ***	−0.224 ***	−0.145 **	0.062 ***	−2.414 ***	−2.351 ***
	(0.016)	(0.063)	(0.064)	(0.016)	(0.721)	(0.727)
lnHR	0.003	−0.006	−0.003	0.002	−0.099	−0.096
	(0.006)	(0.014)	(0.016)	(0.006)	(0.165)	(0.167)
FIN	0.088 ***	−0.038	0.050	0.104 ***	0.512	0.616
	(0.013)	(0.043)	(0.047)	(0.014)	(0.407)	(0.414)
GOV	−0.267 ***	−0.039	−0.306 **	−0.358 ***	−5.824 ***	−6.182 ***
	(0.063)	(0.112)	(0.138)	(0.066)	(2.134)	(2.164)
lnAVESAL	0.062 ***	0.080	0.143 **	0.049 ***	1.635 ***	1.684 ***
	(0.017)	(0.061)	(0.068)	(0.018)	(0.575)	(0.584)
rho	0.123 **			0.799 ***		
	(0.057)			(0.056)		
observations	1 070	1 070	1 070	1 070	1 070	1 070
r−squared	0.133	0.133	0.133	0.045	0.045	0.045
number of id	107	107	107	107	107	107
year fix	YES	YES	YES	YES	YES	YES
id fix	YES	YES	YES	YES	YES	YES

注：（1）*** 表示 $p<0.01$，** 表示 $p<0.05$，* 表示 $p<0.1$；（2）括号内为标准误差。

5.5　异质性分析

5.5.1　区域异质性

在经济发展层次多元的特殊地带时，我们进一步细化研究了不同区域内的环境规制水平对其绿色技术创新能力的影响，所得结果见表 5.13。具体来看，长江下游地区，凭借其得天独厚的地理位置、高度发达的经济与科技水平、成熟的市场经济体系以及完善的政策环境和基础设施，构成了一个有利于技术创新的优质生态系统。在此背景下，逐渐增强的正式环境规制不仅未成为绿色技术创新的阻力，反而成为推动其绿色技术创新的重要催化剂，其回归系数显著为正且在 1% 的统计显著性水平下成立（0.108，$p<0.01$），表明在下游地区，适宜的环境政策压力有效激发了企业的创新动力，促进了绿色技术的进步。

反观长江中游地区，环境规制与绿色技术创新之间的关系呈现出更为复杂的面貌。回归分析结果显示，环境规制水平的提高对绿色技术创新具有负向影响，且在 10% 的显著性水平上得到确认（−0.031，$p<0.1$）。这背后可能隐藏着多重原因：中游地区的企业规模与经济实力相对较弱，面对环境治理的高昂成本，有限的资源可能被迫从研发领域抽离，从而间接阻碍了创新活动。除去主要城市，地方政府为了争夺东部地区产业承接权，存在"逐底竞争"的潜在可能，同时作为东部产业转移的接收地，中游地区有时难以避免成为高污染产业的"避风港"，在追求经济增长的同时，若环境规制过严，可能会抑制本地区企业的生存与发展空间，进而对绿色技术创新形成一定的负面效应。至于长江上游地区，环境规制与绿色技术创新之间的联系虽呈现正向趋势，但尚未达到统计显著水平，这一现象值得深思。一方面，得益于国家政策的扶持，成渝地区双城经济圈展现出强劲的增长势头，某种程度上印证了"波特假说"，即环境规制可以成为激励企业创新、推动产业升级的一种力量。然而，考虑到上游地区经济发展水平仍然滞后，且对自然资源依赖度较高，环境规制的正面激励效果受到限制，未能在统计意义上显著提升技术创新水平。这提示我们在推动绿色转型的过程中，须充分考虑地区经济基础和发展阶段，制定更加精准、差异化的环境政策，以促进长江全流域的绿色和谐发展。

5.5.2 创新水平异质性

企业在制定创新策略的道路上，不可避免地会受到周遭环境的深刻影响，往往基于过去的技术成就与市场反馈来规划未来的创新蓝图。这种基于历史经验的决策模式，虽然在一定程度上保证了策略的稳健性，但也可能限制了企业在新兴技术探索上的灵活性与开放接纳心态。正是在这个背景下，城市整体的创新生态环境成为了影响企业创新决策的一个重要因素。城市创新能力的高低，不仅反映出其在科技研发、知识创造方面的活跃程度，还间接指示了该地区对企业创新活动的鼓励和支持力度。

为了科学地衡量并分析城市创新能力与环境规制对绿色技术创新影响之间的关系，本书采纳了一项直观且普遍认可的指标——各城市的专利申请数量，以此作为城市创新能力的量化标尺。基于这些数据，本书将所有城市依据专利申请量的中位数值划分为两大类别，旨在通过对比分析，揭示城市创新能力差异如何调节环境规制对绿色技术创新的促进效果。研究结果显示在那些创新能力较强的城市中，环境政策的严格执行被证明是推动绿色技术创新的一股强劲动力，回归分析显示这种正面影响在1%的统计显著水平上显著为正（0.077，$p<0.01$），如表5.13所示。这意味着，在拥有丰富创新资源和深厚研发基础的城市里，环境规制实际上激发了企业朝向更绿色、更可持续技术的革新尝试。

相比之下，对于创新能力较弱的城市，环境规制的促进效应并未显现显著性，这背后可能潜藏着多重原因。首先，这些城市在知识积累和技术创新方面的基础较为薄弱，面对环境规制时，由于缺乏足够的技术储备和创新能力去开发新型环保技术，企业往往倾向于采取成本更低、见效更快的末端治理措施，如增设污染净化设备，而非根本上的技术创新。这种策略虽能短期应对环保要求，却可能挤占了对绿色技术研究与开发的宝贵资源，形成"挤出效应"。其次，当城市创新能力达到一定阈值后，随着技术知识的积累和创新生态中学习效应的增强，企业面对环境规制时将更加倾向于采取长远的绿色创新策略，而不是简单的末端治理。原因在于在这样的环境下，企业更容易获得创新所需的知识、技能和资金支持，也更能够从绿色技术中发掘潜在的市场优势和竞争优势，从而将环境规制转化为推动自身发展的机遇。

表 5.13　异质性检验结果

模型 变量	高创新水平 INNOV	低创新水平 INNOV	长江上游 INNOV	长江中游 INNOV	长江下游 INNOV
ER	0.077 ***	0.014	0.015	−0.031 *	0.108 ***
	(0.028)	(0.012)	(0.014)	(0.017)	(0.038)
lnGDP	0.234 ***	0.013	0.089 ***	0.121 ***	0.155 ***
	(0.048)	(0.021)	(0.022)	(0.034)	(0.055)
lnHR	0.000	0.006	−0.003	0.008	0.009
	(0.010)	(0.008)	(0.007)	(0.010)	(0.010)

表5.13(续)

模型 变量	高创新水平 INNOV	低创新水平 INNOV	长江上游 INNOV	长江中游 INNOV	长江下游 INNOV
FIN	0.119***	0.048**	0.066***	0.122***	0.025
	(0.020)	(0.020)	(0.016)	(0.022)	(0.021)
GOV	−0.431***	−0.164***	−0.112**	0.111	−0.373***
	(0.152)	(0.056)	(0.056)	(0.154)	(0.126)
lnAVESAL	0.026	0.072***	0.002	0.076***	−0.002
	(0.034)	(0.024)	(0.026)	(0.025)	(0.053)
constant	−1.789***	−0.627**	−0.412	−1.420***	−0.809
	(0.500)	(0.290)	(0.304)	(0.358)	(0.691)
ER	0.077***	0.014	0.015	−0.031*	0.108***
	(0.028)	(0.012)	(0.014)	(0.017)	(0.038)
lnGDP	0.234***	0.013	0.089***	0.121***	0.155***
	(0.048)	(0.021)	(0.022)	(0.034)	(0.055)
constant	−1.789***	−0.627**	−0.412	−1.420***	−0.809
	(0.500)	(0.290)	(0.304)	(0.358)	(0.691)
city	YES	YES	YES	YES	YES
year	YES	YES	YES	YES	YES
observations	530	530	300	520	250
number of id	53	53	30	52	25
r-squared	0.337	0.136	0.309	0.246	0.764

注：（1）*** 表示 $p<0.01$，** 表示 $p<0.05$，* 表示 $p<0.1$；（2）括号内为标准误差。

5.6 本章小结

本章主要检验了长江经济带内各城市的环境规制对技术绿色创新水平的影响，具体做了以下两项检验：

（1）本书采用固定效应模型深入分析了环境规制强度与绿色创新水平综合指数之间的内在联系，进一步细化研究了银行业竞争程度在其中所扮演的角色，以及其如何调节环境规制对绿色技术创新的具体影响。尤为重要的是，研究区分了不同金融抑制环境下，环境规制对绿色技术创新的差异化作用机制，旨在揭示在金融条件各异的背景下，政策制定者如何更精准地利用环境规制作为促进绿色技术进步的杠杆。

（2）为全面理解环境规制效应的复杂性，本书还运用了空间杜宾模型，该模型能够有效地捕捉并量化环境规制水平对绿色技术创新水平的直接效应与空间溢出效应。这一分析不仅关注单个地区内部的自变量与因变量关系，还考虑了相邻地区间的相互作用，即一个城市环境规制水平的变动如何影响周边城市绿色技术创新的动态变化。

通过上述实证分析，本章得出了如下几项关键结论：

（1）研究结果表明，环境规制对于长江经济带内各城市的技术创新总体水平具有积极的促进作用，验证了"波特效应"在宏观层面的有效性，即环境规制作为一种"倒逼机制"，能够激励企业转向更绿色、更高层次的技术创新，进而提升整个地区的绿色创新水平。

（2）在考虑银行业竞争度作为金融抑制程度的代理变量时，我们发现竞争激烈的银行环境能有效缓解企业的融资难题，尤其是在这些地区，环境规制对绿色技术创新的推动作用更为明显。这说明良好的金融生态环境能够放大环境规制的正面激励效应，促使企业更积极地投入绿色技术的研发与应用。

（3）空间计量分析的结果进一步揭示了环境规制的影响力不仅局限于本地，其直接效应、间接效应及总效应均为正且具有统计显著性，意味着一个城市加强环境规制不仅能直接提升自身的绿色技术创新水平，还能通过示范效应和互动机制，激励相邻城市跟进提升其绿色技术创新活力，形成区域性的创新集群效应。

（4）研究发现了环境规制效应的区域和创新水平异质性特征，即不同城市因其经济基础、创新能力和资源禀赋的差异，环境规制对绿色技术创新的影响效果有所区别。在经济更为发达、创新基础良好的城市，环境规制往往能够有效推动绿色技术创新；而在创新水平较低或经济欠发达地区，过度的环境规制可能会因资源受限而产生抑制创新的反作用。

（5）通过一系列稳健性检验，本书确认了环境规制对技术创新正面促进作用的稳定性，验证了主要假设 H1a 和 H2 的可靠性，即使在不同模型设定和数据处理方式下，结论依然保持一致，进一步增强了研究结论的说服力和政策指导意义。

6 环境规制对制造企业创新投入影响的实证研究

习近平总书记明确指出："制造业高质量发展是我国经济高质量发展的重中之重。"《中国制造 2025》的发布，凸显了制造业发展在我国发展格局中的决定性地位。长江经济带拥有丰富的水电资源和各类生产要素，是国家实体经济发展的重要载体，制造业在长江经济带经济发展中的地位不容小觑。自主创新是制造业高质量发展的关键动力，而企业是自主创新的重要主体，制造企业创新对提高区域内制造业的整体创新水平起着至关重要的作用。

在理论分析中，本书探讨了环境规制对企业创新投入的作用路径，而理论与现实的差距在于，现实中企业创新投入的决策还会受到企业规模、性质及治理结构等诸多因素的影响，环境规制各项功能的综合作用效果可能因此产生变化。因此，环境规制是否有效激励了企业创新投入？对于不同的企业，环境规制的作用是否存在差异？产生差异的原因是什么？这些问题需要结合现实经验证据进行检验。本章聚焦于沪深两市 A 股上市企业中办公地址位于长江经济带的制造企业，实证检验区域内主要城市的环境规制对当地制造业上市企业创新投入的影响，并结合京津冀及珠三角经济圈的数据，对各经济圈检验结果的差异进行分析。

6.1 研究假设

环境规制对企业经营发展的作用是不可忽视的。环境规制旨在以行政法规、经济手段以及市场机制减缓人类生产生活对生态环境的影响，而企业则是环境规制工具的重点实施对象。合理的环境规制明确了企业环境投资的价值，形成了适当的环保压力，从而刺激企业进行绿色创新。根据本书的理论分析，环境规制对重污染企业与轻污染企业产生的作用存在差异，对重污染企业而言，环境规制造成的资金压力会挤占企业用于创新的资金；对于轻污染企业而言，环境规制为企业带来了更多的收益，促进了企业的创新投入，因而环境规制对企业创新投入的影响不能一概而论。同时，现实中制造企业的创新投资决策还会受生产经营过程中的各种因素的影响，环境规制的动力机制和压力机制的综合作用结果会在这一过程中产生变化。因此，制造企业的创新活动是否受到环境规制的有效激励，需要结合更多的现实因素来进行具体的分析。

2020年各地陆续发布了第二次全国污染源普查的结果，2017年全国大气污染物排放量中，二氧化硫的排放量为696.32万吨。而工业源的二氧化硫排放量为529.08万吨，其中工业源二氧化硫排放量占全部二氧化硫排放量的比值大约为76.1%。颗粒物的排放量为1 684.05万吨，其中工业源排放的颗粒物量为1 270.50万吨，工业源颗粒物排放量占总排放量的比值大约为75.3%。这表明工业源在污染排放中占有相当大的比例，也反映出工业活动对环境的影响程度很高。我国的工业污染治理仍然任重道远，而环境规制的不断完善是解决污染问题的必经之路。根据本书的理论分析，环境规制对企业创新投入同时存在着动力与压力机制，重污染企业往往会受到更多限制性环境规制的管控，而轻污染企业则会受到更多鼓励性环境规制的补偿。制造企业是环境污染的主要源头，因而更易受到限制性环境规制的管控，承受更大的环保压力，支付更高的污染治理与防控的成本。同时，制造企业固定成本相对更高，生产经营过程中的资金需求更大，因而环保成本对企业资金的挤占更容易对其投资决策造成负面影响。

"波特假说"为缓解或重新审视这种负面影响提供了新的思路。以源头治理为目标的技术创新能够在解决污染问题的同时提高企业的竞争力，因而除了直接摒弃高污染、高能耗的产品外，通过技术创新来控制生产过程中的污染排放并创造"创新补偿"，是制造企业的最佳选择。然而现实情况更为复杂，产品和技术革新既需要大量的资金投入，也需要较长时间的研发过程；即使是产品或技术研发成功，制造企业也要经历相当长的经营过程才能从中获利。因此，对于污染成本较大的制造企业，如果环境规制不能为企业提供有效的创新方向或资金支持，巨大的环保压力与创新动力就难以达到平衡。与此同时，在长江经济带"生态优先，绿色发展"的大环境下，长江经济带中各城市承担着更重的生态环境保护职责，其环境规制设计必然优先考虑如何迅速达到生态环境改善的目标，并未充分考虑企业是否有能力在应对高额合规成本的同时，保持其创新活力。如若创新活动所产生的"补偿"并不能完全抵消环境规制给企业造成的超额成本，至少在短期内，环境规制的负面作用可能相对更大。

此外自 2007 年起，随着《环境信息公开办法（试行）》（国家环保总局令第 35 号）《关于加强上市公司环境保护监督管理工作的指导意见》《上海证券交易所上市公司环境信息披露指引》等文件的发布，政府相关部门强调了上市企业在履行环境保护工作上的责任和带头作用，也表明上市企业的生产经营活动将受到更高强度的环境监管。对于制造企业，严苛的信息披露机制无疑是雪上加霜，迫使企业在污染控制上耗费更多的精力和资源。根据以上分析，本书认为长江经济带现阶段的环境规制对制造企业创新投入可能存在抑制作用，并提出以下假设：

H1：在长江经济带，环境规制对制造业企业创新投入存在负面作用。

6.2 研究设计

6.2.1 模型的设定

本章利用多元回归计量模型检验环境规制对制造业上市企业创新投入的影响，为了控制其他因素对企业创新投入的影响，在模型中引入多个控制变量，建立如下模型，用于验证假设 H1：

$$\mathrm{RD}_{it} = \alpha_0 + \beta_1 \mathrm{ER}_{it} + \gamma_1 \mathrm{Control}_{it} + \varepsilon \qquad (6.1)$$

其中，RD_{it} 为企业创新投入，ER_{it} 为环境规制，$\mathrm{Control}_{it}$ 为控制变量集；α_0 为截距项，β_1 为解释变量系数，γ_1 为控制变量系数，ε 为随机扰动项。模型（6.1）中，若系数 β_1 为负，代表企业所处地区的环境规制抑制了企业的创新投入水平。

6.2.2 指标与数据说明

6.2.2.1 被解释变量：企业创新投入（RD）

本书选择将企业研发（R&D）资金投入占营业收入的比值作为企业创

新投入水平的衡量指标，该比例越大，表明企业的创新投入水平越高。企业创新涵盖了投入与产出两个方面。基于本书的研究目标，本书选择从创新投入的角度来研究企业创新出于两点考虑：一是本书的理论分析框架是基于企业现金流与研发投资决策模型提出的；二是从数据本身来看，长江经济带的制造业上市企业中，专利数据完整的企业数量非常少，为了保证研究样本数量充足，本书暂不探讨企业创新产出所受的影响。

6.2.2.2　解释变量：环境规制（ER）

本书在第 4 章中计算了长江经济带内各个城市的环境规制 ER_{ct}。本章将按照上市企业办公所在地址对应的城市，匹配每家上市企业当年的环境规制水平 ER_{it}，得到完整面板数据。

6.2.2.3　控制变量

本书在理论分析框架中，并未充分考虑其他影响企业创新投入决策的内部因素。然而，在现实的经营过程中，企业的研发投入水平会受到企业特征、财务状况和治理结构等诸多因素的影响。为保证实证模型的有效性，本书参考现有文献，在模型中纳入了以下控制变量：

企业创新投入滞后项（LRD）：企业的创新活动通常具有一定的持续性，因此企业当年的研发投入通常与前一年的研发投入水平高度相关，因此本书引入被解释变量创新投入 RD 的一阶滞后项 LRD，构建动态面板模型。

企业规模（SIZE）：关于企业规模对创新投入的影响存在不同的观点，一方面，由于创新活动需要大量的资金投入，且风险巨大，而大规模企业资金充足，抗风险能力更强，也通常比中小企业更容易获取贷款，因此更愿意进行创新活动（Lall，1992[315]）；另一方面，小型企业更容易克服组织惰性，在非资本密集型的行业中，具有更大的创新优势（鲁桐、党印，2014[316]）。

现金持有（CASH）：由于创新活动需要大量的初始资金投入以及长期稳定的资金支持，而研发项目本身不具备充足的抵押价值，现有研究也表明，企业的内部现金储备是支撑研发投资的关键因素，因此现金持有对研发投入具有资金供给作用（袁东任和汪炜，2015[317]）。企业当年的研发投入决策通常受年初现金持有量的影响，因此本书选择每年年初现金持有水平，即上一年年末现金及等价物余额与年末总资产的比值，来衡量企业的现金持有水平。

财务杠杆（LEV）：本书选用资产负债率来衡量企业的财务杠杆。若企业资产负债率过高，债权人出于维护自身利益的角度，会在一定程度上限制管理者对资金的使用，因此会限制企业的创新投入；同时，研发项目可能使企业的短期账面收益下降，在短期盈余目标的压力下，企业管理者通常会减少研发活动，避免损失风险（黄国良、董飞，2010[318]）。因此，企业财务杠杆越高，其创新投入水平可能会相对更低（Ogawa，2007[319]）。

盈利能力（LROA）：总资产利润率反映了企业的盈利能力，企业的利润率越高，则越能够为研发项目提供充足的内源融资保障。然而，盈利能力对企业研发投入的作用通常具有滞后性：企业当期盈利能力的提高，使下一期可用于研发的资金增加，因此本书采用企业总资产利润率的一阶滞后项 LROA 来反映企业盈利能力。

高管薪酬水平（SAL）：由于创新活动具有高风险、高回报的特性，为了提升企业价值，股东通常更愿意进行创新投入。然而研发项目的巨大风险迫使企业管理者出于风险规避的目的，在投资决策上与股东产生冲突。根据委托代理理论，合理的货币薪酬激励能将高管利益与公司价值捆绑起来，降低股东与高管之间的委托代理问题，增加高管进行创新投入的意愿（Zhou 等，2020[320]）。

高管股权激励（MRS）：与货币薪酬激励相比，股权激励更倾向于将企业的长期绩效与高管利益绑定，促使高管更多地关注企业的长远发展。而研发项目通常更有助于企业的长期发展，因此股权激励有利于促进企业创新投入。然而，当高管股权激励的份额超过一定水平时，高管将对企业拥有足够的控制权，企业业绩对高管的约束能力也将逐渐下降，此时，股权激励的效果可能逐步减弱（陈修德 等，2015[321]）。

产权性质（STATE）：基于委托代理理论，国有企业通常由于控制权的授权链条相对较长，导致委托代理问题严重，高管为保障自身利益，会选择规避高风险投资，因此通常国有企业的创新投入动力比非国有企业更小（Lin 等，2010[322]）。

董事会规模（BOARD）：董事会规模的大小直接影响了董事会的权力结构，当董事会规模增大时，董事们对企业决策的分歧就可能越大，决策过程变慢，决策效率降低（Judge 和 Zenithal，1992[323]）。因此，通常董事会规模越小，越有利于企业进行创新活动。

独立董事占比（INDIR）：根据独立董事的职责定义，独立董事不在公司担任其他职务，因此独立董事的决定不易受到非客观因素的影响。Pearce 和 Zahra（1991）的研究发现，独立董事的加入有助于企业发掘新的投资机会[324]。

二职合一（DUAL）：若董事长与 CEO 两职由一人兼任，则企业的决策权由一人掌控，此时企业的决策效率很高，能够快速地对外界变化做出反应（Boyd，1994[325]）；但二职合一也可能不利于监管，造成更高的道德风险（鲁桐、党印，2014[216]）。以上所有变量的定义及具体计算方法如表6.1 所示。

表 6.1 变量定义及概述

变量性质	符号	变量名称	变量定义及单位
被解释变量	RD	企业创新投入	研发投入总额/营业收入总额/%
解释变量	ER	环境规制	企业办公所在城市环境规制水平
控制变量	LRD	创新投入滞后项	企业上一年创新投入水平/%
	SIZE	企业规模	年末总资产的自然对数
	CASH	现金持有	年初现金及等价物余额/年初总资产
	LEV	财务杠杆	资产负债率=年末总负债/年末总资产
	LROA	盈利能力	总资产利润率=净利润/年末总资产（均为上一年的数据）
	SAL	高管薪酬水平	前三名高管薪酬的自然对数
	MRS	高管股权激励	高管持股/当年股本总数
	STATE	产权性质	虚拟变量，国有企业取值1，非国有企业取值0
	BOARD	董事会规模	董事会人数的自然对数
	INDIR	独立董事占比	独立董事人数/董事会人数
	DUAL	二职合一	虚拟变量，董事长与总经理为同一人则取值1，否则取值0
	YEAR	年份虚拟变量	年份虚拟变量

数据说明：本章以位于长江经济带内 107 个城市的 A 股上市企业中的制造业企业为主要研究对象，以位于其他两个经济圈的 A 股上市制造业企业为作对比参照，选取 2012—2021 年的面板数据，剔除财务状况异常的 ST 公司样本以及数据缺失严重或数据异常的样本，最终获得观测样本数量

分别为：长江经济带 6 340 个，成渝 589 个，长江中游 910 个、长三角 4 151 个，珠三角 2 500 个，京津冀 1 465 个。为了控制离群值对估计结果的影响，本节对所有连续变量在 1% 和 99% 分位数进行了 winsorize 缩尾处理。

本章所用所有企业数据来源于国泰安 CSMAR 经济数据库，根据上市公司注册地址，确定企业所在城市并编号，匹配所处城市的环境规制指标。长江经济带地级市、珠三角经济圈及京津冀经济圈环保财政投入和污染物排放量数据来源于《中国城市统计年鉴》《中国环境年鉴》、中经网、各个城市群统计年鉴以及各城市统计年鉴及政府网站公布的财政决算数据，部分未公开的统计数据通过向各城市统计局或生态环境局申请信息公开的方式获取，剩余缺失的城市数据使用插值法补齐。

6.3 环境规制对制造企业创新投入影响的总体检验

6.3.1 回归方法的选择

如果模型存在多重共线性问题，那么可能导致 t 检验不显著或系数估计值发生变化，因此在回归前我们需要检验回归方程的多重共线性。首先，我们利用方差膨胀因子（variance inflation factor，记为 VIF）进行检验，长江经济带以及京津冀和珠三角两个经济圈的样本中单个自变量的 VIF 值均小于 10，均值低于 1.5，证明回归方程中不存在严重的多重共线性。

然而，由于研发投入与企业现金持有、经营绩效等因素存在的双向关系，以及多个控制变量的加入，模型可能存在内生性问题。同时，由于不同上市企业的规模差异较大，因此我们需对模型进行异方差检验，根据豪斯曼检验结果（Prob>chi2 = 0.000 0），不拒绝模型存在异方差的可能。在内生性与异方差的影响下，传统的最小二乘法的估计结果是有偏的。GMM（Generalized method of moments）估计方法，即广义矩估计方法，因其允许随机误差项存在异方差和序列相关，在模型估计中被广泛使用（Arellano 和 Bond，1991[326]；Arellano 和 Bover，1995[327]）。GMM 估计方法通过对原模型进行一阶差分变换，以及使用内生变量的滞后变量作为工具变量等方式，可以有效降低内生性问题对模型估计带来的影响；同时，通过差分变换，GMM 估计方法消除了固定效应的影响（Roodman，2009[328]），因而可以控制未观察到的个体效应以及不随时间变换的行业、区域等固定效应。GMM 估计方法包括差分 GMM 方法、水平 GMM 和方法系统 GMM 方法，其中系统 GMM 估计方法结合了差分 GMM 方法和水平 GMM 方法（Blundell 和 Bond, 1998[329]），因而更为有效。系统 GMM 估计方法分为一步法和两步法，两步法所得标准误差为稳健的标准误差，可以有效规避异方差问题对模型估计结果的影响。因此，本书将使用两步系统 GMM 估计方法对模型进行估计。

6.3.2 描述性统计结果

表 6.2 和表 6.3 分别列出了长江经济带、珠三角和京津冀经济圈区域内制造业上市企业主要指标的描述性统计结果（该结果为缩尾处理后的结果）。

表 6.2 长江经济带描述性统计结果

变量	观测量	均值	标准差	最小值	最大值
RD	6 340	0.048	0.039	0.000 02	0.263
ER	6 340	1.544	0.159	1.231	2.076
SIZE	6 340	21.998	1.111	19.753	25.685
CASH	6 340	0.056	0.061	−0.136	0.23
LEV	6 340	0.366	0.177	0.05	0.891
LROA	6 340	0.053	0.055	−0.26	0.207
SAL	6 340	14.58	0.639	13.042	16.558
MRS	6 340	17.875	20.895	0	72.353
STATE	6 340	0.243	0.429	0	1
BOARD	6 340	2.109	0.183	1.609	2.565
INDIR	6 340	37.547	5.507	14.29	80
DUAL	6 340	0.334	0.472	0	1

表 6.3a 五大经济圈描述性统计结果

经济圈	成渝			长江中游			长三角		
变量	观测量	均值	标准差	观测量	均值	标准差	观测量	均值	标准差
RD	589	0.044	0.041	910	0.054	0.046	4 151	0.048	0.037
ER	589	1.63	0.125	910	1.623	0.176	4 151	1.492	0.125

表6.3a(续)

经济圈	成渝			长江中游			长三角		
变量	观测量	均值	标准差	观测量	均值	标准差	观测量	均值	标准差
SIZE	589	22.268	1.251	910	22.049	1.143	4 151	21.921	1.073
CASH	589	0.052	0.059	910	0.049	0.062	4 151	0.057	0.061
LEV	589	0.382	0.197	910	0.382	0.184	4 151	0.361	0.172
LROA	589	0.051	0.059	910	0.045	0.053	4 151	0.054	0.053
SAL	589	14.603	0.625	910	14.455	0.694	4 151	14.611	0.624
MRS	589	17.437	21.233	910	13.717	18.529	4 151	19.419	21.34
STATE	589	0.316	0.465	910	0.395	0.489	4 151	0.184	0.388
BOARD	589	2.157	0.18	910	2.125	0.2	4 151	2.093	0.179
INDIR	589	36.638	5.341	910	37.726	5.694	4 151	37.582	5.413
DUAL	589	0.239	0.427	910	0.251	0.434	4 151	0.368	0.482

表 6.3b 五大经济圈描述性统计结果

经济圈	珠三角			京津冀		
变量	观测量	均值	标准差	观测量	均值	标准差
RD	2 500	0.058	0.042	1 465	0.062	0.055
ER	2 500	1.645	0.196	1 465	1.78	0.162
SIZE	2 500	21.951	1.153	1 465	22.31	1.341
CASH	2 500	0.053	0.069	1 465	0.039	0.064
LEV	2 500	0.395	0.179	1 465	0.382	0.208
LROA	2 500	0.045	0.066	1 465	0.041	0.064
SAL	2 500	14.813	0.691	1 465	14.608	0.7
MRS	2 500	9.752	14.541	1 465	5.973	11.397
STATE	2 500	0.155	0.362	1 465	0.445	0.497
BOARD	2 500	2.062	0.2	1 465	2.131	0.191
INDIR	2 500	38.717	5.648	1 465	37.483	5.303
DUAL	2 500	0.441	0.497	1 465	0.246	0.431

结果显示，在剔除极端离群值后，长江经济带制造业上市企业的平均研发投入占营业总收入的 4.7%，其中，成渝城市群 4.4%、长江中游城市群 5.4%、长三角 4.8%；与位于其他经济圈的企业相比（珠三角 5.8%，京津冀 6.2%），长江经济带制造业上市企业的研发投入相对不足。此外，长江经济带的企业研发投入水平极差较大，研发投入比例最高的企业达到 26.3%，而最低仅 0.002%，区域内企业间的创新投入水平的差距十分明显。此外，成渝城市群内制造业上市企业的研发投入信息披露水平也落后于其他经济圈的上市企业。在数据处理过程中，其他经济圈的上市企业研发数据均较为完整，而成渝城市群有一百多个样本的研发数据缺失，占到数据总量的 10% 以上。此外，环境规制（ER）为城市数据，此处描述性统计结果不能代表各经济圈内环境规制的平均水平，各城市的环境规制现状已在第 4 章中进行了详细分析。在控制变量中，存在明显差异的是高管股权激励以及企业产权性质。长江经济带的高管股权激励（17.87%）明显高于珠三角（9.75%）与京津冀（5.97%）城市群，但高管股权激励不是越高越好，一定程度的股权激励可以促进企业研发投入，随着股权激励提高，高管业绩压力越小，研发投入可能降低。长江经济带制造业上市企业中有 24.3% 为国有企业，长江经济带内成渝城市群国有企业占比为 31.6%，长江中游城市群国有企业占比 39.5%，长三角国有企业占比 18.4%，而京津冀的样本企业中国企比例高达 44.5%，长三角、珠三角经济圈的样本企业中的国企比例分别仅为 15.5%。长江经济带的制造业上市企业中董事长占比约有 37.54%，总经理两职兼任的情况约 33.4%，比珠三角略低一点。

6.3.3 实证检验结果分析

模型 6.1 的检验结果如表 6.4 所示。由表 6.4 的结果可知，长江经济带环境规制（ER）的回归系数在 5% 的显著水平上显著为负（−0.010 3，$p<0.05$）。同时，长江经济带三大城市群也呈现出负相关关系，其中成渝地区双城经济圈的负相关系数更大也更显著。而珠三角和京津冀经济圈内各城市的环境规制与制造业上市企业研发投入之间均存在显著的正相关关系，证明在这两个经济圈中，环境规制对制造企业创新投入的积极作用得到实现。换言之，珠三角城市群与京津冀经济圈内的环境规制设计可能相对更加合理，有效地发挥了其创新促进作用。根据本书的理论分析，在长

江经济带内，环境规制表现出了对制造企业创新投入的抑制作用，可能存在两方面的问题：一是环境规制未能提供有效的创新方向和技术支持，因此未能刺激制造企业创新意愿的提高；二是相关政策和补贴未能实质降低企业的生产成本和融资成本，在创新意愿引导不足的情况下，过于严苛的污染管控措施导致企业的合规成本大幅提升，挤占了企业可用于研发投入的资金，未能有效巩固企业创新活动所需的资金保障。

结合现实情况看，其他两个经济圈的环境规制更有助于促进"创新补偿"的产生，企业的创新意愿和资金均得到了充足的保障。以珠三角地区为例，其环境规制设计一直敢于开拓创新，在实施严格的环保监督制度的同时，也注重了末端治理与源头控制的并行，污染管控和经济刺激双管齐下。例如，在环境监管方面，广东省 2021 年出台的《广东省涉 VOCs 重点行业治理指引》对各重点行业从源头削减、过程控制、末端治理和环境管理等层面，针对生产过程中的每一个环节，提出了十分具体的控制要求，在严格管控挥发性有机物排放的同时，也为企业的生产技术改进提供了清晰的方向。在经济刺激方面，广东省实施的环境违法黑名单制度，对违规企业的环保补助、贷款额度等都实施了严格的限制，倒逼企业对生产技术进行整改。同时，珠三角地区在环境治理基础设施建设和环保设施设备共享方面都卓有成效，在促进生态环境改善的同时，也为企业节省了环境治理的成本。此外，一个地区环保产业的发展状况也从侧面反映出该地区的环境规制的政策支持和投资导向的作用。根据 2021 年中国环保产业状况报告，环保产业营业收入排名前 5 位的省市依次为广东省、北京市、湖北省、浙江省、山东省，合计占比为 63.4%。其中，广东省、北京市营业收入均超过 3 300 亿元；从环保业务营业收入来看，排名前 5 位的省市为广东省、北京市、浙江省、江苏省、山东省，合计占比为 59.1%，其中广东省、北京市环保业务营业收入均超过 1 600 亿元；我们可以看出广东省和北京市的环保产业发展情况较好。环保产业的良好发展也能为当地制造企业污染治理提供有效的技术支持，在一定程度上减轻企业的污染治理压力。

表 6.4　模型（6.1）SYS-GMM 检验结果

经济圈	长江经济带	成渝	长江中游	长三角	珠三角	京津冀
模型	(6.1)	(6.1)	(6.1)	(6.1)	(6.1)	(6.1)
变量	RD	RD	RD	RD	RD	RD
ER	−0.010 3**	−0.036 3***	−0.012 3**	−0.011 7*	0.010 4**	0.005 34*
	(−2.11)	(−10.92)	(−1.96)	(−1.89)	(2.03)	(1.81)
LRD	0.814***	0.605***	0.729***	0.833***	0.906***	0.763***
	(20.07)	(27.83)	(23.55)	(19.71)	(46.14)	(31.71)
SIZE	−0.002 16	−0.003 54***	−0.001 82	0.001 93	−0.004 37***	−0.006 52***
	(−1.64)	(−3.86)	(−0.78)	(1.34)	(−3.82)	(−5.99)
CASH	−0.090 2***	−0.019 6***	−0.000 139	−0.055 5*	−0.028 5*	−0.020 0***
	(−3.06)	(−4.18)	(−0.00)	(−1.83)	(−1.92)	(−3.17)
LEV	−0.029 1***	0.002 53	−0.029 3**	−0.029 1***	−0.008 99	0.001 35
	(−3.35)	(0.85)	(−2.07)	(−3.63)	(−1.52)	(0.32)
LROA	0.034 2	−0.006 71	0.016 6	0.015 6	−0.009 67	0.035 2***
	(1.53)	(−1.47)	(0.64)	(0.64)	(−0.63)	(5.18)
SAL	0.008 09***	0.012 0***	0.002 71	0.005 87**	−0.000 442	0.002 41
	(3.10)	(10.56)	(0.83)	(2.29)	(−0.18)	(1.01)
MRS	−0.000 289	0.000 643	0.001 74	0.000 629	0.000 856***	−0.000 145
	(−0.32)	(1.05)	(1.36)	(0.76)	(4.39)	(−1.49)
STATE	0.004 38	−0.012 2***	0.010 4**	−0.003 80	0.014 3***	0.002 99*
	(1.11)	(−4.29)	(2.41)	(−1.04)	(4.13)	(1.70)
BOARD	0.001 07	0.028 2***	−0.010 4	0.001 41	0.002 70	0.002 39
	(0.12)	(6.30)	(−0.97)	(0.15)	(0.27)	(0.54)
INDIR	0.000 030 4	0.001 18***	−0.000 477	−0.000 185	−0.055 0	−0.008 57
	(0.17)	(14.80)	(−1.37)	(−0.64)	(−0.17)	(−0.90)
DUAL	0.003 43**	−0.000 877	0.005 43	0.002 34	−0.011 2***	−0.001 17
	(2.39)	(−1.09)	(1.50)	(1.02)	(−2.80)	(−0.63)
constant	−0.036 6	−0.122***	0.078 6	−0.086 0*	0.087 1*	0.114***
	(−0.79)	(−4.62)	(1.33)	(−1.84)	(1.86)	(4.15)
year	YES	YES	YES	YES	YES	YES
observations	6 340	589	910	4 151	1 465	2 500
AR (2)	0.193	0.795	0.353	0.229	0.784	0.881
hansen	0.168	0.456	0.651	0.370	0.199	0.644

注：（1）***、**和*分别表示在 1%、5% 和 10% 水平上显著。

（2）括号内的值为标准误差。

（3）AR（2）为 Arellano-Bond 的二阶自相关检验方法的检验结果，其原假设是一阶差分方程的扰动项中不存在二阶序列相关；hansen 为过度识别约束检验对工具变量有效性的检验结果，其原假设为所有工具变量都是外生的；二者输出结果均为 p 值，二者 p 值需同时大于 0.1，不拒绝原假设，不存在二阶序列相关且所有工具变量都是外生的。

表 6.4 中控制变量的回归结果也有其现实意义。首先，在长江经济带以及两个经济圈中，前一期研发投入水平（LRD）对当期研发投入均会产生显著的积极作用，证明企业的研发投入水平与前期的研发活动密切相关。企业绩效和现金持有等因素在一定程度上决定了企业可用于研发活动的资金，而企业研发活动的产出对下一期的成本、利润等产生影响，有效地创新产出能够提高企业绩效，增加企业可继续用于研发的资金，最终形成一个良性循环。

在长三角地区，企业规模（SIZE）对研发投入没有显著的相关关系。在其他地区，研发投入与企业规模呈负相关关系，证明在这一区域内小规模企业更容易克服创新惰性，积极进行创新活动。说明近年各地区的制造业产业链条发展得更加完整，同时随着电商与网红经济的快速发展，也为小规模企业的发展提供了更多的便利和更好的环境。

在成渝地区双城经济圈以及珠三角、京津冀经济圈中，财务杠杆（LEV）对企业研发投入的作用不显著；而在长江经济带全体样本以及长江中游和长三角城市群，资产负债率对研发投入有着负面影响，即较高的资产负债率对企业造成的资金压力限制了企业的创新活动。

在珠三角经济圈中，盈利能力（LROA）的回归结果也与预期相符，即上一年的总资产回报率越高，证明企业盈利能力越好，为研发活动提供了充足的内源融资来源，因此企业的研发投入水平会有所提高。

在长江经济带的企业中，高管薪酬水平（SAL）对企业研发投入呈现出显著的激励作用，证明货币薪酬激励促使管理者进行创新投入。同时，高管股权激励（MRS）也对企业研发投入的促进作用在珠三角经济圈十分显著。

在长江上游的成渝地区双城经济圈中企业的国有性质（STATE）对研发投入产生了负面影响，即国企由于授权链条相对较长，更容易引发委托代理问题，因此管理者的研发投入意愿相对较低。令人意外的是，在长江中游、珠三角和京津冀，企业的国企性质反而有利于研发投入水平的提高。我们通过进一步研究发现，虽然在过去的很长一段时间，国有企业倾向于"规模化""集团化"发展，不断积极地进行企业扩张，而忽视了企业创新（狄灵瑜、步丹璐，2021[330]），造成了国有企业研发动力不足的现象。但在推行科技强国战略以后，国有企业所承担的政治任务促使其率先响应自主创新的政策，并更易获得资金支持。根据这一推论，说明长江经济带部分地区的国有企业创新激励制度仍有所欠缺，未能刺激国有企业有效地承担起自主创新的重要责任。

此外，在成渝地区双城经济圈内独立董事发挥了预期的监管作用，不同的是，在长江经济带总体样本中，独立董事的数量增加并没有为企业创新带来预期的激励作用。

在长江经济带总体样本中，董事长与总经理二职合一（DUAL）提高了决策效率，促进了企业的研发投入。而在珠三角地区，二职合一的道德风险问题抑制了企业的研发投入。

6.3.4　稳健性检验

现有文献中常有替换核心解释变量进行稳健性检验的做法，因此本书在保留其他变量不变的基础上，改变环境规制的度量方式后对模型 6.1 进行稳健性检验。

解释变量：环境规制（ER2）。本书借鉴了陈诗一等（2018）[59]的研究方法，通过对历年各省（自治区、直辖市）政府工作报告进行细致的分析，重点聚焦于"环境保护"相关核心词汇的提及频次，构建了地级市政府环境规制执行强度的指标。其中，与环境相关词汇不仅涵盖了广义的"环境保护""环保"，还精确到了"污染"控制、"能耗"降低、"减排"措施、"排污"治理，以及"生态"保护、"绿色"发展、"低碳"经济等多维度概念，同时纳入了诸如"空气"质量、"化学需氧量"（COD）、"二氧化硫"（SO_2）、"二氧化碳"（CO_2）、颗粒物"PM10"与"PM2.5"等具体污染物指标，全面衡量了政策文本中对环境问题的重视范围与深度。

每年年初，伴随着"两会"的召开，各级政府向社会各界汇报过去一年的工作绩效并展望未来规划，这不仅是一个回顾与前瞻的仪式，更是政府公开承诺与接受监督的重要环节。而经济活动作为持续全年、无时不在的社会进程，其与环境政策的互动在时间序列上自然展开，有效避免了研究中常见的"反向因果"问题，即环境政策的制定不是出于对已发生环境变化的被动反应，而是基于前瞻性考量的主动布局。如此，政府工作报告成为了一面镜子，映照出政府对环境保护的前瞻性思维与战略定位。同时，政府工作报告不仅是对过去一年工作的总结，更是对未来一年乃至更长远规划的蓝图设计，它凝聚了社会各界的期待与政府的施政方向。在这样的背景下，报告中对环境保护议题的强调程度，直接体现了政府对环境治理的重视程度和实际推行环境政策的决心；通过抓取报告中的每一条环保政策、每一项环境目标，我们可以勾勒出政府环境治理策略的全貌，有效评估其环境政策的连贯性、创新性和执行力。

检验结果（见表6.5）与前文的检验结果基本一致，即在长江经济带，环境规制对制造企业创新投入起到了负面作用；而长江经济带内三大经济圈的结论也与基准回归一致；在珠三角和京津冀经济圈内，环境规制对制造企业创新投入起到激励作用，控制变量的回归结果也基本一致。

表 6.5　模型（6.1）稳健性检验结果

经济圈	长江经济带	成渝	长江中游	长三角	珠三角	京津冀
模型	（6.1）	（6.1）	（6.1）	（6.1）	（6.1）	（6.1）
变量	RD	RD	RD	RD	RD	RD
ER2	−1.190*	−1.570***	−0.890***	−0.502*	0.721**	5.118**
	（−1.81）	（−2.99）	（−3.48）	（−1.92）	（2.07）	（2.12）
LRD	0.826***	0.928***	0.883***	0.868***	0.760***	0.756***
	（23.81）	（42.25）	（34.17）	（36.08）	（26.80）	（9.57）
SIZE	0.000442	0.000414	−0.00615***	−0.00159*	−0.00668***	−0.00816***
	（0.33）	（0.30）	（−5.37）	（−1.69）	（−5.72）	（−3.17）
CASH	−0.0127	−0.0239	−0.0301***	0.00394	−0.0159**	−0.0278*
	（−0.47）	（−0.87）	（−3.19）	（0.77）	（−2.34）	（−1.83）
LEV	−0.0278***	−0.0113	−0.0256***	−0.00742	0.00233	−0.00260
	（−4.00）	（−1.19）	（−4.03）	（−1.55）	（0.55）	（−0.19）
LROA	0.0134	0.00959	0.0456***	0.0191**	0.0339***	0.0237
	（0.69）	（0.54）	（4.50）	（2.31）	（5.03）	（1.30）
SAL	0.00621***	0.00530**	0.000413	0.00278*	0.00534*	−0.00300
	（2.84）	（2.46）	（0.23）	（1.74）	（1.84）	（−0.98）
MRS	0.000152	−0.000444	−0.00248***	−0.000256	−0.00106	0.0102**
	（0.19）	（−0.55）	（−3.21）	（−0.58）	（−1.04）	（2.41）
STATE	−0.00374	−0.00517	0.000955	0.00114	0.00268	0.0220***
	（−1.11）	（−1.26）	（0.20）	（0.60）	（1.54）	（2.90）
BOARD	−0.00131	0.0176***	0.0100**	−0.00450	−0.00207	−0.0101
	（−0.18）	（2.70）	（1.96）	（−0.92）	（−0.41）	（−0.91）
INDIR	−0.000463*	−0.000222	−0.000254*	−0.000188	−0.000243**	−0.000217
	（−1.74）	（−0.84）	（−1.71）	（−1.40）	（−2.32）	（−0.76）
DUAL	0.00289	0.00556*	−0.00239	0.00186	−0.000342	−0.0113**
	（1.46）	（1.92）	（−0.60）	（1.45）	（−0.17）	（−2.20）

表6.5(续)

经济圈	长江经济带	成渝	长江中游	长三角	珠三角	京津冀
模型	(6.1)	(6.1)	(6.1)	(6.1)	(6.1)	(6.1)
变量	RD	RD	RD	RD	RD	RD
constant	-0.053 3	-0.098 1***	0.141***	0.023 2	0.091 7***	0.247***
	(-1.29)	(-2.85)	(4.74)	(0.85)	(3.21)	(3.46)
year	YES	YES	YES	YES	YES	YES
observations	6 340	589	910	4 151	2 500	1 465
AR（2）	0.402	0.989	0.288	0.174	0.867	0.835
hansen	0.163	0.617	0.609	0.147	0.601	0.749

注：(1) ***、**和*分别表示在1%、5%和10%水平上显著。

(2) 括号内的值为标准误差。

(3) AR（2）为扰动项的二阶自相关检验结果，hansen为工具变量外生性的检验结果；二者输出结果均为 p 值。

6.4 环境规制对制造企业创新投入影响的原因解析

6.4.1 环境规制对制造业企业创新投入影响的异质性检验

考虑到环境规制对不同类型的企业创新投入的作用存在差异，为了剖析长江经济带的环境规制对企业创新投入产生负面影响的原因，本节设置以下分类变量，并通过分组检验的方式来检验环境规制对制造企业创新投入影响的异质性。

（1）根据企业产权性质，将其分为国有企业组和非国有企业组，STATE＝1为国有企业组，STATE＝0为非国有企业组；

（2）构建虚拟变量Size 1，根据企业规模的均值，企业规模高于行业均值的为大规模组（Size 1＝1），企业规模低于行业均值的为小规模组（Size1＝0）；

（3）构建虚拟变量Cash1，根据企业现金持有的均值，期末现金即等价物余额与总资产比值高于行业均值的分为高现金持有组（Cash1＝1），现金持有比例低于行业均值的分为低现金持有组（Cash1＝0）；

表6.6列出了模型6.1基于企业产权性质、企业规模和企业现金持有水平的分组检验结果。其中，环境规制对长江经济带的国有制造业企业的创新投入没有显著抑制作用，而对非国有制造业企业研发投入的作用是消

极的。国有企业的政策环境通常比非国有企业更好：一是国有企业通常比非国有企业更容易受到利好政策的青睐，更容易获取环保补贴、技术支持等政策优惠；二是虽然近年来民营企业的地位逐步攀升，但相对而言，国有企业还是更容易获得投资者信赖，当环境规制发挥投资导向作用时，其对国有企业的积极作用更强。因此，当长江经济带的环境规制对企业创新投入整体上起到抑制作用时，其在国有企业中反而呈现出积极的作用。这与长江经济带中制造企业的国有性质对企业创新投入产生了负面作用这一结论有着不同的含义，国有企业本身由于委托代理问题，可能总体来看创新投入水平不如非国有企业，但环境规制的作用在国有企业中起到了更好的正面作用，这与国有企业优越的政策环境相关。此外，在非国有企业中，高管货币薪酬和股权薪酬的激励对创新投入的促进作用要高于国有企业。究其原因，非国有企业高管的业绩通常与企业收益的关联更为紧密，为了保证稳定的经营业绩，高管通常会选择低风险的投资项目，而更高的现金薪酬激励更能减少高管的风险规避行为，从而增加对风险高、回报期长的研发项目的投资。

环境规制对不同规模企业的创新投入的影响也存在异质性。环境规制对长江经济带的小规模企业（相对于行业平均企业规模而言，而非绝对的小规模企业）产生了更强的抑制作用，而对大规模制造业上市企业的研发投入没有明显的影响。大规模企业对现有技术的依赖导致企业的创新意愿不高，因而大规模企业更容易出现"创新惰性"，而环境规制在此时发挥了克服"创新惰性"的作用。此外，虽然近年来对中小企业融资的支持力度正在逐步提高，但小规模企业获取贷款的能力和渠道仍然是不足的，而大规模企业的信用通常较好，议价能力更强，更易获取贷款，因此当环境规制导致企业可用于创新投入的资金受到挤占时，规模相对较大的企业更容易通过外源融资为企业的创新活动筹措足够的资金，抵消了其负面作用。

此外，环境规制对不同现金持有水平的企业造成的影响也存在异质性。环境规制对长江经济带的低现金持有企业（相对于行业平均现金持有水平而言）产生了更强的抑制作用（-1.907，$p<0.01$）。企业的现金持有水平高，表明企业可用于投资的资金越充足，根据投资-现金流敏感模型，企业的融资约束越高，企业的投资行为对现金流的敏感程度就越高。因此，当企业受到环境规制的负面影响时，其较高的现金持有水平可以保证企业仍有相对充足的资金用于研发活动，从而部分抵消环境规制给企业创新投入带来的抑制作用。

表6.6 模型（6.1）异质性检验结果

企业类别	国有企业 State = 1	非国有企业 State = 0	大规模企业 Size1 = 1	小规模企业 Size1 = 0	高现金持有 Cash1 = 1	低现金持有 Cash1 = 0
模型	(6.1)	(6.1)	(6.1)	(6.1)	(6.1)	(6.1)
变量	RD	RD	RD	RD	RD	RD
ER	−0.017 2*	−0.010 1**	−0.011 3*	−0.002 55	−0.013 5**	−0.006 93
	(−1.92)	(−2.07)	(−1.80)	(−0.59)	(−2.45)	(−1.07)
LRD	0.826***	0.885***	0.742***	0.967***	0.786***	0.957***
	(22.51)	(23.99)	(15.16)	(33.72)	(25.06)	(29.33)
SIZE	−0.004 29*	0.000 996	−0.002 48	0.002 29	−0.003 92**	0.006 76***
	(−1.90)	(0.69)	(−1.12)	(1.57)	(−2.07)	(2.65)
CASH	0.002 28	−0.061 2**	−0.046 8	0.003 20	−0.083 7***	−0.005 88
	(0.09)	(−2.14)	(−1.42)	(0.14)	(−3.39)	(−0.28)
LEV	−0.007 12	−0.021 0***	−0.014 3	−0.016 6**	−0.002 95	−0.021 2**
	(−0.65)	(−3.00)	(−1.52)	(−2.30)	(−0.34)	(−2.14)
LROA	0.000 619	0.037 9*	0.055 7**	0.001 90	0.086 1***	0.017 9
	(0.02)	(1.77)	(2.51)	(0.09)	(3.97)	(0.67)
SAL	0.004 68*	0.003 81	0.007 55*	0.001 62	0.003 62	−0.001 14
	(1.78)	(1.61)	(1.90)	(0.89)	(1.39)	(−0.52)
MRS	−0.000 385	0.000 069 2	−0.000 084 2	0.000 109	−0.000 155	−0.000 027 9
	(−1.41)	(0.83)	(−0.97)	(1.05)	(−1.39)	(−0.23)
STATE			0.002 28	0.001 15	0.000 593	0.005 92***
			(0.48)	(0.48)	(0.20)	(2.59)
BOARD	−0.002 59	0.002 73	−0.014 5	0.015 8*	−0.001 37	−0.002 35
	(−0.34)	(0.31)	(−1.38)	(1.87)	(−0.17)	(−0.42)
INDIR	0.000 018 3	−0.000 028 7	−0.000 408	−0.000 176	−0.000 602**	−0.000 189
	(0.09)	(−0.07)	(−0.96)	(−0.69)	(−2.02)	(−0.92)
DUAL	0.001 39	0.003 81**	0.003 48	0.004 51**	0.001 78	0.001 80
	(0.81)	(2.28)	(1.31)	(2.00)	(1.13)	(0.98)
constant	0.075 6	−0.056 3	0.023 8	−0.087 1*	0.089 4*	−0.102
	(1.32)	(−1.23)	(0.32)	(−1.86)	(1.65)	(−1.63)
year	YES	YES	YES	YES	YES	YES
observations	1 538	4 802	3 434	2 900	4 716	1 624
AR（2）	0.269	0.219	0.383	0.579	0.160	0.723
hansen	0.266	0.319	0.125	0.482	0.152	0.347

注：（1）*** 、** 和 * 分别表示在1%、5%和10%水平上显著。

（2）括号内的值为标准误差。

（3）AR（2）为扰动项的二阶自相关检验结果，hansen为工具变量外生性的检验结果；二者输出结果均为 p 值。

6.4.2 进一步探讨：双重差分模型检验

6.4.2.1 双重差分基准回归

为了进一步解释长江经济带的环境规制对企业创新投入产生负面影响的原因，本书考虑利用双重差分法进行分析。由于《水污染防治行动计划》（简称"水十条"）和《大气污染防治行动计划》（简称"大气十条"）均在 2015 年前后颁布和实行，而这些政策的颁布给重污染制造企业带来了更大的环境治理压力，因此环境规制对企业创新投入的负面作用可能会超过其正面作用。具体而言，2013 年 9 月国务院发布的"大气十条"明确要求对钢铁、水泥、化工、石化、有色金属冶炼等重点行业进行清洁生产审核，实施清洁生产技术改造，此类要求会大大提高相关企业的环境治理成本和技术改造成本。而 2015 年 4 月开始实施的"水十条"则要求对十大重点行业进行专项整治，包括造纸、焦化、氮肥、有色金属、印染、农副食品加工、原料药制造、制革、农药、电镀等。"水十条"要求造纸行业完成纸浆无元素氯漂白改造或其他手段降低制浆污染，钢铁企业焦炉完成干熄焦技术改造，印染行业实施低排水染整工艺改造，制药行业实施绿色酶法生产技术改造，制革行业实施铬减量化和封闭循环利用技术改造等。这类技术改造要求虽然会提高部分行业特定工艺的研发投入，但纸浆无元素氯漂白改造、低排水染整工艺改造和封闭循环利用技术改造等，是行业内已经存在的工艺，在实际中这类技术的引进可能表现为生产成本或固定资产的增加而非研发投入的提高。这类特定类型的绿色技术改造，可能会引发"创新惰性"，企业可能会消极等待新技术的研发并直接引进新技术，以减少自主研发的风险，使环境规制未能达到促进企业技术创新的目的。同时，严苛的环保政策实施，会增加企业的污染治理费用，进一步提高生产成本，挤占创新投入可用的资金。因此，"大气十条"和"水十条"的发布为本书的样本分出了自然的实验组与对照组，2015 年之后，受到这两项制度严格管控的重污染行业中的企业，其创新投入更易受到环境规制的负面影响。

双重差分模型相比于仅按照政策实施与否设定虚拟变量的分组方法，可以在一定程度上排除部分不可观测因素对实证结果的影响，从而更加有效地评估政策实施的效果。本书对长江经济带内的制造业上市企业，按照其所处行业是否受到"大气十条"和"水十条"的管控，将样本分为对照组和实验组,排除了其他外部环境因素对实验组和对照组的影响。首先,构建虚拟变量 After,代表"大气十条"和"水十条"实施的前后时间段。"大气十条"于2013年9月底发布,这类制度实施后通常需要一段时间才会产生实质影响,而"水十条"于2015年发布,即从2015年开始,重污染企业将同时受两项行动计划的影响;同时,2015年起我国对生态环境建设的加快部署将促进行动计划的实施。因此本书以2015年为分界,2015年以前的样本对应 After=0,2015年及以后的样本对应 After=1。

根据企业所处行业是否受到各项"大气十条"和"水十条"的严格管控,构建虚拟变量 Policy,将长江经济带的样本企业分为重点治理行业组(Policy=1)和非重点治理行业组(Policy=0)。本书通过对比各项行动计划中的具体措施,对两位数制造业细分行业进行如下分类(如表6.7所示)。

表6.7　重点治理行业与非重点治理行业对应行业名称及代码

重点治理行业 Policy=1		非重点治理行业 Policy=0	
行业名称	行业代码	行业名称	行业代码
农副食品加工业	C13	食品制造业	C14
纺织业	C17	酒、饮料和精制茶制造业	C15
皮革、毛皮、羽毛及其制品和制鞋业	C19	烟草制品业	C16
造纸和纸制品业	C22	纺织服装、服饰业	C18
印刷和记录媒介复制业	C23	木材加工和木竹藤棕草制品业	C20
石油加工、炼焦和核燃料加工业	C25	家具制造业	C21
化学原料和化学制品制造业	C26	通用设备制造业	C34
医药制造业	C27	专用设备制造业	C35
化学纤维制造业	C28	汽车制造业	C36
橡胶和塑料制品业	C29	铁路船舶航空航天和其他运输设备制造业	C37
非金属矿物制品业	C30	电气机械和器材制造业	C38
黑色金属冶炼和压延加工业	C31	计算机、通信和其他电子设备制造业	C39
有色金属冶炼和压延加工业	C32	仪器仪表制造业	C40
金属制品业	C33	其他制造业	C41
		废弃资源综合利用业	C42
		金属制品、机械和设备修理业	C43

根据以上分组方式，2015 年以前且属于非重点治理行业的样本，即为对照组；2015 年以后且属于重点治理行业的样本，即为实验组。构建交乘项 Policy×After，用于检验《行动计划》实施前后实验组与对照组创新投入的差异。模型设定如下：

$$\text{RD}_{it} = \alpha_0 + \beta_1 \text{Policy}_{it} + \beta_2 \text{After}_{it} + \beta_3 \text{Policy}_{it} \times \text{After}_{it} + it_{it} \gamma_1 \text{Control}_{it} + \varepsilon$$

$$(6.2)$$

其中，RD_{it} 为企业技术创新投入，Control_{it} 为控制变量集；α_0 为截距项，Policy×After 为双重差分估计量，β_1 表示环境规制对创新投入的影响，γ_1 表示控制变量系数，ε 为随机扰动项。在模型 6.2 中，系数 β_3 若显著为正，则说明环境政策的实施提升了受政策影响企业的研发投入水平；系数 β_3 若显著为负，则说明环境政策的实施抑制了受政策影响企业的研发投入水平。

模型 6.2 的检验结果如表 6.8 所示。由结果可知，Policy×After 的系数 β_1 显著为负。由于"大气十条"和"水十条"中明确提出了对农副食品加工业、纺织业、造纸和纸制品业、印刷和记录媒介复制业、石油加工、炼焦和核燃料加工业、化学原料和化学制品制造业、医药制造业、化学纤维制造业、黑色金属冶炼和压延加工业、金属制品业等十多个行业较为严格的环境治理标准和要求，处于这些行业中的制造业上市企业承受了较高的污染治理和防控压力，这些企业的创新投入水平相对于未受管控时和未受管控的企业，会受到更严重的抑制作用。

这一结论进一步解释了长江经济带内各城市环境规制对企业创新投入产生负面作用的原因。环保补贴、押金返还等制度通常是提供于更环保的企业，而排污权交易制度的发展也对轻污染的企业更为有利，因而环境规制中的鼓励性措施主要在轻污染和环保型企业中得以发挥其积极作用；同时，环境规制中的限制性措施则主要体现在对重污染企业的排污管控，环保税、排污罚款也主要对污染物排放量较大的企业带来负担。因此，环境规制对处在不同类型行业中的企业存在不同的作用。《中华人民共和国环境保护法》的修订和"大气十条""水十条""土十条"等具体环境措施的陆续发布，以及各个地区政府为应对绿色发展的目标而制定的一系列环境治理措施，都会对重污染和轻污染企业产生不同的影响。对于这些环境规制中明确管控和限制的行业，其受到的"压力"必然远超"动力"。日益严苛的环保标准和日渐完善的排污处罚制度，都对处在这些行业中的企业带来了更高的污染治理和控制的成本。同时，随着社会对生态环境保护的重视程度日渐提高，环境规制的投资导向作用一直存在且逐渐加强。对于受到环境规制严格管控的企业，信贷配额可能会比未受到管控的企业更少，银行也更愿意将贷款发放给受到环境政策支持的企业。以长江上游的成渝地区双城经济圈为例，根据四川省和重庆市第二次污染源普查公报中公布的数据，工业源普查对象数量居前5位的地区有：广东55.48万个，浙江43.18万个，江苏25.56万个，山东16.62万个，河北14.27万个。上述5个地区合计占工业源普查对象总数的62.61%。工业源普查对象数量居前3位的行业：金属制品业31.19万个，非金属矿物制品业23.08万个，通用设备制造业22.68万个。上述3个行业合计占工业源普查对象总数的31.06%，均为制造业。全国污染源的数量，特别是工业污染源的数量基本上呈现由东向西逐步减少的分布态势。从行业来说，金属制品业、非金属矿物制品业、通用设备制造业、橡胶和塑料制品业、纺织服装服饰业等五个行业占到全国工业污染源总数的44.14%。其中，非金属矿物制品业、金属制品业及农副食品加工业都属于"大气十条"和"水十条"重点管控的企业，由于这类企业在长江经济带的制造企业中占据相当大的比重，而环境规制给这类企业带来了高额的环境成本，抑制了其创新投入，因此在长江经济带中，环境规制对制造业上市企业创新投入的影响整体表现出了负面作用。

表 6.8　双重差分模型检验结果

经济圈	长江经济带
模型	(6.2)
变量	RD
POLICY_AFTER	$-0.003\,62^{***}$
	(-3.16)
POLICY	$0.012\,0^{***}$
	(7.38)
AFTER	$-0.007\,23^{***}$
	(-3.49)
control	Yes
year	Yes
observations	6 340
number of ID	1 099
r-squared	0.156 9

注：（1）*** 表示 $p<0.01$，** 表示 $p<0.05$，* 表示 $p<0.1$；（2）括号内为标准误差。

6.4.2.2　稳健性检验

（1）平行趋势检验

双重差分法估计政策有效性的关键前提是实验组和控制组在政策干预前应该展现出一致的变化趋势，这一前提被称为平行趋势假设。为了验证这一假设，研究者需要通过统计检验来确认被解释变量在处理前两组之间是否存在系统性差异。具体而言，就是要验证在没有环境规制政策的干预下，那些被政策所影响的重污染企业的变化趋势应该与未受政策影响的其他企业保持平行。本书将《中华人民共和国环境保护法》的修订和"大气十条""水十条""土十条"实施前后的每一年设置了一个虚拟变量，并将其与实验组虚拟变量相乘，然后用乘积的所有虚拟变量和 DID 核心解释变量一起对企业创新投入进行时间-行业双向固定回归。如果交互项回归系数在政策施行前的趋势较为平缓，则证明符合平行趋势假设，反之，如果在政策实施前发展趋势显著上升或下降，则证明实验组与控制组在政策执行之前，已经有了显著的差异，不符合平行趋势假设。回归结果如图 6.1所示，2015 年以前的年份和实验组相乘的虚拟变量系数均为正且不显著，政策实行当年及之后的与交互项的回归系数则开始逐步下降。因此，我们基本可以证明该模型满足平行趋势假设。

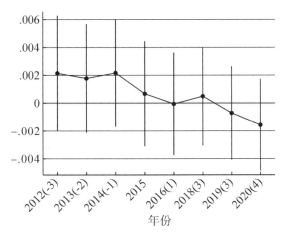

图 6.1　平行趋势检验结果

（2）安慰剂检验

本书在使用双重差分法进行政策评估时，除了平行趋势假设之外，另一个需要担忧的问题是不可观测的、随时间变化的企业特征可能对估计结果产生的影响。尽管在之前的分析中通过引入行业固定效应来控制部分企业特性对创新投入的影响，但仍有可能有遗漏的与政策干预的效果相关联的影响因素并未在模型中得以控制或考虑。在这种情况下，双重差分估计可能会因为无法区分是由政策引起的变化还是由其他因素所导致的变化，高估政策的实际效果。本书为了检验上述结果在多大程度上受到遗漏变量、随机因素等的影响，通过随机筛选制造企业并随机产生政策时间，据此构造了政策时间-企业两个层面随机实验。接下来我们按照表 6.8 的模型进行回归，根据虚假实验得到基准回归估计系数的概率来判断结论的可靠性。为了进一步增强安慰剂检验的效力，我们将上述过程重复 500 次，最后绘出系数 Policy_after 的估计系数分布图，如图 6.2 所示。基于此来验证制造业企业创新投入是否显著受环境规制政策外的其他因素的影响。若随机处理下 Policy_after 的估计系数分布在 0 附近，则意味着模型设定中并未遗漏掉足够重要的影响因素，换言之，基准分析中的影响效应的确是由本书关注政策发生带来的结果。由图 6.2 中估计系数分布情况可看出，虚假的双重差分项的估计系数集中分布于 0 附近，表明在模型设定中并不存在严重的遗漏变量问题，核心结论仍旧稳健。

表 6.8　倾向性得分匹配模型检验结果

经济圈	长江经济带	长江经济带	长江经济带
模型	马氏距离匹配	卡尺内 k 近邻匹配	核匹配
变量	RD	RD	RD
POLICY_AFTER	−0.002 96**	−0.003 65***	−0.003 72***
	（−2.02）	（−3.19）	（−3.25）
POLICY	0.012 7***	0.012 1***	0.012 3***
	（5.77）	（7.48）	（7.55）
AFTER	−0.008 66***	−0.008 05***	−0.008 01***
	（−3.63）	（−3.91）	（−3.89）
size	−0.004 68***	−0.002 70***	−0.002 69***
	（−4.81）	（−3.91）	（−3.90）

表6.8(续)

经济圈	长江经济带	长江经济带	长江经济带
模型	马氏距离匹配	卡尺内 k 近邻匹配	核匹配
变量	RD	RD	RD
lcash	-0.0151^{**}	-0.0207^{***}	-0.0207^{***}
	(-2.08)	(-4.17)	(-4.17)
lev	-0.0197^{***}	-0.0226^{***}	-0.0224^{***}
	(-4.85)	(-8.04)	(-7.94)
lroa	0.00136	-0.0140^{**}	-0.0132^{**}
	(0.13)	(-2.20)	(-2.07)
sal	0.00423^{***}	0.00425^{***}	0.00421^{***}
	(3.37)	(5.22)	(5.18)
mrs1	-0.0000396	-0.0000197	-0.0000179
	(-0.99)	(-0.68)	(-0.62)
size	0.000128	0.00156	0.00160
	(0.05)	(0.87)	(0.89)
state	0.00161	0.00119	0.00133
	(0.38)	(0.40)	(0.44)
board	-0.00000300	-0.0000128	-0.0000128
	(-0.03)	(-0.15)	(-0.15)
indir	0.00831^{***}	0.00708^{***}	0.00698^{***}
	(4.74)	(5.41)	(5.33)
fin	0.00322^{***}	0.00340^{***}	0.00346^{***}
	(2.77)	(4.29)	(4.37)
dual	0.0762^{***}	0.0397^{**}	0.0396^{**}
	(3.11)	(2.26)	(2.26)
_cons	-0.00296^{**}	-0.00365^{***}	-0.00372^{***}
	(-2.02)	(-3.19)	(-3.25)
year	YES	YES	YES
r-squared	0.1624	0.1557	0.1555
observations	2 684	6 288	6 284

注：（1）*** 表示 $p<0.01$，** 表示 $p<0.05$，* 表示 $p<0.1$；（2）括号内为标准误差。

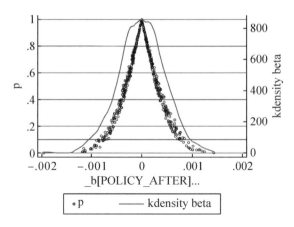

图 6.2　安慰剂检验结果

（3）使用倾向得分匹配后双重差分模型分析

长江下游的企业可能会由于地区经济发展实力等外部条件与自身实力本就较中西部城市的企业要好，其样本可能会存在选择偏差问题。为了更好地选取控制组，本书进一步采用倾向得分匹配分析法，检验在其他条件相似的情况下，"大气十条"和"水十条"以及《环保法》修订等环境政策对制造业企业创新投入之间的因果关系。首先，本书在控制了企业规模、现金持有、财务杠杆、盈利能力、高管薪酬水平、高管股权激励、产权性质、董事会规模、独立董事占比、董事长与 CEO 二职合一等变量的基础上，建立企业是否为受环境保护政策影响的重污染企业的 Logit 模型。其次，选择匹配方法。通常而言，匹配方法不存在绝对的好坏之分，然而不同的匹配方法可能会引入各自的测算误差，即使是对于同一组样本数据进行分析，也可能导致产生不同的计量结果。因此，为了确保研究结论的稳健性，本书采用了三种不同的匹配方法来进行比较和验证。①马氏距离法（Mahalanobis distance，MD）。这个方法是由印度统计学家 P. C. Mahalanobis 于 1936 年提出，表示数据的协方差距离。通过计算不同组个体之间的马氏距离的大小进行匹配，若两组数据点间的马氏距离较短，则强烈暗示着这两组数据在多维度空间中的分布高度接近，协变量之间的分布越均衡，匹配的效果越好，可以有效减轻混杂变量可能引入的偏差，确保了分析结果的纯净性和可靠性。②卡尺内 k 近邻匹配，即在给定卡尺范围内寻找 k 近邻匹配。将卡尺范围设定为倾向得分标准差的四分之一，进行近邻 1∶2 匹配。③核匹配。本书使用默认的核函数和带宽。最后，再用匹配后的样本进行做固定效应回归。表 6.8 的第（1）列至（3）列分别汇报了三种匹配方式下双重差分回归结果。结果显示 Policy_after 对应系数显著为负，同时从数值上相对于基准回归中的更大，这表明在使用更加精确的匹配样本后，整个政策效应变得更强，这也和预期相一致。依据上述检验结果分析可知，运用倾向得分匹配法可有效减少对照组和处理组之间解释变量分布的差异，并消除了可能由样本自选择导致的估计偏误。

6.5   本章小结

　　环境规制的目的在于通过将环境污染外部性内部化，促使经济主体减少环境污染。环境规制通过"压力"和"动力"两种机制激励企业创新投入。一方面，排污惩罚力度加大或对资源收取费用等方式提高了企业的生产经营成本，企业需要通过有效的技术创新降低排污成本；另一方面，对绿色技术的补贴以及对绿色行业的优惠政策直接增加了企业创新的收益，而环境规制的政策引导作用也降低了环境投资的不确定性，鼓励全社会更广泛地参与绿色投资，间接增加了创新的收益。本章以中国 A 股上市企业中分别位于长江经济带、珠三角和京津冀经济圈的制造业企业为研究样本，检验环境规制对制造业上市企业的创新投入是否产生了显著的影响，以验证本书在理论分析中的理论分析结论，具体结论如下：

　　（1）长江经济带制造业企业创新投入与其所在城市环境规制水平呈负相关关系。长江经济带的环境规制抑制了区域内制造业上市企业的创新投入；而珠三角和京津冀经济圈中，环境规制对制造业上市企业的创新投入呈现出促进作用，反映了长江经济带的环境规制设计与"合理设计的环境规制"仍有一定差距，在制度设计上仍存在可以改进的地方。

　　（2）环境规制对不同制造企业的创新投入存在差异性的作用，这在一定程度上解释了长江经济带制造业企业创新投入与环境规制负相关的原因。基于样本企业的产权性质、规模大小和现金持有水平，本章对长江经济带的制造业上市企业进行了异质性检验。检验结果表明，国有制造企业由于受到更多的政策偏向，更易于获取更多的环保补贴或更高的信贷额度，使得其研发活动受到的外部环境的影响相对较小，因此，环境规制对长江经济带的非国有制造企业的创新投入水平起到了抑制作用，而对国有制造企业起到了积极作用。此外，环境规制有助于帮助大规模制造企业克服"创新惰性"，因此环境规制对大规模制造业上市企业的创新投入产生了促进作用。同时，企业研发投入受制于企业现金流，当环境规制的市场调控和信息传导功能对重污染企业的资金保障造成负面影响时，较高的现金持有水平可以部分抵消环境规制对创新投入的消极作用。

（3）双重差分检验的结果进一步解释了长江经济带的环境规制对制造业企业创新投入产生负面作用的原因：严格的环境规制对重污染企业形成了较大的环保压力，如果企业所处的行业受到环境政策的严格管控，其创新活动的资金保障更易被企业的污染治理成本挤占，环境规制对其创新投入的负面作用凸显，并且其在平行趋势检验、安慰剂检验以及倾向性得分匹配稳健性检验后结果依然稳健。

7 环境规制、金融发展水平对制造企业创新投入影响的实证研究

根据前一章实证检验，长江经济带内各城市的环境规制对区域内的制造业上市企业的创新投入产生了抑制作用。基于本书的理论分析，金融体系的各项功能在环境规制影响企业创新投入的过程中对环境规制各项功能的实现都存在相辅相成或相互制约的作用，而金融发展水平决定着金融功能能否有效发挥，因此本章在前一章的基础上，将金融发展水平纳入模型中进行检验，分析环境规制与金融发展水平共同对制造企业创新投入产生的影响。同时，本章将利用中介效应模型与有调节的中介效应模型，检验环境规制对制造企业创新投入的作用路径，以及金融发展水平在这一作用路径中的作用效果。

7.1 研究假设

金融市场发展的不完善，导致企业创新活动所需要的资金投入仍主要依靠以银行机构为主的外部融资渠道。制造企业生产成本较高，而企业创新活动通常又有着投资回报周期长、投资项目风险较高的特性，这进一步提高了制造企业对长期、稳定的贷款来源的需求，因而银行的贷款数额对企业创新投入起着至关重要的作用。然而，我国各个地区金融发展水平存在差异，在金融发展水平相对较低的地区，金融的各项功能得不到有效发挥，信息成本和代理问题未能完全解决，导致企业的融资成本相对较高，即融资约束处在较高水平。结合环境规制影响企业创新投入的内在逻辑，如果企业的现金充裕或有能力获取更多的贷款，那么污染治理成本的增加

并不会对其创新投入造成严重的挤占。因此，贷款的获取能够适当缓冲环境规制对企业创新投入可能产生的负面作用。综上所述，本书认为金融发展水平的提高能够对制造企业创新投入起到激励作用，并提出以下假设：

H2：在长江经济带，金融发展对制造企业创新投入存在促进作用。

根据本书的理论分析，企业的融资约束是联结环境规制、金融发展与企业创新投入相关关系中的重要一环。在检验金融发展的调节作用之前，本书首先需要对"环境规制-融资约束-企业创新投入"这一中介过程进行检验。环境规制除了可以直接影响企业的现金持有水平外，将通过两种方式影响企业的融资约束：一是通过投资导向的作用，直接改变企业的融资约束程度。二是通过政策引导和投资导向的双重作用，增加或降低企业的外源融资成本，同时通过补贴或罚款收费等手段影响企业的利润率，影响企业的内源融资成本；内源和外源融资成本的改变，导致企业融资约束的变化。环境规制是一种宏观层面的政策工具，企业投资决策是企业管理者基于企业发展的需要做出的决策，而融资约束作为其中不可或缺的一环，将宏观政策问题与微观企业行为联系到了一起。理论分析中仅推导出"环境规制-融资约束-企业创新投入"这一作用路径，但未能对其作用效果进行量化，而通过实证检验可以有效地量化这一路径中各个因素之间的作用效果。本书将结合长江经济带的经验证据，验证这一假设：

H3：在长江经济带，环境规制通过影响企业融资约束，间接地对制造企业创新投入产生作用。

环境规制和金融发展在对企业融资约束以及创新投入资金保障的作用上存在重叠与交叉。在环境规制发挥投资导向和公众监督作用时，金融发展的信息整合、储蓄调动和企业监管功能，为投资者提供了更多的信息，帮助投资者分析、判断和监督企业治理行为，促进了资源的利用效率，优化资源配置，从而促进了储蓄向投资的转化，改善了企业的融资环境。同时，金融体系也通过提供更多元化的金融工具，丰富了企业的融资模式，拓宽了企业融资渠道，降低了企业的融资约束。因此，金融体系的发展为环境规制信息传导等功能的有效发挥"保驾护航"，金融发展的作用也与环境规制的积极作用相互促进，强化了环境规制为企业带来的优势。而当环境规制的压力机制发挥作用时，企业需要承担更高的合规成本，外源融资成本也进一步提高，此时金融发展水平的作用是存在异质性的：一方面，金融体系的发展为轻污染企业提供了更多的融资渠道，在一定程度上缓解了节能减排的资金压力；另一方面，金融体系的信息披露功能加剧了重污染企业的环保压力。因此，本书认为金融发展会在环境规制与企业创新投入的关系中起到调节作用，同时也会影响"环境规制–融资约束–企业创新投入"这一中介过程：

H4：在长江经济带，金融发展水平的变化将影响企业融资约束在环境规制与制造企业创新投入之间的中介作用。

7.2　研究设计

7.2.1　模型的设定

7.2.1.1　金融发展水平对制造业企业创新投入影响的检验

为了检验金融发展对制造企业创新投入的影响（即 H2），建立如下模型：

$$RD_{it} = \alpha_0 + \beta_2 FIN_{it} + \gamma_2 Control_{it} + \varepsilon \tag{7.1}$$

7.2.1.2　融资约束的中介效应模型设定

在现实中，企业的创新投入决策还会受到诸多因素的影响。同第 5 章一样，本书在理论分析的基础之上，还需考虑到其他控制变量的影响，因而在模型中纳入对应的控制变量。参考 Baron 和 Kenny（1986）[331]、Judd 和 Kenny（1981）[332]及温忠麟和叶宝娟（2014）[333]等对中介效应的研究，构建如下中介效应检验计量模型：

$$RD_{it} = \alpha_0 + c \times ER_{it} + d \times Control_{it} + \varepsilon \tag{7.2}$$

$$FC_{it} = \alpha_0 + a \times ER_{it} + d \times Control_{it} + \varepsilon \tag{7.3}$$

$$RD_{it} = \alpha_0 + c' \times ER_{it} + b \times FC + d \times Control_{it} + \varepsilon \tag{7.4}$$

该模型依次检验系数 c、a、b 和 c'，根据其显著性判断中介效应的显著性及其类型。在检验方法的选择上，由于依次检验法的显著性更强、结果更清晰，本书将优先采用依次检验法来检验中介效应。由于模型 7.2 与本书的模型 5.1 事实上是一样的，此处不用探讨 c 的显著性。根据 a、b 的显著性可以判断中介变量的间接效应是否存在：如果用依次检验法发现 a、b 系数不显著，则需要应用 Bootstrap 法或 MCMC 法进行进一步的检验；若依然不显著，则不存在中介效应。若 a、b 显著，则根据 c' 的显著性判断解释变量与被解释变量是否存在直接效应：若 c' 显著，则证明中介效应为部分中介效应；若 c' 不显著，则证明直接效应不存在，解释变量与被解释变量之间的关系完全由中介变量建立，因此中介效应为完全中介效应。最后，根据 $a{\times}b$ 与 c' 符号的异同判断间接效应为部分中介效应或者遮掩效应。

7.2.1.3　金融发展水平的影响——分组回归

为了细致探究金融发展水平在环境规制影响企业融资约束继而作用于研发投入这一复杂机制中所扮演的调节角色，本书按各城市金融发展水平的均值将所有样本城市分为高金融发展水平组和低金融发展水平组，进而研究对比金融发展水平不同的两组样本中环境规制对企业创新投入的影响以及环境规制对融资约束影响的异同，从而深入理解金融发展水平的调节效应。通过上述方法，本书旨在全面揭示金融发展水平如何作为一个关键的调节机制，影响环境规制对融资约束的传导路径，进而影响企业对创新活动的财务支持和资源配置，为政策制定者提供有力的实证依据，指导其如何在不同金融发展水平的城市中制定更加精准有效的环境政策和金融支持措施，以促进企业的绿色转型和可持续发展。

7.2.2　指标与数据说明

在第 5 章的模型基础上，本章引入了金融发展水平和融资约束，其他指标与第 5 章相同；本章所用数据内容与第 5 章一致，各指标具体定义如表 7.1 所示。

金融发展水平（FIN）：本章主要选用金融机构人民币贷款余额与 GDP 的比值来衡量企业所在城市的金融发展水平。贷款余额与 GDP 的比值越高，表明金融发展的规模越大，金融发展水平越高。

企业融资约束（FC）：目前文献研究中比较常用的融资约束测度指标包括 KZ 指数、WW 指数以及 SA 指数。三种指标均有其各自的优势和缺点，但结合本书的模型设计，考虑到 KZ 指数和 WW 指数包含过多内生性变量，为避免内生性对实证结果的干扰，本书选择采用 SA 指数衡量企业的融资约束水平，即：

$$SA = -0.737{\times}Size0 + 0.043{\times}Size0^2 - 0.04{\times}Age$$

其中，Size0 为企业规模（与控制变量中的 Size 计算公式一致，但企业规模 Size 在计算时期末资产总额的单位为万元；而计算 Size0 时企业的期末资产总额单位为万元）；Age 为企业成立年限。SA 指数通常为负数，且绝对值越大，融资约束程度越高；因此构建指标 FC，为 SA 指数的绝对值，FC 的值越大，表明企业融资约束程度越高。

表 7.1 变量定义及概述

变量性质	变量符号	变量名称	变量定义
被解释变量	RD	企业创新投入	研发投入总额/营业收入总额/%
解释变量	ER	环境规制	企业办公所在城市环境规制水平
调节变量	FIN	金融发展水平	企业办公所在城市贷款余额/GDP
中介变量	FC	企业融资约束	SA 指数的绝对值
控制变量	LRD	研发投入滞后项	企业上一年研发投入水平/%
	SIZE	企业规模	年末总资产的自然对数
	CASH	现金持有	年初现金及等价物余额/年初总资产
	LEV	财务杠杆	资产负债率＝年末总负债/年末总资产
	LROA	盈利能力	总资产利润率＝净利润/年末总资产（均为上一年数据）
	SAL	高管薪酬水平	前三名高管薪酬的自然对数
	MRS	高管股权激励	高管持股/当年股本总数
	STATE	产权性质	虚拟变量,国有企业取值1,非国有企业取值0
	BOARD	董事会规模	董事会人数的自然对数
	INDIR	独立董事占比	独立董事人数/董事会人数
	DUAL	二职合一	虚拟变量，董事长与总经理为同一人则取值1，否则取值0
	year	年份	年份虚拟变量

7.3 环境规制、金融发展水平对制造企业创新投入影响的检验

7.3.1 环境规制、金融发展水平对制造企业创新投入影响的检验结果

同样地，为避免内生性问题对回归结果的影响，本书采用动态面板系统 GMM 估计法对模型 7.1 进行检验。检验结果如表 7.2 所示。

由表7.2中的结果可知，长江经济带的金融发展水平的回归系数在1%的显著水平上显著为正（0.032 8，$p<0.01$），即金融发展水平的提高有利于促进区域内制造业上市企业创新投入水平。

进一步细分来看，在长江经济带内部的三大经济圈中，成渝地区双城经济圈的金融发展对制造企业创新活动的激励作用最为显著。这可能得益于近年来成渝地区在金融改革与创新方面取得的进展，以及区域一体化发展战略下金融资源的优化配置；紧随其后的是长江中游经济圈，这一区域金融体系的逐步完善和金融服务能力的提升，也有效促进了制造企业的创新发展；而在长三角地区，这种促进作用相对较小。造成这一差异的原因可以解释为：长三角地区作为中国东部经济的核心地带，由于资本市场的发展水平更好（此处的金融发展水平量化指标主要针对信贷市场），金融体系的功能通过资本市场得到有效发挥，该地区的制造企业能够享受到更为广泛的融资选项，不再过度依赖传统的银行贷款。因此，尽管金融机构贷款规模的波动依然会对企业资金状况产生一定影响，但相较于其他地区，这种影响在长三角地区显得相对有限。长江三角地区的企业能够通过直接融资、股权融资等多种方式，有效分散融资风险，稳定资金来源，从而减弱了信贷市场变动对其创新投入的直接冲击，保证了创新活动的连贯性和稳定性。而长江经济带整体的资本市场发展还处在较为落后的阶段，高度依赖银行信贷等间接融资方式，直接融资比例相对较低。这种融资结构的单一性使得企业更容易受到银行贷款政策调整和信贷市场紧缩的影响，进而对企业的资金流管理与创新活动规划带来较大挑战。因此金融发展水平对制造企业创新投入的影响更为明显。

表7.2　模型（7.1）SYS-GMM 检验结果

经济圈	长江经济带	成渝	长江中游	长三角
模型	（7.1）	（7.1）	（7.1）	（7.1）
变量	RD	RD	RD	RD
FIN	0.032 8 ***	0.021 4 ***	0.011 1 ***	0.017 4 *
	（2.58）	（11.72）	（4.11）	（1.65）
LRD	0.762 ***	0.525 ***	0.512 ***	1.005 ***
	（14.89）	（23.70）	（28.00）	（8.07）
SIZE	0.003 37	0.000 204	−0.005 74 ***	−0.008 09
	（1.48）	（0.16）	（−3.31）	（−0.55）

表7.2(续)

经济圈	长江经济带	成渝	长江中游	长三角
模型	(7.1)	(7.1)	(7.1)	(7.1)
变量	RD	RD	RD	RD
CASH	0.010 4	−0.013 7**	−0.035 7***	0.365*
	(0.21)	(−2.57)	(−3.70)	(1.76)
LEV	−0.030 6***	−0.004 73	−0.032 6***	0.039 6
	(−2.76)	(−1.45)	(−5.83)	(1.10)
LROA	−0.033 8	−0.021 0***	0.036 4***	−0.063 6
	(−1.14)	(−2.61)	(3.66)	(−0.39)
SAL	0.006 66**	0.011 3***	−0.001 31	0.027 8
	(1.99)	(9.24)	(−1.06)	(0.89)
MRS	0.000 011 4	−0.000 017 0	0.000 155**	−0.000 519
	(0.11)	(−0.37)	(1.97)	(−0.84)
STATE	−0.017 0*	−0.010 5***	0.027 1***	−0.046 3
	(−1.92)	(−5.02)	(4.68)	(−1.38)
BOARD	−0.002 36	0.035 1***	0.003 19	−0.015 2
	(−0.20)	(5.76)	(0.60)	(−0.38)
INDIR	−0.000 889**	0.001 33***	−0.000 649***	0.000 321
	(−2.31)	(11.58)	(−3.76)	(0.30)
DUAL	−0.000 116	0.001 39*	0.008 90***	−0.003 14
	(−0.04)	(1.94)	(4.59)	(−0.47)
constant	−0.143**	−0.292***	0.168***	−0.213
	(−2.08)	(−7.06)	(4.25)	(−0.53)
year	YES	YES	YES	YES
observations	6 340	589	1 029	4 151
number of ID	1 099	91	239	690
AR (2)	0.236	0.76	0.311	0.10
hansen	0.772	0.699	0.522	0.757

注:(1) ***、** 和 * 分别表示在1%、5%和10%水平上显著。

(2) 括号内的值为标准误差。

(3) AR (2) 为扰动项的二阶自相关检验结果,hansen 为工具变量外生性的检验结果;二者输出结果均为 p 值。

7.3.2 稳健性检验

本章选用另一个衡量地区金融发展水平的指标(FIN2)——金融机构

人民币存贷差与金融机构人民币存款余额的比例来衡量地区的金融发展水平，并对模型 7.2 进行稳健性检验。

表 7.3 列出了检验结果。金融机构存贷差这一指标反映了金融机构吸纳的存款与发放的贷款之间的差异。不同于直接考察贷款余额占比的方式，存贷差比率的升高实际上反映的是金融机构未能充分利用其吸纳的存款资源进行有效放贷的情况，这在一定程度上暗示了金融资源的闲置或配置效率低下，故被视为衡量金融发展水平的一个逆向指标。也就是说，存贷差越高，代表金融体系在促进资金流入实体经济、支持企业发展方面的效能越低，反之，则说明金融发展水平越高，资金流通更为顺畅，更有利于经济活动的开展。根据检验结果，长江经济带随着金融发展水平的提升，该区域内的制造企业获得了更多的金融资源支持，进而增强了其研发投入和创新能力，这对于推动产业结构升级和经济高质量发展具有重要意义，证明了结果的稳健性。在三大经济圈中，依然是成渝地区双城经济圈的金融发展水平对制造企业创新投入的促进作用最大，其次是长江中游经济圈；在长三角中，这种促进作用相对较小。

表 7.3　模型（7.2）稳健性检验–替换金融发展水平的量化指标

经济圈	长江经济带	成渝	长江中游	长三角
模型	（7.2）	（7.2）	（7.2）	（7.2）
变量	RD	RD	RD	RD
FIN2	−0.014 2 ***	−0.063 2 ***	−0.037 4 ***	−0.018 9 **
	（−2.93）	（−8.85）	（−3.88）	（−2.15）
LRD	0.795 ***	0.582 ***	0.481 ***	0.835 ***
	（18.25）	（28.35）	（25.98）	（18.69）
SIZE	0.002 00	−0.002 97 ***	−0.007 64 ***	0.001 93
	（1.09）	（−2.65）	（−4.75）	（1.23）
CASH	−0.017 8	−0.014 3 ***	−0.036 3 ***	−0.037 0 ***
	（−0.40）	（−4.56）	（−3.63）	（−4.23）
LEV	−0.037 2 ***	0.002 45	−0.034 1 ***	−0.043 6 ***
	（−4.04）	（0.79）	（−5.80）	（−4.27）
LROA	−0.016 7	−0.016 0 ***	0.040 3 ***	−0.012 5
	（−0.62）	（−4.01）	（4.20）	（−0.53）
SAL	0.007 39 ***	0.012 8 ***	−0.000 486	0.005 39 **
	（2.87）	（11.63）	（−0.39）	（2.05）

表7.3(续)

经济圈	长江经济带	成渝	长江中游	长三角
模型	(7.2)	(7.2)	(7.2)	(7.2)
变量	RD	RD	RD	RD
MRS	0.000 001 22	0.000 026 6	0.000 122	0.000 224**
	(0.01)	(0.53)	(1.51)	(2.46)
STATE	−0.013 2*	−0.009 75***	0.025 4***	−0.001 04
	(−1.83)	(−4.46)	(4.55)	(−0.20)
BOARD	0.004 55	0.027 5***	0.006 01	0.010 1
	(0.49)	(7.63)	(1.13)	(1.08)
INDIR	−0.000 466	0.001 19***	−0.000 689***	0.000 281
	(−1.46)	(11.93)	(−4.28)	(0.80)
DUAL	0.003 36	0.000 308	0.009 68***	0.002 15
	(1.54)	(0.45)	(4.96)	(0.87)
constant	−0.107*	−0.180***	0.217***	−0.119**
	(−1.88)	(−5.69)	(6.06)	(−2.36)
year	YES	YES	YES	YES
observations	6 340	589	1 029	4 151
number of ID	1 099	91	239	690
AR (2)	0.192	0.777	0.307	0.221
hansen	0.225	0.783	0.438	0.453

注:(1) ***、** 和 * 分别表示在1%、5%和10%水平上显著。

(2) 括号内的值为标准误差。

(3) AR (2) 为扰动项的二阶自相关检验结果,hansen 为工具变量外生性的检验结果;二者输出结果均为 p 值。

7.4 作用路径检验

7.4.1 环境规制与制造企业创新投入:融资约束的中介作用

表7.4、表7.5列出了长江经济带及其三大经济圈内制造业上市企业融资约束水平的描述性统计结果。长江经济带制造业上市企业的融资约束程度的均值为3.214。

表 7.4 长江经济带描述性统计结果（融资约束）

经济圈	长江经济带				
变量	观测量	均值	标准差	最小值	最大值
FC	6 340	3.214	0.072	2.883	3.29

表 7.5 成渝、长江中游、长三角描述性统计结果（融资约束）

经济圈	成渝		长江中游		长三角	
变量	观测量	均值	观测量	均值	观测量	均值
FC	589	3.207	910	3.213	4 151	3.215

依照中介效应检验流程，本书首先检验了模型 7.2 中系数 c 的显著性，第二步检验模型 7.3 中系数 a 的显著性，最后检验模型 7.4 中系数 b 与系数 c' 的显著性，检验结果如表 7.6 所示。结果显示，系数 c（−0.010 3，$p<$ 0.05）、系数 a（0.128，$p<0.05$）、系数 b（−0.032，$p<0.1$）和系数 c'（−0.010 5，$p<0.05$）均显著，即环境规制对制造企业创新投入之间的影响既存在直接效应，也存在间接效应，融资约束起到了显著的中介作用。由于 c' 显著，$a×b$ 与 c' 同号，因此中介效应为部分中介效应，中介效应占总效应的比例为 $ab/c=0.125\ 6$，即融资约束的中介作用在环境规制对企业创新投入的抑制作用中占到约 12.56%。

检验结果证明了本书在理论研究中论述的融资约束在环境规制与制造企业创新投入之间的中介作用。根据表 7.6 中的数据，长江经济带范围内实施的环境规制政策确实显著提升了该地区制造业上市公司的融资约束程度（$a=0.128$，$p<0.01$），这意味着环境政策的收紧导致这些公司遭遇了更严峻的融资挑战。而企业的融资约束也对这些企业的创新投入起到了负面作用（$b=−0.032$，$p<0.1$）。根据理论分析，由于污染管控措施的日益严苛，企业的污染治理成本增加，环境规制不仅直接对长江经济带的制造业上市企业创新投入的资金保障产生了抑制作用，而且也通过提高企业的融资约束水平，降低了企业创新投入的资金保障。

表 7.6 中介效应模型检验结果

模型	(7.2)	(7.3)	(7.4)
变量	RD	FC	RD
ER	−0.010 3[**]	0.128[**]	−0.010 5[**]
	(−2.11)	(2.04)	(−2.04)

表7.6(续)

模型	(7.2)	(7.3)	(7.4)
变量	RD	FC	RD
FC			$-0.032\ 0^{*}$
			(-1.67)
LRD	0.814^{***}		0.827^{***}
	(20.07)		(20.17)
SIZE	$-0.002\ 16$	$-0.030\ 0^{*}$	$-0.002\ 17$
	(-1.64)	(-1.76)	(-1.19)
CASH	$-0.090\ 2^{***}$	-0.391^{*}	-0.142^{***}
	(-3.06)	(-1.71)	(-3.24)
LEV	$-0.029\ 1^{***}$	$0.045\ 0$	$-0.020\ 7^{**}$
	(-3.35)	(0.40)	(-2.16)
LROA	$0.034\ 2$	$0.029\ 7$	$0.074\ 1^{***}$
	(1.53)	(0.15)	(2.70)
SAL	$0.008\ 09^{***}$	0.128^{***}	$0.007\ 81^{***}$
	(3.10)	(3.59)	(3.05)
MRS	$-0.000\ 028\ 9$	$-0.001\ 27$	$-0.000\ 171$
	(-0.32)	(-1.18)	(-1.48)
STATE	$0.004\ 38$	$-0.048\ 9$	$0.003\ 14$
	(1.11)	(-1.03)	(0.57)
BOARD	$0.001\ 07$	-0.160^{*}	$-0.004\ 25$
	(0.12)	(-1.91)	(-0.46)
INDIR	$0.000\ 030\ 4$	$-0.007\ 96^{***}$	$-0.000\ 735^{*}$
	(0.17)	(-2.80)	(-1.80)
DUAL	$0.003\ 43^{**}$	$-0.048\ 5$	$0.004\ 45^{*}$
	(2.39)	(-1.06)	(1.87)
constant	$-0.036\ 6$	2.533^{***}	0.108
	(-0.79)	(6.03)	(1.12)
year	YES	YES	YES
observations	6 340	6 340	6 340
AR (2)	0.193	0.336	0.244
hansen	0.168	0.228	0.230

注：(1) ***、** 和 * 分别表示在1%、5%和10%水平上显著。

(3) 括号内的值为标准误差。

(3) AR (2) 为扰动项的二阶自相关检验结果，Hansen 为工具变量外生性的检验结果；二者输出结果均为 p 值。

综上，尽管环境规制政策通过引入强制性技术革新等措施在客观上提高了制造企业的创新意愿，激发了制造企业发掘绿色、先进的生产方式的创新动力，但如果企业的融资环境较差，即资金获取渠道受限、成本高昂，那么即便拥有创新的意愿，也会因缺乏必要的资金支持而难以将创新计划付诸实践。资金链的紧张状况直接制约了企业在研发活动上的有效投入，导致其难以在技术创新上取得实质性突破，进而影响到其环保技术的升级换代能力。此时企业不仅难以满足日益提升的环保标准要求，还会因合规不足而面临沉重的经济负担，包括缴纳高额的环保税费、接受环保相关的行政处罚，或者面临关停整顿的风险充分，凸显了融资环境对于企业适应环保要求、实现可持续发展的重要性。这一研究结论为深入探讨金融发展在环境规制与企业创新投入互动关系中的桥梁作用提供了坚实的理论依据。企业的融资环境与其所在地的金融发展水平息息相关，金融体系的成熟度、资本市场的完善程度、信贷资源的可得性等都是决定企业融资约束程度的关键因素。因此，金融发展的深化与优化，实质上能够通过缓解企业的融资约束，间接促进其在面对环境规制压力时能有更充足的资源进行创新投入，从而在环保与经济绩效之间找到一个更优的平衡点。

7.4.2 环境规制、金融发展水平与制造企业创新投入：分组回归

表 7.7 给出了分组回归的实证检验结果。结果显示，不同金融发展水平区域的环境下，环境规制对制造企业创新投入的影响有差异。环境规制政策对企业的创新投资产生的抑制效应显得更为强烈。相比之下，这一效应在金融发展水平较低的地区则相对温和，这充分证明环境规制对企业研发投入的作用过程及其作用效果会受到金融发展水平的影响。

同样，不同金融发展水平的区域中，环境规制对企业融资约束的影响也有差异。在金融发展水平较高的区域，环境规制对融资约束的正向作用更显著。因此，当金融发展水平下滑时，企业所处的融资环境恶化，环境规制通过融资约束对创新投入的负向影响会被进一步放大，企业面临的困境加剧；相反，金融发展水平的提升则能够通过提供更多的融资机会和降低融资成本，有效缓解由环境规制引发的融资约束，从而减弱其对创新投入的不利影响。

结合本书的理论分析框架，当地区金融发展水平较高时，金融的储蓄调动、风险分散和交易便利等功能促进了储蓄向投资的转化；这种高效的

资本配置机制，在环境规制政策引导投资流向、导致市场参与者对污染排放较高企业投资减少、进而可能加大这类企业融资约束的背景下，发挥了重要的缓冲作用。具体来说，即使环境规制提高了对某些传统高污染行业的投资门槛，导致其融资难度增加，而金融发展的深度和广度能够通过提供更多元化的融资渠道、降低融资成本等方式，部分抵消环境规制所带来的融资紧缩效应，使得企业融资约束的提升幅度相对平缓。但这并不意味着在金融发展水平高的区域，重污染企业可以轻松绕开融资难题，继续沿袭以往的高污染发展模式。实际上，伴随着金融体系的成熟与完善，监管机制也更加健全，投资者、银行和其他金融机构对企业的环保表现和可持续性给予了前所未有的重视。他们通过各种金融工具和机制，如绿色债券、环境责任投资原则等，强化了对企业环保行为的监督与引导。这种监督机制促使企业不得不正视自身的环境污染问题，加速采纳清洁技术和生产流程的革新，以满足日益严格的环境标准和市场需求，从而在根本上改善其环境污染状况，实现企业的长期可持续发展。

表 7.7　分组回归检验结果

经济圈	环境规制对创新投入		环境规制对融资约束	
模型	低	高	低	高
变量	RD	RD	FC	FC
ER	$-0.012\,7^{***}$	$-0.014\,3^{*}$	0.126^{**}	0.130^{*}
	(-2.92)	(-1.82)	(2.21)	(1.91)
LRD	0.871^{***}	0.833^{***}		
	(22.55)	(22.16)		
SIZE	$-0.004\,85^{***}$	$0.000\,466$	$-0.005\,08$	$-0.015\,0$
	(-2.98)	(0.25)	(-0.35)	(-0.90)
CASH	$-0.044\,1$	$-0.095\,5^{***}$	-0.220	-0.227
	(-1.56)	(-2.60)	(-0.97)	(-1.27)
LEV	$0.003\,15$	$-0.031\,5^{***}$	0.140	$0.003\,63$
	(0.35)	(-3.56)	(1.14)	(0.04)
LROA	$0.059\,6^{**}$	$0.083\,7^{***}$	$0.036\,3$	$0.001\,39$
	(2.37)	(3.08)	(0.19)	(0.01)
SAL	$0.004\,12^{*}$	$0.006\,17^{**}$	$0.040\,4$	0.116^{***}
	(1.68)	(2.03)	(1.15)	(3.98)
MRS	$-0.000\,097\,0$	$-0.000\,136$	$-0.000\,831$	$-0.001\,41$
	(-1.10)	(-1.21)	(-0.88)	(-1.24)

表7.7(续)

经济圈	环境规制对创新投入		环境规制对融资约束	
模型	低	高	低	高
变量	RD	RD	FC	FC
STATE	0.009 27***	−0.007 40*	−0.062 4	−0.054 4
	(2.60)	(−1.79)	(−1.12)	(−1.46)
BOARD	−0.004 84	0.006 79	−0.052 5	−0.151
	(−0.58)	(0.55)	(−0.60)	(−1.34)
INDIR	−0.000 373*	0.000 437	−0.006 17**	−0.005 59*
	(−1.86)	(1.32)	(−2.09)	(−1.67)
DUAL	0.001 46	0.002 52	−0.005 56	−0.010 5
	(0.90)	(1.17)	(−0.13)	(−0.49)
constant	0.093 4**	−0.084 1	2.882***	2.269***
	(1.99)	(−1.56)	(7.03)	(4.16)
year	YES	YES	YES	YES
observations	3 208	3 132	3 208	3 132
number of ID	592	643	592	643
AR（2）	0.504	0.228	0.490	0.337
hansen	0.341	0.419	0.238	0.735

注：（1）***、**和*分别表示在1%、5%和10%水平上显著。

（2）括号内的值为标准误差。

（3）AR（2）为扰动项的二阶自相关检验结果，hansen为工具变量外生性的检验结果；二者输出结果均为p值。

  然而，当金融发展水平较低时，环境规制导致企业资金受到挤占，金融发展的滞后导致企业融资环境较差，难以为技术创新项目筹措充足的资金。同时，金融体系监管功能不足导致投资者难以准确评估企业的环保表现和技术创新潜力，也难以有效监督企业的资金运用情况，这无疑进一步加大了企业的融资难度。因此，金融发展水平在环境规制作用于制造企业创新投入的过程中发挥了一定的调节作用。适当的金融发展水平能够为环境规制下的企业提供必要的资金支持，缓冲规制压力，使得企业能在追求技术创新的同时，也能应对环保要求，从而真正将环境规制转化为推动技术进步和产业升级的动力。

  结合现实，环境规制对于重污染企业而言，既是挑战也是转型的契机。在金融发展较为落后的地区，部分企业可能因无力承担环保改造的成本而面临生存危机，环境规制在此过程中起到了自然筛选的作用。然而，随着金融发展水平的提升，尤其是信息披露机制和企业监管机制的不断完善，那些试图逃避环保责任的企业将越来越难以隐藏其污染行为，环境规制的淘汰机制因此得以强化，促使更多企业主动向绿色、可持续的生产模式转变。这一过程不仅促进了环境质量的改善，也推动了整个产业生态向更加健康、绿色的方向发展。

7.5　本章小结

本书基于长江经济带 A 股上市制造业企业 2012—2021 年的面板数据，检验了金融发展水平对企业创新投入的影响，以及环境规制、金融发展水平共同对企业创新投入的作用，具体的结论如下：

（1）在长江经济带，金融发展有利于促进区域内制造业上市企业创新投入。与珠三角和京津冀经济圈相比，长江经济带的金融发展水平对制造企业创新投入的促进作用更强，这可能与长江经济带的资本市场发展相对滞后，企业融资对信贷市场的依赖度更高这一因素有关。

（2）融资约束在环境规制与企业创新投入的关系中起到部分中介作用。区域环境规制水平的提高导致制造业上市企业的融资约束程度提高，较高的融资约束降低了企业创新投入的资金保障，对创新投入产生了抑制作用。

（3）进一步，金融发展水平在环境规制与企业创新投入的直接和间接关系中均起到调节作用。当企业所处地区的金融发展水平提高时，融资约束的负向中介作用得到一定抵消；而当企业所处地区的金融发展水平降低时，融资约束的负向中介作用变得更为明显。

本章的研究结论再一次验证了环境规制对企业创新投入的理论逻辑。环境规制不仅直接影响企业创新投入决策，也会影响企业的盈利能力，进而影响企业的内源资金；同时，环境规制通过影响银行、金融机构、投资者、消费者的意愿和行为，影响企业的融资约束与外源融资成本，从而间接地影响企业创新投入水平。同时，金融发展水平与环境规制、融资约束之间的相互作用，使得环境规制与金融发展之间的联系愈发紧密。金融体系的发展是影响企业投资决策最重要的因素之一，在探讨环境规制与企业创新投入之间的关系时，我们不能再忽略金融体系发展水平的作用。

8 研究结论、对策建议及研究展望

8.1 主要研究结论

在当今社会，生态文明建设已不再是简单的口号，而是每个国家都需严肃面对的现实问题。它关乎着亿万人民的福祉，也关乎着一个民族的未来和长远发展。作为国民经济的重要支柱，制造业不仅是国家经济的命脉，更是人民生活的物质保障。然而，随着全球对环境保护的日益重视，传统制造业面临的环境压力也日益增大。因此，推动制造业的转型升级，实现高质量发展，成了摆在我们面前的紧迫任务。在这一过程中，先进的技术无疑是企业转型升级的关键。然而，技术的研发和创新需要大量的资金投入，这就需要金融市场的支持。金融是实体经济的血脉，金融市场的健康稳定发展对于实体经济的繁荣至关重要。特别是在当前经济形势下，金融"脱虚向实"成了金融改革的重要方向。通过深化金融改革，加强金融监管，引导资金更多地流向实体经济，尤其是流向制造业的创新领域，是推动制造业高质量发展的必经之路。

本书将这三个国家现阶段的战略重点目标联系在一起，结合经济学、金融学的相关理论，梳理了环境规制、金融发展水平影响制造企业创新投入的理论逻辑和现实逻辑，结合长江经济带、京津冀和珠三角经济圈2012—2021年的经验数据，实证检验了环境规制、金融发展水平对企业创新投入的影响效果和作用路径。根据本书各个章节的研究结果，本书总结出以下研究结论。

8.1.1 理论研究结论

本书通过深入的理论分析，运用系统动力学的模拟方法，全面探讨了环境规制、金融发展水平、融资约束与企业创新投入之间的复杂关系和作用机理。首先，本书运用逻辑推演的方法，从多个维度归纳、总结和推演了上述因素之间的理论逻辑关系。环境规制作为政府对企业行为的一种外部干预，其影响不仅限于直接的行政命令和法规约束，更包括通过市场机制、信息传导等方式产生的间接作用。这种作用机制既有动力也有压力，既有鼓励也有限制，它们共同作用于企业的创新投入意愿。具体而言，环境规制通过设定明确的环保标准和排污限制，为企业提供了明确的创新方向，促使企业主动寻求技术改进和产业升级。同时，环境规制也通过提高生产成本、限制排污等手段，对企业形成压力，迫使企业不得不进行技术创新以减少环境污染。这种动力与压力并存的作用机制，使得企业在面临环境规制时，既有可能主动增加创新投入，也有可能因成本上升而减少创新投入。除了创新投入意愿外，创新资金保障也是影响企业创新投入的重要因素。环境规制通过提高环保标准和技术要求，使得企业需要更多的资金投入来支持创新活动。然而，由于融资约束的存在，企业往往难以获得足够的资金支持。此时，金融发展水平的高低就显得尤为重要。金融发展水平的提高意味着金融体系的不断完善和成熟，这使得金融体系的信息整合、储蓄调动、企业监管、交易便利和风险分散等五项功能得到有效发挥。这些功能的发挥不仅提高了储蓄向投资转化的效率，改善了企业的融资环境，还使得企业更容易获得外部资金支持，从而缓解了融资约束问题。这种缓解作用使得企业在面临环境规制时，能够有更多的资金投入到创新活动中去。

为了进一步厘清这些因素如何在企业内部产生作用，本书借助系统动力学方法，对制造企业的经营过程进行了模拟。通过构建包含环境规制、金融发展水平、融资约束和企业创新投入等关键变量的系统动力学模型，本书模拟了不同情境下企业创新投入的变化情况。在模拟过程中，本书分别考虑了环境规制的强制管控、市场调控以及信息传导功能对企业研发投入水平的作用过程。通过对比不同情境下的模拟结果，本书发现债权融资对企业创新投入的激励作用优于股权融资，而两种外源融资的效果都优于环保补贴。这一发现为企业选择合适的融资方式提供了重要参考。此外，本书还发现金融发展水平的作用存在异质性。对于重污染企业而言，金融发展水平的提高既可能通过拓宽融资渠道、缓解融资约束问题来促进企业创新投入，也可能通过其信息披露和监管功能，加剧环保压力，使得企业在面临环境规制时更加谨慎地进行创新投入。这一发现为政府制定环境规制政策和金融政策提供了重要参考。

8.1.2 现状研究结论

为了全面验证本书的理论分析框架,我们特别选取了长江经济带作为研究焦点,旨在深入探究该理论逻辑在实际经济环境中的适用性和有效性。长江经济带作为我国经济发展的重要区域,其内部制造业上市企业的表现、环境规制政策的实施以及金融发展的状况,为我们提供了一个理想的实证研究对象。

首先,本书对长江经济带 11 个省(直辖市)的制造业上市企业的详细分析揭示了几个显著的特点。这些企业呈现出明显的中心化趋势,即位于长江经济带中心城市的制造业上市企业不仅数量上占据优势,而且在研发投入上也表现出更高的平均水平。然而,与其他经济圈如珠三角、京津冀相比,长江经济带的制造业上市企业在研发投入水平方面却相对较低。这一发现提示我们,尽管长江经济带拥有得天独厚的地理和经济优势,但在推动企业创新方面仍需加强。

其次,长江经济带的环境规制政策也是我们关注的焦点。目前,长江经济带的环境规制整体水平高于珠三角、京津冀等经济圈,显示出该地区在环境保护方面的决心和力度。然而,通过深入的政策梳理,我们发现现阶段的环境政策设计存在一些不足之处。具体来说,这些政策在目标设定上不够灵活,未能充分考虑到不同企业的实际情况和创新能力。此外,环境政策设计过于强调特定的技术改造方向,限制了企业的技术创新空间,可能对企业创新投入产生一定的抑制作用。这与波特假说中提到的"合理设计的环境规制"原则存在一定的偏差。

最后,我们考察了长江经济带的金融发展水平。虽然近年来该地区的金融发展水平有所提高,但与珠三角、京津冀等经济圈相比,整体金融发展水平仍然较低。金融发展是企业创新的重要支撑,因此,长江经济带在推动金融发展方面还需加大力度,为企业创新提供更多的资金支持。

8.1.3 实证研究结论

本书的实证分析结果将从三个方面来解读。首先,本书利用系统 GMM 动态面板模型估计方法,实证检验了长江经济带的环境规制对 A 股上市的制造业企业创新投入的作用。从影响效果上来看，长江经济带的环境规制对区域内上市的制造业上市企业创新投入起到了负面的作用，而在珠三角和京津冀经济圈，这一作用是积极的，说明长江经济带的环境规制设计并没有对制造企业的创新投入起到有效的激励作用。为了寻求造成这一现象的原因，本书进一步采用了异质性检验和双重差分检验方法，研究结果证明，环境规制对非国有企业、小规模企业和低现金持有企业创新投入的抑制作用更大；而长江经济带的制造业上市企业中，非国有企业的比例更高，这在一定程度上解释了环境规制对区域内上市的制造业上市企业创新投入产生负面作用的原因。此外，2015 年前后国务院颁布和实施的《水污染防治行动计划》与《大气污染防治行动计划》对处在重点治理行业中的制造业企业造成了较大的环保压力，这些企业需要耗费大量资源进行污染防治工作。在短期内，严苛的环境规制首先会提高企业的环保税费，因此污染防治工作并不总能体现为技术改进；在企业创新活动资金保障不足的情况下，企业污染防治工作费用的增加可能会挤占其用于创新投入的资金。

企业的资金保障受到区域金融环境的影响，因而本书进一步检验了金融发展水平对企业创新投入的影响。结果显示，无论是否控制环境规制的影响，金融发展水平的提高对制造企业创新投入都有着积极的作用。从作用机理上看，企业的融资约束环境规制与企业创新投入的关系中起到部分中介作用。环境规制对长江经济带制造业上市企业的创新投入存在直接的负面影响，也通过提高制造业企业的融资约束，减少了企业可用于研发投资的资金，降低了企业研发投入的意愿。金融发展水平在环境规制与企业创新投入的直接和间接关系中均起到调节作用。当企业所处地区的金融发展水平更高时，融资约束的负向中介作用被弱化甚至抵消；而当企业所处地区的金融发展水平更低时，企业融资约束的负向中介作用加强。

传统的工业发展模式必然会造成资源的浪费与环境的破坏。然而，随着生产技术的不断创新，环境规制与工业发展之间不再是一个必然的对立关系。"污染防治是朝着正确方向迈进的重要一步"，政府、企业和个人都必须学会从提高资源利用率的角度来应对环境治理。如果我国的环境规制的目的还局限于污染防治，则很难实现长期可持续的发展状态。鼓励企业提高生产率和资源利用率并不仅仅是为了减少污染，其真正目的是使企业意识到，只有不断地降低生产的"真实成本"和提高产品的"真实价值"，才能实现可持续的发展。与其说环境规制限制了工业的发展，不如说环境规制可以改变工业发展的方向。当现有生产技术不能满足环境保护的要求时，其就会倒逼企业进行技术创新，进而倒逼行业整体的革新和进步。为了实现这种共赢的局面，政府、金融机构和企业都需要共同努力。

8.2 长江经济带制造企业创新环境优化的对策建议

根据本书的研究结论，结合长江经济带的现实情况，本书认为在构建与优化长江经济带制造企业创新环境的过程中，仍存在以下六个问题：

（1）创新资源利用率低。就制造业的创新环境本身而言，现阶段长江经济带的制造企业未能充分整合行业资源，难以合力突破技术壁垒。在缺乏行业协会引领的情况下，制造企业"各自为阵，单打独斗"，缺乏资源统筹，资源利用效率较低。同时，这样的发展模式也导致企业很难站在更高的层面上识别和攻克行业关键技术壁垒，实现有前瞻性的技术创新。

（2）创新成果转化不足。正是由于未能充分利用各方资源，在尖端技术难以攻克的同时，制造企业创新的成果转化能力与动力均有不足，导致企业难以从创新活动中充分获益，"创新补偿"严重不足。而制造企业资金压力巨大，如果创新活动难以在短期内为企业带来收益，企业就难以持续地维系高额的创新投入。

（3）环境规制与金融体系的发展未能实现协同。合理的环境规制设计有利于技术进步，良好的金融体制有利于企业创新投入，然而现有政策制度中很难看到将环境规制与金融制度结合起来的具体措施，当两种政策措施孤立于对方存在，很难实现其创新激励效应的相辅相成、相互促进。

（4）严苛的环境规制容易导致制造企业资金受到挤占。在长江经济带的制造业中，企业数量占比较高的非金属矿物制品加工和农副产品加工业的大气污染排放量均相对较高，在环境法规日趋严苛的政策环境中，区域内大量制造企业都承受着较大的环保压力，这种环保压力可能对企业资金造成挤占，抑制企业的研发活动。因此，如何在保障制造企业创新资金来源的前提下促进制造企业的绿色化发展，是现阶段制度设计过程中需要破解的关键难题。

（5）小微制造企业与民营制造企业创新动力和能力薄弱。资本是制造企业创新动力的重要保障，金融体系的发展为企业积极进行技术创新、解决生产中的污染问题提供了有效的资金保障，因而金融体系的作用至关重要。然而，与其他经济圈相比，长江经济带的金融发展水平仍有待进一步提高。此外，金融对制造业企业与小微企业的支持仍略显不足：数据显示，2020年重庆市金融机构的本外币贷款总额中，仅有7.5%流向了制造业；同时，重庆市金融机构境内企业人民币贷款总额中，有75%流向了大中型企业，仅2.88%流向小型制造企业。实证结果和现实经验表明，民营企业创新仍存在较大阻碍，缺乏有带动性的龙头企业。现阶段成渝地区的民营制造企业仍面临着创新主体基础薄弱、高端产业比例较低、创新人才培育滞后等问题。一些新兴产业仍缺乏产业链配套，难以形成规模效应。同时，由于缺乏有带动作用的龙头企业，进一步阻碍了产业链的配套和产业集群的发展。

（6）环境规制的正向空间效应未充分释放并且区域发展差异依然较大。首先，环境规制的空间效应未能达到最佳状态，在长江经济带上中下游不同区域之间，环境保护政策与措施的执行力度、效率及效果存在差异。这种不均衡可能导致上游的环境退化问题（如森林退化、水土流失）影响到中下游的水质与生态安全，而中下游的工业污染与城市扩张压力又可能加剧整个流域的环境负担。因此，加强环境规制的区域协同，确保政策的有效传导与执行一致性，是提升规制效能的关键。其次，区域发展不协调，由于长江经济带覆盖省市经济实力不一，发达地区与欠发达地区的资源配置、产业布局和环境治理能力存在明显差别。并且其产业结构的不平衡，部分地区依然依赖高污染、高耗能的重化工业，与绿色转型的目标背道而驰。

针对以上六点现实问题，结合本书的研究结论，本书提出以下六点对策建议。

8.2.1 以政府为主导推动关键技术突破，强化行业资源对企业创新的外部赋能

8.2.1.1 推动行业创新平台的构建

科技创新，作为推动社会进步和经济发展的核心动力，往往需要超越当前现实的视野，前瞻性地探索和研究未来可能的发展趋势。然而，在现实的生产经营中，尤其是那些承担着高固定成本和巨大现金流需求的制造

企业，特别是民营企业，它们往往难以有充足的资源和能力去投入尖端技术的研发。这种困境导致了许多企业在创新层面难以取得突破，难以引领行业技术的关键性发展。

在这样的背景下，政府作为社会公共资源的调配者，其角色显得尤为重要。政府可以通过搭建行业创新平台，集结行业内外的顶尖专家和资源，共同为行业的未来发展提供智力支持。这样的平台不仅可以高瞻远瞩地识别出行业发展的关键技术需求，还可以预先发现潜在的技术壁垒，为整个行业的技术进步指明方向。在政府的引导下，行业创新平台可以针对性地开展技术攻关和创新活动，推动行业技术水平的整体提升。而企业则可以在这样的平台上，基于关键技术的突破，结合自身的资源和能力，进行更深层次的技术应用和研发，形成独特的竞争优势。行业创新平台的搭建，对于民营企业来说，更是一个福音。通过参与这样的平台，企业可以获得更多的创新资本和技术支持，解决创新资金不足的问题。同时，这样的平台还有助于培育出更多具有行业领导地位的龙头企业和独角兽企业，为整个行业的发展注入新的活力。此外，行业创新平台的搭建还有助于政府从更全面的角度梳理产业链条，明确产业发展的方向和目标。政府可以根据平台提供的信息和数据，精准地引进能够有效带动产业发展的上下游产业，进一步推动产业集群的构建和发展。

8.2.1.2 推动技术设备共享中心的搭建

在当前的制造业发展背景下，固定资产的有效管理与利用显得尤为关键。其中，生产与试验设备不仅是制造企业日常运营的基础，更是企业竞争力的重要体现。这些设备的共享使用，不仅可以在保证生产质量的前提下降低生产成本，还能在一定程度上缓解环保税费支出带来的经济压力，促使企业将更多的资源投入到技术创新上，从而实现绿色、可持续的发展。以广东省佛山市的绿色共享钣喷中心为例，这一创新举措在区域内产生了深远的影响。该中心采用高效的环保技术，严格控制喷涂过程中的污染排放，为周边 5 千米范围内的汽修企业提供了便捷、高效的喷涂服务。这一共享模式的出现，不仅让周边企业省去了购置喷涂设备的巨大成本，还通过集中处理喷涂产生的废弃物，大幅降低了环保风险。更重要的是，这种共享模式为企业带来了实实在在的经济效益。汽修企业无需再为喷涂设备的维护、更新投入大量资金，而是可以将更多资源用于提升服务质量和开拓新市场。同时，搭建共享中心的企业也能通过提供服务获得稳定的收益，实现了双赢的局面。长江经济带的各城市在推动制造业转型升级的过程中，也可以借鉴这一思路。政府通过鼓励企业之间的知识交流和技术合作，搭建不同类型的共享中心，可以促进资源的共享和优化配置，提高整个区域的产业竞争力。例如，政府可以建立共享的实验室、检测中心、模具制造中心等，为中小企业提供技术支持和服务，降低其创新门槛和成本。值得一提的是，这种设备共享中心并不会导致企业"创新惰性"的形成。相反，通过不断地共享最新的技术和设备，企业能够更快地了解行业动态和技术趋势，激发其创新动力。当整个行业都掌握了相同的技术和设备时，这些技术和设备便不能成为企业的核心竞争力。因此，为了保持竞争优势，企业必须不断地进行技术研发和创新，以获取更高的超额利润。总之，设备共享是一种有效的资源利用方式，可以在不降低生产质量的前提下降低生产成本，促进环保和可持续发展。同时，政府通过搭建共享中心、鼓励企业之间的知识交流和技术合作，可以推动整个区域的产业升级和技术创新。因此，各地政府和企业应该积极探索和实践这一模式，为制造业的转型升级注入新的动力。

8.2.2 加强校、企、政、金联动合作，同步提升成果转化效率与资本利用效率

8.2.2.1 推进高校、企业与金融机构的资源共享

在当前的知识经济时代，校企合作作为人才培养和知识转移的重要渠道，一直扮演着至关重要的角色。然而，尽管这种模式在多个层面上取得了一定的成效，但我们仍需认识到其潜在的局限性和可以改进的空间。首先，校企合作的传统模式主要聚焦于人才的培养和输送。不可否认，这为学生提供了宝贵的实践机会，为企业输送了符合需求的专业人才。然而，这种合作模式往往忽视了高校科研资源的巨大潜力。高校不仅仅是学生培养的摇篮，更是知识创新的源泉。许多高校的科研团队拥有大量前沿、创新的科研成果，这些成果如果能够得到合理的转化和应用，将对社会和经济产生深远的影响。然而，现阶段的校企合作模式并未能充分利用这些科研资源。一方面，企业和高校在绩效目标、运作机制等方面存在的差异，导致双方在合作过程中难以形成有效的对接；另一方面，经济激励手段的限制也制约了校企合作的深度和广度。高校科研成果的转化需要大量的资金、技术和市场资源支持，而这些资源的获取往往需要企业和金融机构的

参与。然而，传统的校企合作模式缺乏对这些资源的有效整合和利用，导致了科研成果的转化效率低下，甚至很多优秀的科研成果被埋没。为了解决这个问题，我们需要在校企合作的基础上加强二者与金融机构的合作。金融机构作为资本和资源的汇聚地，拥有雄厚的资金实力和丰富的项目孵化经验。通过与高校和企业的紧密合作，金融机构可以为高校的科研项目提供系统的资金供给和后续管理服务，推动研发成果的落地和商业化。具体来说，金融机构可以设立专门的投资基金或管理公司，对高校的科研项目进行筛选、评估和投资。这些基金或公司可以利用自身的专业能力和市场资源，为科研项目提供从资金筹集、技术研发到市场推广等全方位的支持。通过与高校的深度合作，金融机构还可以及时了解高校的科研动态和需求，为高校的科研成果转化提供更为精准和有效的服务。此外，这种合作模式还可以为金融机构带来新的投资机会和收益来源。通过投资高校的科研项目，金融机构可以分享到科研成果转化后的经济收益和社会影响力。同时，这种合作模式还可以提高金融机构的社会责任感和品牌形象，为金融机构的长期发展奠定坚实的基础。然而，要实现校企合作与金融合作的良性互动，我们还需要建立完善的合作机制和协调机制。其中包括明确各方的职责和权益、建立有效的沟通渠道和协作机制、制定科学的评估标准和激励机制等。另外，还需要加强对知识产权的保护和各方信息共享和沟通，确保各方之间保持高度信任和合作。总之，通过加强校企合作与金融机构的合作，我们可以构建一个更加高效和共赢的生态系统。这个生态系统将充分发挥高校科研资源的潜力，推动科研成果的转化和商业化，促进技术创新和产业升级，为金融机构提供新的投资机会和收益来源，推动金融业的创新和发展。最终，这种合作模式将有助于实现资源的优化配置，推动经济的发展和社会的进步。

8.2.2.2 保障专业技术人才供给与需求匹配

人力资本在现代企业中占据着举足轻重的地位，尤其是对于企业创新而言，其作用更是无可替代。技术人才，作为企业内部创新动力的源泉，是推动企业持续发展和保持竞争力的关键因素。因此，在人才的培育和引进上，政府和企业之间的紧密合作显得尤为重要。首先，政府要确保人才的数量与质量能够满足企业的需求，就必须在人才机制上进行深度的合作与探索。政府需要发挥其宏观调控和政策导向的作用，而企业则需要发挥其市场敏感度和实践经验的优势。在扩充人才数量的同时，政府更要注重人才与政策的匹配性，确保引进的人才能够真正为企业所用，为地方经济的发展作出贡献。以制造业为例，这是一个对技术依赖度极高的行业，也是创新活动最为活跃的领域之一。为了促进制造企业的创新，企业必须高度重视尖端技术人才的引进。以广东省为例，其在 2020 年发布的《关于强化广东省制造业高质量发展人才支撑的意见》中，提出了多项举措来加快培育高精尖专业技术人才，并设定了到 2025 年制造业人才总量超过 1 350 万人的宏伟目标。这一政策的实施，不仅为广东省的制造业注入了强大的动力，也为其他地区提供了宝贵的借鉴。其次，长江经济带作为中国经济发展的重要区域，其制造业的发展也面临着人才短缺的挑战。为了完善制造业人才体系，长江经济带各城市可以从以下两个方向入手：一是准确识别制造企业所需人才类型，完善制造业人才引进政策。这要求政府加强与高校、企业和行业的沟通与协作，深入了解市场需求的变化趋势，及时调整人才培养和引进政策。目前，很多地区的人才引进政策过于偏向高端人才，而忽略了对中端骨干人才和专业技术人才的吸引。事实上，中端骨干人才和专业技术人才在企业的创新过程中同样发挥着不可替代的作用。他们是企业创新实质产出的中坚力量，是技术创新得以顺利实施的重要保障。因此，在注重顶尖研发人才引进的同时，也要大力培育技术实施和企业管理人才，强化企业创新的关键动力。二是提高制造业人才待遇，既要留住本地人才，也要吸引外地人才。政府可以通过制定相关政策和提供资金支持，鼓励制造企业提高专业技术人才的薪酬水平和工作条件。同时，其还可以鼓励企业建立股权激励、员工持股等激励机制，让专业技术人才能够分享企业的成长和利润。这样一来，不仅能够增强人才的归属感和忠诚度，还能够激发他们的创新热情和创造力。此外，政府还需要加强对专业技术人才的权益保护，维护他们的合法权益。这包括完善法律法规、加大监管力度、打击侵权行为等方面。只有在一个公平、公正、有序的环境中，人才才能够充分发挥其潜力，为企业和社会创造更大的价值。现阶段，各地政府都在大力吸引外地人才，但在人才引进的同时，也必须注重本地人才的配套待遇。如果本地人才的待遇得不到保障和提升，很容易造成人才流失，进而影响到企业的创新能力和竞争力。因此，政府需要制定全面的人才政策，既要吸引外地人才，也要留住本地人才，实现人才的良性循环和可持续发展。

8.2.3 将金融工具纳入环境政策手段，促进金融机构参与环境规制实施

8.2.3.1 加强金融产品与环境政策的协调与配套

金融政策的设计不能与环境规制完全孤立，当环境规制迫使企业提高污染防控的标准，金融体系要能够提供有效的资金支持，帮助企业克服资金障碍。促进金融机构参与环境规制实施，可以有效促进市场激励型环境规制发挥实质作用，碳排放权交易、碳金融等就是很好的例子。将金融工具纳入环境政策的手段，一方面可以利用金融体系的信息整合和监管功能，为环境规制的经济激励手段提供可靠的载体；另一方面也为金融产品的创新提供了新的方向，例如包含"创新融资租赁""环保融资租赁"等概念的金融产品。同时，地方金融政策要与国家与地方的环境政策有机配套，金融部门和生态环境部门应加强协作，在提出环境治理目标的同时，制定对应的金融支持政策，提供配套的政策优惠，保障企业能够为其绿色创新项目筹措资金。例如中国的绿色债券市场近年来快速发展，为企业提供了筹集资金的渠道，用于支持可再生能源、能效提升和污染治理等项目。因此，金融政策与环境规制的结合是推动绿色经济发展的重要手段。

8.2.3.2 加强金融产品与环境政策的协调与配套

完善的绿色创新项目审查体制是金融产品与环境政策协调配套的基本保障。通过建立严格、专业的审查体系和监管体系，可以提高金融资产的使用效率，确保资金被正确地分配给真正的绿色项目和企业，推动绿色经济的发展。如果审查不严格，并没有将资金提供给真正的绿色项目和企业，或是过程监管不严格，以节能环保名义申请的贷款并没有真正用于这些绿色创新项目，那么融资环境的放宽会起到反作用，不仅会浪费金融资源，还可能对环境造成进一步的破坏。为了提高金融资产的使用效率，应当对贷款项目进行更严格、更专业的审查。审查过程应该由具有相关专业知识和经验的专家进行，以确保对项目的技术细节和潜在风险有充分的了解。如果不能保证项目审查人员对项目所涉专业技术的充分了解，则需要一套完整的贷款项目审查体系和监管体系来帮助金融机构识别项目风险。对制造企业的节能减排项目和有实质效益的创新项目，可建立白名单制度和绿色通道，保证其融资顺畅。

8.2.4 实现环境规制精细化设计与实施，注重弱势企业创新能力培育

8.2.4.1 制定差异化奖惩政策，精准扶持企业绿色创新

本书通过实证检验发现，严格的环境规制对重污染企业创新投入的负面作用更强。结合现实情况，重污染企业的环境治理压力巨大，如果企业无力承担治理成本，未能达到环保标准，将面临关停风险。在过去很长一段时间，在"去产能"的目标下，关停了大量高能耗、高污染的企业。本书认为，这种以关停高污染企业为主的淘汰机制，在现阶段已不是最优选择。对于重污染企业，适当的鼓励和扶持手段，助其突破困境，才是更加可持续的发展方式。因此，我们可以针对不同的行业与企业制定与其需求相匹配的环境规制，对轻污染企业奖惩并施，在不会大量挤占企业资金的前提下，持续促进节能减排；而对重污染企业，则需要精细化处理。具体而言，在一定时期内成功自主研发出节能减排技术并实施的企业，给予环保税费返还和创新补贴；对采用行业内已有的技术进行污染控制的企业，仅给予少量环保税费返还，不给予创新补贴，在不增加企业成本压力的情况下，鼓励这部分企业进行自主创新；对于没有能力、没有充足资金进行节能减排技术改造的企业，可以协助其利用融资租赁的方式或办理贷款，引进节能减排技术；对于特别困难的企业，可以申请缓交环保税费，待其改进生产技术，提高企业收益后，再偿还剩余税费，并为其提供技术支持，助其早日实现绿色生产。

同时，由于环境规制对非国有企业及小规模企业的负面作用更强，环境规制的细化思路也应涉及企业产权性质与规模。首先，设置阶梯型的环保税费征收方案，减少小型企业环保成本，推动大型企业进行技术革新。其次，对非国有企业，适当提高其环保税费返还额和技术创新补贴，优化非国有企业的政策环境。

8.2.4.2 加快"末端治理"向"源头控制"的转变

我们通过研究长江经济带的环境政策发现，不少地区的重心仍放在"末端治理"上，没有把推进绿色循环的低碳发展放在更为重要的位置上。事实上，源头控制是比末端治理更高效且可持续的环境治理手段。因此，我国应进一步实现两地环境政策的协同。这一方面有助于取长补短，尽快摒弃以末端治理为主的环境规划；另一方面也有助于缩小城市之间的环境规制差异，避免高污染、高能耗企业涌入环境规制较弱的地区，出现"污

染天堂"的现象。具体而言，环境规制的设计要尽量以鼓励手段为主、以强制性手段为辅，环境治理目标的制定要从过去以最终污染排放量为主的目标任务，转变为指定污染治理技术、划定绿色生产技术范围、设置特定技术补贴等以提供技术创新方向为最终目标的方式，鼓励企业不断改进技术。需要注意的是，这种制定技术的范围不宜过小，应以划定范围的方式，给企业留足创新空间，避免产生"创新惰性"。这种方式可与设备共享中心的构建相辅相成，共同促进行业整体的技术进步。

8.2.5 推动金融体系对制造企业的精准支持，引导社会资本参与制造业创新

8.2.5.1 加强对制造企业的精准金融支持

由于制造企业的资金需求较大，因此保障制造企业的金融支持是环境规制有效实施的基础。更加灵活、精准的金融制度设计，为制造业企业提供更好的融资环境，是未来企业创新政策优化的重要方向。为实现金融工具与环境政策实施的相互配合，我们可从以下几个方面优化金融制度：一是进一步放宽制造企业的融资条件，加大对绿色创新项目的资金支持，鼓励制造业企业利用再贷款、再贴现或上市的方式融资，引导金融资产重点流向制造型企业，以抵消环境规制对企业创新带来的负面影响。二是落实对实体经济货币政策工具的直达性，对新兴的制造业企业，要加大贷款投放力度；对于技术先进、污染较低的企业，要加强银企对接，实时了解其融资需求，提供合理的金融工具。三是加强银行与融资担保、私募基金等机构的合作，引导投资基金及保险投向制造企业。

在金融支持政策的设计上，我们要针对不同类别的企业，精准设计适用的方案：对已上市的企业，鼓励其通过并购或再融资的方式获取资金；对未上市的企业，可为其上市、发行公司债提供技术和法律服务；对于中小微型制造企业，可落实普惠性贷款，协助中小微企业渡过研发投入前期的融资难关；对于大型企业，则要注重专项金融资金的使用流向监管，确保贷款更多地用于企业研发而非生产性扩张。

8.2.5.2 加快绿色金融的政策标准完善与金融工具创新

绿色金融是引导资金进节能环保和清洁能源领域的有效途径，也是金融工具与环境治理结合的最优方式。绿色金融作为一种创新性的金融实践，旨在通过精准的资本配置，促进资金向节能环保、清洁能源以及其他

有益于环境改善的领域流动，从而实现经济效益与环境保护的双重目标。它是金融创新与环境治理深度融合的典范，展示了如何利用市场的力量来解决环境问题，推动经济向低碳、可持续的方向转型。

我们要有效推动绿色金融的蓬勃发展，首要任务是建立健全一套全面且具有前瞻性的绿色金融标准体系。这不仅包括对现有标准的不断完善，还意味着要前瞻性地引入新的规则，比如关于碳资产管理、碳交易机制以及碳绩效评价的具体政策与制度。政府通过对碳资产的精细化管理，包括准确地盘查与识别，可以有效帮助企业量化其环境足迹，进而形成科学的碳资产管理策略，树立起将碳资产视为重要战略资源的观念。此外，强化企业环境信息披露的透明度和共享机制是提升绿色金融市场效率的关键。政府通过减少信息不对称，可以显著降低投资者与融资方之间的交易成本，使得资本流向那些真正致力于绿色转型的企业。我们利用大数据和数字化平台，能够实现企业环境表现的实时监测与分析，为政策制定者提供即时反馈，使他们能够灵活调整政策措施，同时也能让金融机构快速响应市场需求，推出定制化的绿色金融产品和服务。

在金融工具创新方面，我们应当突破传统绿色信贷和绿色债券的框架限制，积极开发适应"碳达峰"和"碳中和"长远目标的新金融产品。这包括但不限于绿色基金、绿色保险、碳金融衍生品等，以及探索通过绿色股权融资、绿色 ABS（资产证券化）等多元化融资渠道，为绿色项目和企业提供更为丰富的资金来源。金融机构还应深化与政府部门、国际组织的合作，共同探索跨境绿色金融合作模式，拓宽绿色资金的全球流动渠道，促进全球气候治理目标的实现。

8.2.6　建立区域间环境政策协同监管体系，促进技术扩散和创新

从空间作用角度来说，在当前全球化和区域一体化深入发展的背景下，环境政策的制定和实施已经不再局限于单个行政区域内，而是需要考虑区域间的相互影响和协同效应。因此，建立区域间的环境政策协同监管体系显得尤为重要，这不仅有助于增强环境政策在激励绿色技术创新方面的空间外溢效应，而且对于实现区域经济的可持续发展具有深远意义。

首先，区域间环境政策协同监管体系的建立，能够有效遏制污染型企业为了逃避严格的环境政策而进行的跨区域迁移。在实际操作中，这意味着各地区需要根据自身的经济发展水平和环境保护需求，制定差异化的环

境政策，同时通过协调和合作，避免出现环境政策的"洼地"，即环境规制较为宽松的地区成为污染企业的避难所。通过这种方式，可以促使企业在任何地区运营时，都面临着相似的环境合规成本，从而减少企业迁移的动机，确保环境政策的有效性。其次，区域间环境政策的协同还能够促进技术扩散和创新。企业迁移到新的地区时，通常会带来先进的生产技术和管理经验，这些技术和经验可能会在当地企业中得到传播和应用，从而提升整个区域的绿色创新水平。同时，接收地区通过资金和技术支持等配套政策，可以加速接收地区的资金、技术和人才积累，为当地企业提供更多的创新资源，推动产业结构的优化和升级。此外，区域间环境政策的协同监管还能够避免环境污染在中国不同地区间的转移。政府通过严格控制产业准入，禁止落后产能和高污染、高排放的产能转入，可以确保环境污染不会随着产业的转移而扩散。同时，加强环境监测工作，推动转入产业的生产技术改造和升级，可以进一步减少环境污染，保护生态环境。

综上所述，建立区域间环境政策协同监管体系是推动绿色技术创新、实现经济与环境双赢的重要手段。这不仅要求各地区在制定环境政策时考虑全局和长远的利益，而且需要通过区域合作和协调机制，确保环境政策的有效实施和执行。政府通过这种方式，可以促进区域经济的均衡发展，实现环境保护和经济发展的良性循环。

8.3 进一步研究展望

本书在研究过程中发现了几点在本书中未能解决的问题，这些问题为今后进一步的研究提供了方向：

第一，环境规制的评估维度繁多且复杂，本书虽然选择了一种基于政府资金投入与环境治理实效相结合的量化方式来剖析长江经济带的环境规制强度，但这仅仅是冰山一角。未来的研究可以尝试引入更多元化的量化指标，比如环境法规的严格程度、公众环保意识的提升程度、企业环保合规成本的变化等，以构建一个立体、多维的环境规制评价体系，从而更加全面且精确地捕捉环境规制的实际影响力。

第二，本书的理论构架立足于企业自由现金流假说和企业投资理论，专注于环境规制对创新投入的影响，但在企业创新的转化与产出层面，尤其是那些非财务因素（如组织文化、技术人才、市场接受度等）的考量上，我们的探讨尚留有空白。未来的研究应当拓宽视野，深入分析这些非资金要素如何在创新过程中发挥作用，以及它们如何与环境规制相互作用，共同塑造企业的创新绩效。

第三，在环境规制与企业创新投入间关系的探讨中，我们仅触及了融资约束作为中介变量的一隅。实际上，这个复杂关系网中很可能还潜藏着其他未被充分认识的中介因素，例如政策不确定性、技术创新的溢出效应、企业社会责任等。这些潜在因素如何在环境规制与企业创新决策之间搭建桥梁，值得未来研究者细致挖掘和深入剖析。

第四，政策制定的精准性和有效性是实现环境保护与经济发展的平衡点，当前我们面临的挑战在于如何准确评估企业创新成果的环境与经济效益。由于创新成果的效益往往具有滞后性、间接性和不确定性，设计一套科学合理的评估体系来及时且准确地量化这些效益，成为亟待解决的问题。未来的学术探索应聚焦于开发创新效益的量化工具和模型，为政策制定者提供可操作性强、反馈快速的决策依据，从而高效识别并激励那些对环境保护有显著贡献的创新项目。

综上所述，这些未尽事宜不仅指明了未来研究的新方向，也凸显了深化环境规制与企业创新领域研究的紧迫性与重要性，为推动可持续发展与绿色经济转型提供了宝贵的思考路径。

参考文献

[1] SCHUMPETER J A. The Theory of Economic Development [M]. Greater Boston: Harvard University Press, 1934.

[2] SOLOW M R. Technical change and the aggregate production function [J]. The Review of Economics and Statistics, 1957, 39: 312-320.

[3] ROMER P M. Increasing Returns and Long-run Growth [J]. Journal of Political Economy, 1986, 94 (5): 1002~1037.

[4] SEGERSTROM P S, ANANT T C A, DINOPOULOS E A. Schumpeterian Model of the Product Life Cycle [J]. The American Economic Review, 1990, 80 (5): 1077-1091.

[5] AGHION P, HOWITT P. A model of growth through creative destruction [J]. Econometrica, 1992, 60 (2): 323-351.

[6] NELSON, RICHARD R. National innovation systems: a comparative analysis [M]. New York: Oxford University Press, 1993.

[7] 柳卸林, 高雨辰, 丁雪辰. 寻找创新驱动发展的新理论思维: 基于新熊彼特增长理论的思考 [J]. 管理世界, 2017 (12): 8-19.

[8] KOSEMPEL S A. Theory of Development and Long Run Growth [J]. Journal of Development Economics, 2004, 75 (1): 201-220.

[9] HANUSCH H, PYKA A. Principles of Neo-Schumpeterian Economics [J]. Cambridge Journal of Economics, 2007, 31 (2): 275~289.

[10] MODIGLIANI F, MILLER M H. The Cost of Capital, Corporation Finance and the Theory of Investment [J]. American Economic Review, 1958, 48 (3): 261-297.

[11] MECKLING W H, JENSEN M C. Theory of the firm: Managerial be-

havior, agency costs and ownership structure [J]. Journal of financial economics, 1976, 3 (4): 305-360.

[12] GREENWALD B, STIGLITZ J E, WEISS A. Informational Imperfections in the Capital-Market and Macroeconomic Fluctuations [J]. American Economic Review, 1984, 74 (2): 194-199.

[13] MYERS S C, MAJLUF N S. Corporate Financing and Investment Decisions when Firms Have Information that Investors Do Not Have [J]. Journal of Financial Economics, 1984, 13: 187-221.

[14] FAZZARI S M, HUBBARD R G, PETERSEN B C. Financing constraints and corporate investment [J]. Brookings Papers on Economic Activity, 1988 (1): 141-206.

[15] ALMEIDA H, CAMPELLO M, WEISBACH M S. The Cash Flow Sensitivity of Cash [J]. Journal of Finance, 2004, 59 (4): 1777-1804.

[16] JORGENSON D W. Capital Theory and Investment Behavior [J]. American Economic Review, 1963, 53 (1): 47-56.

[17] JENSEN M C. Agency Costs of Free Cash Flow, Corporate Finance, and Takeovers [J]. American Economic Review, 1999, 76 (2): 323-329.

[18] RAPPAPORT A S. The Staying Power of the Public Corporation [J]. Harvard Business Review, 1990, 68 (1): 96-104.

[19] BERLE A A, MEANS G C. The Modern Corporate and Private Property [J]. Mc Millian, New York, NY, 1932.

[20] JENSEN M C, MECKLING W H. Theory of the Firm Managerial Behavior, Agency Costs and Ownership Structure [J]. Journal of Financial Economics, 1976, (4): 305-360.

[21] RUGMAN A M, VERBEKE A. Corporate strategies and environmental regulations: An organizing framework [J]. Strategic Management Journal, 1998, 19 (4): 363-375.

[22] PORTNEY P R. The Macroeconomic Impacts of Federal Environmental Regulation [J]. Natura Resources Journal. 1981, 21 (3): 459-488.

[23] 施蒂格勒. 产业组织与政府管制 [M]. 上海: 上海人民出版社, 1996: 210-241.

[24] 薄文广, 徐玮, 王军锋. 地方政府竞争与环境规制异质性: 逐底

竞争还是逐顶竞争？［J］. 中国软科学, 2018（11）: 76-93.

［25］Zhang J. Strategy on Optimization of Local Government Environmental Regulation Performance: Economic Analysis Based on Environmental Property Right［J］. Advanced Materials Research, 2012, 524: 3438-3442.

［26］Dasgupta S, Wheeler D. Citizen Complaints as Environmental Indicators: Evidence from China［M］. World Bank Publications, 1997.

［27］张天悦. 环境规制的绿色创新激励研究［D］. 中国社会科学院研究生院, 2014.

［28］傅京燕, 李丽莎. 环境规制、要素禀赋与产业国际竞争力的实证研究: 基于中国制造业的面板数据［J］. 管理世界, 2010（10）: 87-98, 187.

［29］胡建辉. 环境规制对产业结构调整的倒逼效应研究［D］. 中央财经大学, 2017.

［30］张倩. 环境规制对企业技术创新的影响机理及实证研究［D］. 哈尔滨: 哈尔滨工业大学, 2016.

［31］WANG Q, XU X, LIANG K. The Impact of Environmental Regulation on Firm Performance: Evidence from the Chinese Cement Industry［J］. Journal of Environmental Management, 2021, 299.

［32］张平淡, 袁浩铭, 杜雯翠. 环境法治、环保投资与治污减排［J］. 山西财经大学学报, 2019, 41（4）: 17-30.

［33］MARÍA D LÓPEZ-GAMERO, JOSÉ F MOLINA-AZORÍN, ENRIQUE CLAVER-CORTÉS. The potential of environmental regulation to change managerial perception, environmental management, competitiveness and financial performance［J］. Journal of Cleaner Production, 2010, 18（10-11）: 963-974.

［34］WILLIAMS III, ROBERTON C. Growing state-federal conflicts in environmental policy: The role of market-based regulation［J］. NBER Chapter, 2010.

［35］张嫚. 环境规制与企业行为间的关联机制研究［J］. 财经问题研究, 2005（4）: 34-39.

［36］齐绍洲, 林屾, 崔静波. 环境权益交易市场能否诱发绿色创新?: 基于我国上市公司绿色专利数据的证据［J］. 经济研究, 2018, 53（12）: 129-143.

［37］王娟茹，张渝. 环境规制、绿色技术创新意愿与绿色技术创新行为［J］. 科学学研究，2018，36（2）：352-360.

［38］苏昕，周升师. 双重环境规制、政府补助对企业创新产出的影响及调节［J］. 中国人口·资源与环境，2019，29（3）：31-39.

［39］郑晓舟，郭晗，卢山冰，等. 中国十大城市群环境规制与产业结构升级的耦合协调发展研究［J］. 经济问题探索，2021（6）：93-111.

［40］HUANG, XIAOLING, PENG TIAN. How does heterogeneous environmental regulation affect net carbon emissions：Spatial and threshold analysis for China［J］. Journal of Environmental Management 330（2023）.

［41］吴磊，贾晓燕，吴超，等. 异质型环境规制对中国绿色全要素生产率的影响［J］. 中国人口·资源与环境，2020，30（10）：82-92.

［42］张爱美，李夏冰，金杰，等. 环境规制、代理成本与公司绩效：来自化工行业上市公司的经验证据［J］. 会计研究，2021（8）：83-93.

［43］林伯强，潘婷. 环境管制如何影响绿色信贷发展？［J］. 中国人口·资源与环境，2022，32（8）：50-61.

［44］文书洋，史皓铭，郭健. 一般均衡理论视角下绿色金融的减排效应研究：从模型构建到实证检验［J］. 中国管理科学，2022，30（12）：173-184.

［45］赵玉民，朱方明，贺立龙. 环境规制的界定、分类与演进研究［J］. 中国人口·资源与环境，2009，19（6）：85-90.

［46］张崇辉，苏为华，曾守桢. 基于 CHME 理论的环境规制水平测度研究［J］. 中国人口·资源与环境，2013，23（1）：19-24.

［47］MARSHALL G C. The Principles of Economics［M］. London：Macmillan，1890.

［48］PIGOU A C. Co-Operative Societies and Income Tax［J］. Economic Journal，1920，30（118）：156-162.

［49］COASE R H. The Problem of Social Cost［J］. Journal of Law and Economics，1960，3：1-44.

［50］李永友，沈坤荣. 我国污染控制政策的减排效果：基于省际工业污染数据的实证分析［J］. 管理世界，2008（7）：7-17.

［51］董敏杰，梁泳梅，李钢. 环境规制对中国出口竞争力的影响：基于投入产出表的分析［J］. 中国工业经济，2011（3）：57-67.

［52］吴力波，钱浩祺，汤维祺.基于动态边际减排成本模拟的碳排放权交易与碳税选择机制［J］.经济研究，2014，49（9）：48-61，148.

［53］覃琼霞，王晓蓬，郭媛媛，等.长江经济带环境规制对工业绿色转型的影响研究［J］.中国环境管理，2022，14（5）：86-94.

［54］景维民，张璐.环境管制、对外开放与中国工业的绿色技术进步［J］.经济研究，2014，49（9）：34-47.

［55］师帅，荆宇，翟涛.市场激励型环境规制对低碳农业发展的作用及实施路径研究［J］.行政论坛，2021，28（1）：139-144.

［56］李博，王晨圣，余建辉，等.市场激励型环境规制工具对中国资源型城市高质量发展的影响［J］.自然资源学报，2023，38（1）：205-219.

［57］LIU L，LI M Y，GONG X J，et al. Influence Mechanism of Different Environmental Regulations on Carbon Emission Efficiency［J］. International Journal of Environmental Research and Public Health，2022，19（20）.

［58］周鹏飞，沈洋.环境规制、绿色技术创新与工业绿色发展［J］.河北大学学报（哲学社会科学版），2022，47（4）：100-113.

［59］陈诗一，陈登科.雾霾污染、政府治理与经济高质量发展［J］.经济研究，2018，53（2）：20-34.

［60］JIANG，YAN，et al. The value relevance of corporate voluntary carbon disclosure：Evidence from the United States and BRIC countries［J］. Journal of Contemporary Accounting & Economics 17. 3（2021）.

［61］王晗，何枭吟.产业集聚、环境规制与绿色创新效率［J］.统计与决策，2022，38（22）：184-188.

［62］韩先锋，宋文飞.异质环境规制对OFDI逆向绿色创新的动态调节效应研究［J］.管理学报，2022，19（8）：1184-1194.

［63］熊灵，闫烁，杨冕.金融发展、环境规制与工业绿色技术创新：基于偏向性内生增长视角的研究［J］.中国工业经济，2023（12）：99-116.

［64］赵霄伟.地方政府间环境规制竞争策略及其地区增长效应：来自地级市以上城市面板的经验数据［J］.财贸经济，2014（10）：105-113.

［65］余东华，胡亚男.环境规制趋紧阻碍中国制造业创新能力提升吗?：基于"波特假说"的再检验［J］.产业经济研究，2016（2）：11-20.

［66］李玲，陶锋.中国制造业最优环境规制强度的选择：基于绿色全要素生产率的视角［J］.中国工业经济，2012（5）：70-82.

［67］钱争鸣，刘晓晨.环境管制与绿色经济效率［J］.统计研究，2015，32（7）：12-18.

［68］沈悦，任一鑫.环境规制、省际产业转移对污染迁移的空间溢出效应［J］.中国人口·资源与环境，2021，31（2）：52-60.

［69］李胜兰，初善冰，申晨.地方政府竞争、环境规制与区域生态效率［J］.世界经济，2014，37（4）：88-110.

［70］］尹礼汇，孟晓倩，吴传清.环境规制对长江经济带制造业绿色全要素生产率的影响［J］.改革，2022（3）：101-113.

［71］孙景兵，孟玉玲.异质性环境规制对区域经济高质量发展溢出效应研究［J］.统计与决策，2022，38（13）：122-126.

［72］PARGAL, SHEOLI, DAVID WHEELER. Informal regulation of industrial pollution in developing countries：evidence from Indonesia［J］. Journal of political economy 104. 6（1996）.

［73］黄和平，杨新梅，周瑞辉，等.基于人与自然和谐共生的绿色发展：DGE 理论框架与城市面板检验［J］.统计研究，2022，39（5）：23-37.

［74］原毅军，谢荣辉.环境规制的产业结构调整效应研究：基于中国省际面板数据的实证检验［J］.中国工业经济，2014（8）：57-69.

［75］沈坤荣，金刚，方娴.环境规制引起了污染就近转移吗？［J］.经济研究，2017，52（5）：44-59.

［76］李昭华，蒋冰冰.欧盟环境规制对我国纺织品与服装出口的绿色壁垒效应：基于我国四种纺织品与服装出口欧盟 11 国的面板数据分析：1990—2006［J］.中国工业经济，2009（6）：130-140.

［77］保罗·克鲁格曼，等.发展、地理学与经济理论［M］.北京：北京大学出版社，中国人民大学出版社，2000.

［78］GOLSSMITH R W. Financial Structure and Development, New Haven［M］. CT：Yale University Press, 1969.

［79］MCKINNON R I. Money and Capital in Economic Development［M］. Washington, DC：Brookings Institution, 1973.

［80］SHAW E S. Financial Deepening in Economic Development［M］. New York：Oxford University Press, 1973.

［81］ALLEN F, GALE D. Financial Contagion ［J］. Journal of Political Economy, 2000, 108 (1): 1-33.

［82］LEVINE R. Bank-based or Market-based Financial Systems: Which is Better? ［J］. Journal of Financial Intermediation, 2002 (11): 1-30.

［83］STULZ R M. Does Financial Structure Matter for Economic Growth? A Corporate Finance Perspective ［M］. Cambridge, MA: MIT Press, 2001.

［84］白钦先. 金融结构、金融功能演进与金融发展理论的研究历程 ［J］. 经济评论, 2005 (3): 39-45.

［85］约翰·G. 格利, 爱德华·S. 肖. 金融理论中的货币 ［M］. 上海: 格致出版社、上海三联出版社、上海人民出版社, 2019.

［86］ASIF M, KHAN K B, ANSER M K, et al. Dynamic Interaction between Financial Development and Natural Resources: Evaluating the "Resource Curse" Hypothesis ［J］. Resources Policy, 2020, 65.

［87］STIGLITZ J E. Whither Socialism? ［M］. Cambridge, MA: The MIT Press, 1994.

［88］KAPUR B K. Alternative Stabilization Policies for Less-Developed Economics ［J］. Political. Economy, 1976, 84 (4, Part 1): 777-795.

［89］FRY M J. Money and Capital or Financial Deepening in Economic Development? ［J］. Money, Credit and Banking, 1978, 10 (4): 107-133.

［90］HELLMAN T, MURDOCK K, STIGLITZ J. Financial Restraint: Towards a New Paradigm ［J］. The Role of Government in East Asian Economic Development, 1997: 163-207.

［91］林毅夫, 孙希芳. 信息、非正规金融与中小企业融资 ［J］. 经济研究, 2005 (7): 35-44.

［92］BAS M, CAUSA O. Trade and Product Market Policies in Upstream Sectors and Productivity in Downstream Sectors: Firm-Level Evidence from China ［J］. Journal of Comparative Economics, 2013, 41 (3): 843-862.

［93］XU G, GUI B. From Financial Repression to Financial Crisis? The Case of China ［J］. Asian-Pacific Economic Literature, 2019, 33 (2): 48-63.

［94］吴茂光, 冯涛. 金融抑制与系统性金融风险: 竞争性内在机理研究 ［J］. 经济体制改革, 2022 (5): 195-200.

［95］HUANG Y, JI Y. How Will Financial Liberalization Change the Chinese Economy？［J］. Lessons from Middle-Income Countries. Journal of Asian Economics，2017，50：27-45.

［96］ MERTON R C，BODIE Z. Design of Financial System：Towards a Synthesis of Function and Structure ［J］. Journal of Investment Management，2005，3（1）：1-23.

［97］ LEVINE R. Finance and Growth：Theory and Evidence ［J］. Handbook of Economic Growth，2005，1（Part A）：865-934.

［98］ 郑联盛. 深化金融供给侧结构性改革：金融功能视角的分析框架 ［J］. 财贸经济，2019，40（11）：66-80.

［99］ BATTISTON S，MANDEL A，MONASTEROLO I，et al. A climate stress-test of the financial system ［J］. Nature Climate Change，2017，7（4）：283-288.

［100］ AGHION P，HOWITT P. A Model of Growth Through Creative Destruction. Econometrica，1992，60（2），323-351.

［101］ 倪红福，张士运，谢慧颖. 资本化 R&D 支出及其对 GDP 和经济增长的影响分析 ［J］. 统计研究，2014，31（3）：20-26.

［102］ HASAN I，TUCCI C L. The innovation-economic growth nexus：Global evidence ［J］. Research policy，2010，39（10）：1264-1276.

［103］ 谢兰云. 中国省域 R&D 投入对经济增长作用途径的空间计量分析 ［J］. 中国软科学，2013（9）：37-47.

［104］ MEHMET ADAK. Technological Progress，Innovation and Economic Growth；the Case of Turkey ［J］. Procedia Social and Behavioral Sciences. 2015（195）：776-782.

［105］ BATABYAL A A，YOO S J. On research and development in a model of Schumpeterian economic growth in a creative region ［J］. Technological Forecasting and Social Change，2017，115：69-74.

［106］ 杨玉忠，王瑾. 研究和试验经费投入对经济增长的影响：基于 2004-2016 年泛珠三角地区面板数据模型的实证分析 ［J］. 长江大学学报（社会科学版），2018，41（6）：68-73.

［107］ 郝金磊，尹萌. 时空差异视角下我国科技协同创新与经济增长 ［J］. 经济与管理评论，2019，35（6）：146-158.

［108］ 喻登科，李娇. 创新质量对区域高质量发展的解释力：创新投

入规模比较视角 [J]. 科技进步与对策, 2021, 38 (3): 40-49.

[109] MUGHAL N, ARIF A, JAIN V, et al. The role of technological innovation in environmental pollution, energy consumption and sustainable economic growth: Evidence from South Asian economies [J]. Energy Strategy Reviews, 2022, 39: 100745.

[110] 胡亮, 李正辉. 中国 R&D 投入对经济增长贡献的变动特征研究 [J]. 统计与决策, 2010 (23): 102-105.

[111] 王核成. R&D 投入与企业成长的相关性研究 [J]. 科学管理研究, 2001 (3): 13-16.

[112] GROSSMAN G M, HELPMAN E. Trade, Knowledge Spillovers, and Growth [J]. Nber Working Papers, 1990, 35 (2-3): 517-526.

[113] KELLER W. International Technology Diffusion [J]. Journal of EconomicLiterature, 2004, 2 (3): 752-782.

[114] 董静, 苟燕楠. 研发投入与上市公司业绩: 基于机械设备业和生物医药业的比较研究 [J]. 科技进步与对策, 2010, 27 (20): 56-60.

[115] 杜勇, 鄢波, 陈建英. 研发投入对高新技术企业经营绩效的影响研究 [J]. 科技进步与对策, 2014, 31 (2): 87-92.

[116] 尚洪涛, 黄晓硕. 政府补贴、研发投入与创新绩效的动态交互效应 [J]. 科学学研究, 2018, 36 (3): 446-455, 501.

[117] 马文聪, 侯羽, 朱桂龙. 研发投入和人员激励对创新绩效的影响机制: 基于新兴产业和传统产业的比较研究 [J]. 科学学与科学技术管理, 2013, 34 (3): 58-68.

[118] 刘睿智, 王京. 技术竞争导向下的创新投入与企业成长性: 来自科技型中小微企业的调查数据 [J]. 财务研究, 2021 (1): 94-103.

[119] 吴延兵, 米增渝. 创新、模仿与企业效率: 来自制造业非国有企业的经验证据 [J]. 中国社会科学, 2011 (4): 77-94, 222.

[120] 王卫星, 杜靖. 研发投入惯性、现金持有量与企业竞争力: 基于民营中小企业的视角 [J]. 会计之友, 2021 (24): 33-39.

[121] 帅红玉, 李庆德, 刘嫦, 等. 创新投入何以提升企业竞争优势?: 基于供应链中介视角 [J]. 新疆大学学报 (哲学社会科学版), 2023, 51 (6): 9-25.

[122] 朱艳华, 许敏. 中小板上市公司 R&D 投入对绩效影响的实证研

究［J］. 科技管理研究, 2013, 33（13）: 164-167.

［123］孙自愿, 王玲, 李秀枝, 等. 研发投入与企业绩效的动态关系研究: 基于内部控制有效性的调节效应［J］. 软科学, 2019, 33（7）: 51-57.

［124］尹美群, 盛磊, 李文博. 高管激励、创新投入与公司绩效: 基于内生性视角的分行业实证研究［J］. 南开管理评论, 2018, 21（1）: 109-117.

［125］王楠, 赵毅, 丛继坤, 等. 科创企业研发投入对企业成长的双门槛效应研究［J］. 科技管理研究, 2021, 41（11）: 131-138.

［126］ENOS J L. Invention and Innovation in the Petroleum Refining Industry［J］. Nber Chapters. 1962, 27（8）: 786-790.

［127］MANSFIELD E. Industrial Research and Technological Innovation: An Econometric Analysis［M］. London: Longman, 1969.

［128］FREEMAN C. The Determinants of Innovation［J］. Futures the Journal of Forecasting & Planning. 1979, 11（2）: 155-162.

［129］UTTERBACK J M. Mastering the Dynamics of Innovation［J］. Research-Technology Management. 1994, 37（1）: 1-16.

［130］BURGELMAN R A, MAIDIQUE M A, WHEELWRIGHT S C. Strategic management of technology and innovation［M］. Chicago: Irwin, 1996.

［131］吴桂生. 技术创新管理［M］. 北京: 清华大学出版社, 2000.

［132］刘劲杨. 现代创新理论与地矿科技攻关创新模式探析: 以国家科技攻关 305 项目为例［D］. 成都理工学院, 2002.

［133］朱沆, Eric Kushins, 周影辉. 社会情感财富抑制了中国家族企业的创新投入吗?［J］. 管理世界, 2016（3）: 99-114.

［134］夏清华, 黄剑. 市场竞争、政府资源配置方式与企业创新投入: 中国高新技术企业的证据［J］. 经济管理, 2019, 41（8）: 5-20.

［135］胡恒强, 范从来, 杜晴. 融资结构、融资约束与企业创新投入［J］. 中国经济问题, 2020（1）: 27-41.

［136］钟田丽, 马娜, 胡彦斌. 企业创新投入要素与融资结构选择: 基于创业板上市公司的实证检验［J］. 会计研究, 2014（4）: 66-73, 96.

［137］贾俊生, 伦晓波, 林树. 金融发展、微观企业创新产出与经济增长: 基于上市公司专利视角的实证分析［J］. 金融研究, 2017（1）: 99-113.

［138］LOUKIL K. The Impact of Financial Development on Innovation Activities in Emerging and Developing Countries［J］. 2020, 10（1）: 112-119.

［139］戴静，张建华. 金融所有制歧视、所有制结构与创新产出：来自中国地区工业部门的证据［J］. 金融研究，2013（5）：86-98.

［140］董晓庆，赵坚，袁朋伟. 国有企业创新效率损失研究［J］. 中国工业经济，2014（2）：97-108.

［141］董艳梅，朱英明. 中国高技术产业创新效率评价：基于两阶段动态网络 DEA 模型［J］. 科技进步与对策，2015，32（24）：106-113.

［142］刘飒，万寿义，黄诗华，等. 中国中小型高新技术企业创新投入效率实证研究：基于三阶段 DEA 模型［J］. 宏观经济研究，2020（3）：120-131.

［143］张浩，毛家辉，汪天宇. 我国智能制造企业技术创新效率提升的主要影响因素：基于三阶段 DEA-Tobit 模型的分析［J］. 科技管理研究，2023，43（22）：95-101.

［144］KOELLER T. Innovation, Market Structure and Firm Size：A Simultaneous Equations Model［J］. Managerial and Decision Economics，1995，16（3）：259-269.

［145］刘国新，李勃. 论企业规模与 R&D 投入相关性［J］. 管理科学学报，2001（4）：68-72.

［146］白俊红. 企业规模、市场结构与创新效率：来自高技术产业的经验证据［J］. 中国经济问题，2011（5）：65-78.

［147］苏昱霖，李晓丹，陈玉文. 中国高技术企业其规模与研发资金投入关系研究［J］. 科技管理研究，2017，37（16）：158-162.

［148］张国峰，陈方媛. 市场化改革、企业规模与研发投入［J］. 大连理工大学学报（社会科学版），2018，39（4）：15-20.

［149］李春涛，宋敏. 中国制造业企业的创新活动：所有制和 CEO 激励的作用［J］. 经济研究，2010，45（5）：55-67.

［150］罗宏，秦际栋. 国有股权参股对家族企业创新投入的影响［J］. 中国工业经济，2019（7）：174-192.

［151］刘运国，刘雯. 我国上市公司的高管任期与 R&D 支出［J］. 管理世界，2007（1）：128-136.

［152］刘鑫，薛有志. CEO 接班人如何决定企业的 R&D 投入？：基于前景理论的分析［J］. 财经研究，2014，40（10）：108-118，130.

［153］LIN C, LIU S, MANSO G. Shareholder Litigation and Corporate Innovation ［J］. Management Science, 2020, 67 (6)： 1-22.

［154］黄雅茹. 高管学术经历对企业创新投入的影响 ［D］. 上海财经大学, 2023.

［155］ARROW K J. Economic Welfare and the Allocation of Resources for Invention ［A］. NBER Chapter, in： Nelson, R. The Rate and Direction of Inventive Activity： Economic and Social Factors ［C］. Princeton： Princeton University Press, 1962： 609-626.

［156］WILLIAMSON O E. Innovation and Market Structure ［J］. Journal of Political Economy, 1965, 73 (1)： 67-73.

［157］MUKHOPADHYAY A K. Technological Progress and Change in Market Concentration in the U. S., 1963-1977 ［J］. Southern Economic Journal, 1985, 52 (1)： 141-149.

［158］NICKELL S. Competition and Corporate Performance ［J］. Journal of Political Economy, 1996, 104 (4)： 724-746.

［159］MANSFIELD E. Entry, Gibrat's Law, Innovation, and the Growth of Firms ［J］. American Economic Review, 1962, 52 (5)： 1023-1051.

［160］SCHERER F M. Market Structure and the Employment of Scientists and Engineers ［J］. America Economic Review, 1967, 57 (3)： 524-531.

［161］LEVIN R C, COHEN W M, MOWERY D C. R&D Appropriability, Opportunity, and Market Structure： New Evidence on Some Schumpeterian Hypotheses ［J］. American Economic Review, 1985, 75 (2)： 20-24.

［162］SCHERER F M. Firm Size, Market Structure, Opportunity, and the Output of Patented Inventions ［J］. American Economic Review, 1965, 55 (5, Part1)： 1097-1125.

［163］HAMBERG D. Size of Firm, Oligopoly, and Research： The Evidence ［J］. The Canadian Journal of Economics and Political Science, 1964, 30 (1)： 62-75.

［164］TZELEPIS D, SKURAS D. The Effects of Regional Capital Subsidies on Firm Performance： An Empirical Study ［J］. Journal of Small Business & Enterprise Development, 2004, 11 (1)： 121-129.

［165］GOMEZ M A, SEQUEIRA T N. Should the US Increase Subsidies to R&D? Lessons from an Endogenous Growth Theory ［J］. Oxford Economic Papers-New Series, 2014, 66（1）: 254-282.

[166] 王刚刚, 谢富纪, 贾友. R&D 补贴政策激励机制的重新审视: 基于外部融资激励机制的考察 [J]. 中国工业经济, 2017（2）: 62-80.

[167] 严若森, 陈静, 李浩. 基于融资约束与企业风险承担中介效应的政府补贴对企业创新投入的影响研究 [J]. 管理学报, 2020, 17（8）: 1188-1198.

[168] 苗文龙, 何德旭, 周潮. 企业创新行为差异与政府技术创新支出效应 [J]. 经济研究, 2019, 54（1）: 85-99.

[169] 张杰, 陈志远, 杨连星, 新夫. 中国创新补贴政策的绩效评估: 理论与证据 [J]. 经济研究, 2015, 50（10）: 4-17, 33.

[170] 黄文娣, 李远. 政府补贴对企业研发投入异质性门槛效应研究: 基于广东数据验证 [J]. 科技管理研究, 2022, 42（7）: 36-44.

[171] 陈东, 法成迪. 政府补贴与税收优惠并行对企业创新的激励效果研究 [J]. 华东经济管理, 2019, 33（8）: 5-15.

[172] MCKENZIE J, WALLS W D. Australian Films at the Australian Box Office: Performance, Distribution, and Subsidies [J]. Journal of Cultural Economics, 2013, 37（2）: 247-269.

[173] ZUNIGA-VICENTE J A, ALONSO-BORREGO C, FORCADELL F J. Assessing the Effect of Public Subsidies on Firm R&D Investment: a survey [J]. Journal of Economic Surveys, 2014, 28（1）: 36-67.

[174] 万文海, 朱晓艳, 林春培, 等. 政府支持对中小企业研发投入的影响研究 [J]. 科学决策, 2022（7）: 63-76.

[175] ACKERMAN B A, STEWART R B. Reforming Environmental Law: The Democratic Case for Market Incentives [J]. Columbia Journal of Environmental Law, 1988, 13: 171.

[176] FIORINO D J. Rethinking environmental regulation [J]. The Harvard Environmental Law Review, 1999, 23（2）: 441-469.

[177] BARBERA A J, MCCONNELL V D. The Impact of Environmental Regulations on Industry Productivity: Direct and Indirect Effects [J]. Journal of Environmental Economics and Management, 1990, 18（1）: 50-65.

[178] JAFFE A B, PETERSON S R, PORTNEY P R, et al. Environmental Regulation and the Competitiveness of U. S. Manufacturing: What Does the

Evidence Tell Us? [J] Journal of Economic Literature, 1995, 33 (1): 132-163.

[179] HE W, TAN L, LIU Z J, et al. Property rights protection, environmental regulation and corporate financial performance: revisiting the Porter hypothesis. J Clean Prod, 2020, 264: 121615.

[180] WALLEY N, WHITEHEAD B. It's Not Easy Being Green [J]. Harvard Business Review, 1994, 72 (3): 46-51.

[181] CHANG M C. Environmental regulation, technology innovation, and profit: a perspective of production cost function [J]. TheorEcon Lett, 2013, 3: 297-301.

[182] GRAY W B, SHADBEGIAN R J. Environmental Regulation, Investment Timing, and Technology Choice [J]. Journal of Industrial Economics, 1998, 46 (2): 235-256.

[183] 张红凤, 李睿. 低碳试点政策与高污染工业企业绩效 [J]. 经济评论, 2022 (2): 137-153.

[184] PORTER M E. America's Green Strategy [J]. Scientific American, 1991, 264 (4): 168.

[185] PORTER M E, LINDE C. Toward a New Conception of the Environment-Competitiveness Relationship [J]. Journal of Economic Perspectives, 1995, 9 (4): 97-118.

[186] 康志勇, 汤学良, 刘馨. 环境规制、企业创新与中国企业出口研究: 基于 "波特假说" 的再检验 [J]. 国际贸易问题, 2020 (2): 125-141.

[187] KNELLER R, MANDERSON E. Environmental Regulations and Innovation Activity in UK Manufacturing Industries [J]. Resource and Energy Economics, 2012, 34 (2): 211-235.

[188] FORD J A, STEEN J, VERREYNNE M L. How Environmental Regulations Affect Innovation in the Australian Oil and Gas Industry: Going beyond the Porter Hypothesis [J]. Journal of Cleaner Production, 2014, 84 (1).

[189] RUBASHKINA Y, GALEOTTI M, VERDOLINI E. Environmental Regulation and Competitiveness: Empirical Evidence on the Porter Hypothesis from European Manufacturing Sectors [J]. Energy Policy, 2015, 83: 288-300.

［190］O'ROURKE D. Mandatory Planning for Environmental Innovation：Evaluating Regulatory Mechanisms for Toxics Use Reduction ［J］. Journal of Environmental Planning and Management, 2004, 47（2）, 181-200.

［191］WANG Y, SUN X, GUO X. Environmental Regulation and Green Productivity Growth：Empirical Evidence on the Porter Hypothesis from OECD Industrial Sectors ［J］. Energy Policy, 2019, 132：611-619.

［192］张静晓, 孙昕冉, 李慧. 排污权交易政策对绿色创新效率的影响研究 ［J］. 中国环境管理, 2021, 13（6）：61-69.

［193］许文立, 孙磊. 市场激励型环境规制与能源消费结构转型：来自中国碳排放权交易试点的经验证据 ［J］. 数量经济技术经济研究, 2023, 40（7）：133-155.

［194］BAUMOL W J, OATES W E. The Theory of Environmental Policy ［R］. Cambridge：Cambridge University Press, 2004：286-287.

［195］BU M, QIAO Z, LIU B. Voluntary Environmental Regulation and Firm Innovation in China ［J］. Econ Model, 2020, 89：10-18.

［196］JIANG Z Y, WANG Z J, ZENG Y Q. Can Voluntary Environmental Regulation Promote Corporate Technological Innovation? ［J］. Business Strategy and the Environment, 2020, 29：390-406.

［197］SUN Z Y, WANG X P, LIANG C, et al. The Impact of Heterogeneous Environmental Regulation on Innovation of High-Tech Enterprises in China：Mediating and Interaction Effect ［J］. Environmental Science and Pollution Research, 2021, 28：8323-8336.

［198］BLIND K. The Influence of Regulations on Innovation：A Quantitative Assessment for OECD Countries ［J］. Research Policy, 2012, 41（2）：391-400.

［199］YANG L, ZHANG J, ZHANG Y. Environmental regulations and corporate green innovation in China：the role of city leaders' promotion pressure. Int J Environ Res Public Health, 2021, 18（15）：7774.

［200］AHMED K. Environmental Policy Stringency, Related Technological Change and Emissions Inventory in 20 OECD Countries ［J］. Journal of Environmental Management, 2020, 274：111209.

［201］CZARNITZKI D, HUSSINGER K. The Link Between R&D Subsidies, R&D Spending and Technological Performance [R]. ZEW Discussion Papers, 2004.

[202] 李虹, 邹庆. 环境规制、资源禀赋与城市产业转型研究：基于资源型城市与非资源型城市的对比分析 [J]. 经济研究, 2018, 53 (11)：182-198.

[203] HILLE E, MÖBIUS P. Environmental Policy, Innovation, and Productivity Growth：Controlling the Effects of Regulation and Endogeneity [J]. Environmental and Resource Economics, 2019, 73：1315-1355.

[204] PALMER K, OATES W E, PORTNEY P R. Tightening Environmental Standards：The Benefit-Cost or the No-Cost Paradigm? [J] Journal of Economic Perspectives. 1995, 9 (4)：119-132.

[205] 蒋伏心, 王竹君, 白俊红. 环境规制对技术创新影响的双重效应：基于江苏制造业动态面板数据的实证研究 [J]. 中国工业经济, 2013 (7)：44-55.

[206] RAMANATHAN R, BLACK A, NATH P, et al. Impact of Environmental Regulations on Innovation and Performance in the UK Industrial Sector [J]. Management Decision, 2010, 48 (10)：1493-1513.

[207] BRUNNERMEIER S B, COHEN M A. Determinants of Environmental Innovation in US Manufacturing Industries [J]. Journal of Environmental Economics and Management, 2003, 45 (2)：278-293.

[208] LÓPEZ-GAMERO M D, MOLINA-AZORÍN J F, CLAVER-CORTÉS E. The Potential of Environmental Regulation to Change Managerial Perception, Environmental Management, Competitiveness and Financial Performance [J]. Journal of Cleaner Production, 2010, 18 (10-11)：963-974.

[209] SHI B, QIU M, FENG C, et al. Innovation Suppression and Migration Effect：The Unintentional Consequences of Environmental Regulation [J]. China Economic Review, 2018, 49：1-23.

[210] ACEMOGLU D, AGHION P, BURSZTYN L, et al. The Environment and Directed Technical Change [J]. American Economic Review, 2012, 102 (1)：131-166.

[211] 王杰, 刘斌. 环境规制与企业全要素生产率：基于中国工业企业数据的经验分析 [J]. 中国工业经济, 2014 (3)：44-56.

［212］靳亚阁，常蕊. 环境规制与工业全要素生产率：基于 280 个地级市的动态面板数据实证研究［J］. 经济问题，2016（11）：18-23.

［213］叶琴，曾刚，戴劭勋，等. 不同环境规制工具对中国节能减排技术创新的影响：基于 285 个地级市面板数据［J］. 中国人口·资源与环境，2018，28（2）：115-122.

［214］SONG Y, YANG T, ZHANG M. Research on the Impact of Environmental Regulation on Enterprise Technology Innovation—An Empirical Analysis Based on Chinese Provincial Panel Data［J］. Environment Science Pollution Research, 2019, 26（1）：21835-21848.

［215］WANG F, FENG L, LI J, et al. Environmental regulation, tenure length of officials, and green innovation of enterprises［J］. International Journal of Environmental Research and Public Health, 2020, 17（7）：2284.

［216］OUYANG X, LI Q, DU K R. How Does Environmental Regulation Promote Technological Innovations in The Industrial Sector? Evidence from Chinese Provincial Panel Data［J］. Energy Policy, 2020, 139：111310.

［217］LIU J, ZHAO M, WANG Y. Impacts of Government Subsidies and Environmental Regulations on Green Process Innovation：a Nonlinear Approach［J］. Technology in Society, 2020, 63：101417.

［218］DU K, CHENG Y, YAO X. Environmental regulation, green technology innovation, and industrial structure upgrading：The road to the green transformation of Chinese cities［J］. Energy Economics, 2021, 98：105247.

［219］陈斌，李拓. 财政分权和环境规制促进了中国绿色技术创新吗？［J］. 统计研究，2020，37（6）：27-39.

［220］LUO Y, SALMAN M, LU Z. Heterogeneous impacts of environmental regulations and foreign direct investment on green innovation across different regions in China［J］. Science of the total environment, 2021, 759：143744.

［221］张平，张鹏鹏，蔡国庆. 不同类型环境规制对企业技术创新影响比较研究［J］. 中国人口·资源与环境，2016，26（4）：8-13.

［222］董景荣，张文卿，陈宇科. 环境规制工具、政府支持对绿色技术创新的影响研究［J］. 产业经济研究，2021（3）：1-16.

［223］郭进. 环境规制对绿色技术创新的影响："波特效应" 的中国证据［J］. 财贸经济，2019，40（3）：147-160.

［224］杨艳芳，程翔. 环境规制工具对企业绿色创新的影响研究［J］. 中国软科学，2021（S1）：247-252.

［225］WEISS J, STEPHAN A, ANISIMOVA T. Well-Designed Environmental Regulation and Firm Performance：Swedish Evidence on the Porter Hypothesis and the Effect of Regulatory Time Strategies［J］. Journal of Environmental Planning and Management，2018，62（2）：1-22.

［226］RAMANATHAN R, HE Q, BLACK A, et al. Environmental regulations，Innovation and Firm Performance：A Revisit of the Porter Hypothesis［J］. Journal of Cleaner Production，2017，155：79-92.

［227］MILANI S. The Impact of Environmental Policy Stringency on Industrial R&D Conditional on Pollution Intensity and Relocation Costs［J］. Environmental and Resource Economics，2017，68：595-620.

［228］BITAT A. Environmental Regulation and Eco-Innovation：The Porter Hypothesis Refined［J］. Eurasian Business Review，2018，8：299-321.

［229］王珍愚，曹瑜，林善浪. 环境规制对企业绿色技术创新的影响特征与异质性：基于中国上市公司绿色专利数据［J］. 科学学研究，2021，39（5）：909-919，929.

［230］徐成龙，任建兰，程钰. 山东省环境规制效率时空格局演变及影响因素［J］. 经济地理，2014，34：35-40.

［231］程钰，任建兰，陈延斌，等. 中国环境规制效率空间格局动态演变及其驱动机制［J］. 地理研究，2016，35（1）：123-136.

［232］任梅，王小敏，刘雷，等. 中国沿海城市群环境规制效率时空变化及影响因素分析［J］. 地理科学，2019，39（7）：1119-1128.

［233］杜红梅，李孟蕊，邱小芳，等. 基6于 SE-DEA 模型的中国农业环境规制效率空间差异 分析［J］. 中南林业科技大学学报，2017，37（4）：112-118.

［234］董会忠，韩沅刚. 长江经济带城市群环境规制效率时空演变及影响因素［J］. 长江流 域资源与环境，2021，30（9）：2049-2060.

［235］LUO Y, LU Z, MUHAMMAD S, et al. The heterogeneous effects of different techn ological innovations on eco-efficiency：Evidence from 30 China's provinces［J］. Ecolo gical Indicators，2021，（127）：107802.

［236］QIN M, SUN M, LI J. Impact of environmental regulation policy on ecological efficiency in four major urban agglomerations in eastern China [J]. Ecological Indicat ors, 2021, (130): 108002.

［237］张华. 地区间环境规制的策略互动研究: 对环境规制非完全执行普遍性的解释 [J]. 中国工业经济, 2016 (7): 74-90.

［238］张士云, 江惠, 佟大建, 等. 环境规制、地区间策略互动对生猪生产发展的影响: 基于空间计量模型的实证 [J]. 中国人口·资源与环境, 2021, 31 (6): 167-176.

［239］童磊, 王运鹏. 省域碳排放的空间网络结构特征与影响因素研究: 基于产业转 移视角 [J]. 经济问题, 2020 (3): 18-24.

［240］庞庆华, 李涵, 杨田田. 长江经济带碳排放的空间关联性及其影响因素 [J]. 科技管 理研究, 2019, 39 (15): 246-251.

［241］马歆, 高煜昕, 李俊朋. 中国碳排放结构信息熵空间网络关联及影响因素研究 [J]. 软科学, 2021, 35 (7): 25-30, 37.

［242］田云, 尹忞昊. 中国农业碳排放再测算: 基本现状、动态演进及空间溢出效应 [J]. 中国农村经济, 2022 (3): 104-127.

［243］CAO Y, WAN N, ZHANG H, et al. Linking environmental regulation and economi c growth through technological innovation and resource consumption: Analysis of sp atial interaction patterns of urban agglomerations [J]. Ecological indicators, 2020, (112): 106062.

［244］PENG X. Strategic interaction of environmental regulation and green productivity growth in China: Green innovation or pollution refuge? [J]. Science of The Total E nvironment, 2020, (732): 139200.

［245］吴伟平, 何乔. "倒逼" 抑或 "倒退"?: 环境规制减排效应的门槛特征与空间溢出 [J]. 经济管理, 2017, 39 (2): 20-34.

［246］马本, 郑新业, 张莉. 经济竞争、受益外溢与地方政府环境监管失灵: 基于地级 市高阶空间计量模型的效应评估 [J]. 世界经济文汇, 2018 (6): 27-48.

［247］卢二坡, 杜俊涛. 环境策略互动与长江经济带的生态效率 [J]. 陕西师范大学学报 (哲学社会科学版), 2018, 47 (6): 68-78.

［248］李小平, 余东升, 余娟娟. 异质性环境规制对碳生产率的空间溢出效应: 基于空间杜宾模型 [J]. 中国软科学, 2020 (4): 82-96.

［249］李新安. 环境规制、政府补贴与区域绿色技术创新 [J]. 经济

经纬，2021，38（3）：14-23.

[250] 陈浩，罗力菲. 环境规制对经济高质量发展的影响及空间效应：基于产业结构 转型中介视角 [J]. 北京理工大学学报（社会科学版），2021，23（6）：27-40.

[251] 尹礼汇，吴传清. 环境规制与长江经济带污染密集型产业生态效率 [J]. 中国软科学，2021（8）：181-192.

[252] HU W，WANG D. How does environmental regulation influence China's carbon productivity? An empirical analysis based on the spatial spillover effect [J]. Journal o f Cleaner Production，2020，（257）：120484.

[253] CHEN P，XIE R，LU M，et al. The impact of the spatio-temporal neighborhood effect on urban eco-efficiency in China [J]. Journal of Cleaner Production，2021，285：124860.

[254] 李斌，彭星. 环境规制工具的空间异质效应研究：基于政府职能转变视角的空间计量分析 [J]. 产业经济研究，2013（6）：38-47.

[255] 王淑英，李博博，张水娟. 基于空间计量的环境规制、空间溢出与绿色创新研究 [J]. 地域研究与开发，2018，37（2）：138-144.

[256] 董直庆，王辉. 环境规制的"本地—邻地"绿色技术进步效应 [J]. 中国工业经济，2019（1）：100-118.

[257] 欧阳晓灵，张骏豪，杜刚. 环境规制与城市绿色技术创新：影响机制与空间效应 [J]. 中国管理科学，2022，30（12）：141-151.

[258] 游达明，欧阳乐茜. 环境规制对工业企业绿色创新效率的影响：基于空间杜宾模型的实证分析 [J]. 改革，2020（5）：122-138.

[259] LEVINE R，ZERVOS S. Capital Control Liberalization and Stock Market Development [J]. World Development，1998，26（7）：1169-1183.

[260] RAJAN R G，ZINGALES L. Financial Dependence and Growth [J]. American Economic Review，1998（88）：559-586.

[261] ALLEN F，QIAN J，QIAN M. Law，Finance and Economic Growth in China [J]. Journal of Financial Economics，2005，77（1）：57-116.

[262] 马长有. 中国金融结构与经济增长的实证分析 [J]. 社会科学研究，2005（3）：55-60.

[263] BROWN J R，MARTINSSON G，PETERSEN B C. Law，Stock Markets，and Innovation [J]. The Journal of Finance，2013，68（4）：1517-

1549.

[264] 熊毅，粟勤. 地方政府债务、金融发展水平与新型城镇化高质量发展 [J]. 统计与决策，2022，38（23）：112-116.

[265] 高一铭，徐映梅，李传凤，等. 我国金融业高质量发展水平测度及时空分布特征研究 [J]. 数量经济技术经济研究，2020，37（10）：63-82.

[266] 张林，李海央，梁义娟. 农村金融高质量发展：水平测度与时空演变 [J]. 中国农村经济，2023（1）：115-139.

[267] 王林蔚，孔荣. 农村金融高质量发展水平测度、区域差异与空间收敛性分析 [J]. 统计与决策，2023，39（5）：135-140.

[268] 吕朝凤，黄梅波. 金融发展能够影响 FDI 的区位选择吗 [J]. 金融研究，2018（8）：137-154.

[269] 鄢亚晨，黄阳华. 开放经济中熊彼特经济发展假说的拓展与经验证据 [J]. 数量经济技术经济研究，2012，29（9）：82-94.

[270] 庄毓敏，储青青，马勇. 金融发展、企业创新与经济增长 [J]. 金融研究，2020（4）：11-30.

[271] DIAMOND D W. Financial Intermediation and Delegated Monitoring [J]. The Review of Economic Studies, 1984, 51（3）：393-414.

[272] 戴小勇，成力为. 金融发展对企业融资约束与研发投资的影响机理 [J]. 研究与发展管理，2015，27（3）：25-33.

[273] 黄婷婷，高波. 金融发展、融资约束与企业创新 [J]. 现代经济探讨，2020（3）：22-32.

[274] 王昱，成力为，王昊. 金融低效、资本错配与异质企业两阶段创新 [J]. 山西财经大学学报，2014，36（10）：46-57.

[275] LE H P, OZTURK I. The Impacts of Globalization, Financial Development, Government Expenditures, and Institutional Quality on CO2 Emissions in the Presence of Environmental Kuznets Curve [J]. Environmental Science and Pollution Research, 2020, 27: 22680-22697.

[276] ZAFAR M W, SAUD S, HOU F. The Impact of Globalization and Financial Development on Environmental Quality: Evidence from Selected Countries in the Organization for Economic Co-Operation and Development（OECD）[J]. Environmental Science and Pollution Research, 2019, 26: 13246-13262.

［277］李春涛，闫续文，宋敏，等. 金融科技与企业创新：新三板上市公司的证据［J］. 中国工业经济，2020（1）：81-98.

［278］刘莉，杨宏睿. 数字金融、融资约束与中小企业科技创新：基于新三板数据的实证研究［J］. 华东经济管理，2022，36（5）：15-23.

［279］刘长庚，李琪辉，张松彪，等. 金融科技如何影响企业创新？：来自中国上市公司的证据［J］. 经济评论，2022（1）：30-47.

［280］申明浩，谭伟杰. 数字金融发展能激励企业创新吗？：基于中国上市企业的实证检验［J］. 南京财经大学学报，2022（3）：66-77.

［281］方芳，蔡卫星. 银行业竞争与企业成长：来自工业企业的经验证据［J］. 管理世界，2016（7）：63-75.

［282］BENFRATELLO L, SCHIANTARELLI F, SEMBENELLI A. Banks and Innovation: Microeconometric Evidence on Italian Firms［J］. Journal of Financial Economics, 2008, 90（2）: 197-217.

［283］AMORE M D, SCHNEIDER C, ZALDOKAS A. Credit Supply and Corporate Innovation［J］. Journal of Financial Economics, 2013, 109（3）: 835-855.

［284］CORNAGGIA J, MAO Y, TIAN X, et al. Does Banking Competition Affect Innovation?［J］. Journal of Financial Economics, 2015, 115（1）: 189-209.

［285］唐清泉，巫岑，银行业结构与企业创新活动的融资约束［J］. 金融研究，2015，7：116-134.

［286］蔡竞，董艳，银行业竞争与企业创新：来自中国工业企业的经验证据［J］. 金融研究，2016，11：96-111.

［287］贺宝成，陈霄. 银行业竞争对企业科技创新效率的影响：信贷配置的中介作用［J］. 科技管理研究，2022，42（6）：104-111.

［288］陈容，张杰. 银行竞争有利于促进企业创新吗［J］. 宏观经济研究，2022（9）：120-140.

［289］范润，翟淑萍. 银行竞争影响企业杠杆操纵吗［J］. 山西财经大学学报，2023，45（4）：31-46.

［290］张杰，郑文平，新夫，中国的银行管制放松、结构性竞争和企业创新［J］. 中国工业经济，2017，10：118-136.

［291］BROWN J R, MARTINSSON G, PETERSEN B C. Do Financing

Constraints Matter for R&D? [J]. European Economic Review, 2012, 56 (8): 1512-1529.

[292] 周达勇, 董必荣. 银行信贷与中小企业双元创新投入 [J]. 经济管理, 2022, 44 (12): 118-137.

[293] 李晓龙, 冉光和. 中国金融抑制、资本扭曲与技术创新效率 [J]. 经济科学, 2018 (2): 60-74.

[294] 陈经伟, 姜能鹏. 资本要素市场扭曲对企业技术创新的影响: 机制、异质性与持续性 [J]. 经济学动态, 2020 (12): 106-124.

[295] KING R G, LEVINE R. Finance and growth: Schumpeter might be right [J]. The quarterly journal of economics, 1993, 108 (3): 717-737.

[296] PORTA R L, LOPEZ-DE-SILANES F, SHLEIFER A, et al. Law and finance [J]. Journal of political economy, 1998, 106 (6): 1113-1155.

[297] 余琰, 李怡宗. 高息委托贷款与企业创新 [J]. 金融研究, 2016 (4): 99-114.

[298] 余明桂, 钟慧洁, 范蕊. 民营化、融资约束与企业创新: 来自中国工业企业的证据 [J]. 金融研究, 2019 (4): 75-91.

[299] 王贞洁. 信贷歧视、债务融资成本与技术创新投资规模 [J]. 科研管理, 2016, 37 (10): 9-17.

[300] 顾群, 翟淑萍. 融资约束、代理成本与企业创新效率: 来自上市高新技术企业的经验证据 [J]. 经济与管理研究, 2012 (5): 73-80.

[301] 鞠晓生, 卢荻, 虞义华. 融资约束、营运资本管理与企业创新可持续性 [J]. 经济研究, 2013, 48 (1): 4-16.

[302] 周若馨, 马海超, 王美媛. 汇率预期、融资约束与企业对外直接投资决策 [J]. 财经理论与实践, 2022, 43 (4): 59-66.

[303] BOYD J H, PRESCOTT E C. Financial Intermediary–Coalitions [J]. Journal of Economic Theory, 1986, 38 (2): 211-232.

[304] BENCIVENGA V R, SMITH B D. Financial Intermediation and Endogenous Growth [J]. The Review of Economic Studies. 1991, 58 (2): 195-209.

[305] KING R G, PLOSSER C I. Money as the Mechanism of Exchange [J]. Journal of Monetary Economics, 1986, 17 (1): 93-115.

[306] LEVINSON A, TAYLOR M S. Unmasking the Pollution Haven Effect [J]. International Economic Review, 2008 (49): 223-254.

［307］张成，陆旸，郭路，于同申. 环境规制强度和生产技术进步［J］. 经济研究，2011，46（2）：113-124.

［308］乔彬. 环境规制、就业再配置与社会福利［J］. 吉首大学学报（社会科学版），2021，42（5）：76-86.

［309］苏冬蔚，连莉莉. 绿色信贷是否影响重污染企业的投融资行为？［J］. 金融研究，2018（12）：123-137.

［310］LI J, DU Y X. Spatial effect of environmental regulation on green innovation efficiency：Evidence from prefectural-level cities in China［J］. Journal of cleaner production，2021，286：125032.

［311］CARLSON M, CORREIA S, LUCK S. The effects of banking competition on growth and financial stability：Evidence from the national banking era［J］. Journal of Political Economy，2022，130（2）：462-520.

［312］刘惠好，焦文妞. 银行业竞争、融资约束与企业创新投入：基于实体企业金融化的视角［J］. 山西财经大学学报，2021，43（10）：56-67.

［313］ANSELIN L. Spatial econometrics：Methods and modelskluwer academic［J］. Boston，MA，1988.

［314］邵帅，李欣，曹建华，等. 中国雾霾污染治理的经济政策选择：基于空间溢出效应的视角［J］. 经济研究，2016，51（9）：73-88.

［315］LALL S. Technological Capabilities and Industrialization［J］. World Development，1992，20：165-186.

［316］鲁桐，党印. 公司治理与技术创新：分行业比较［J］. 经济研究，2014，49（6）：115-128.

［317］袁东任，汪炜. 信息披露、现金持有与研发投入［J］. 山西财经大学学报，2015，37（1）：81-91.

［318］黄国良，董飞. 我国企业研发投入的影响因素研究：基于管理者能力与董事会结构的实证研究［J］. 科技进步与对策，2010，27（17）：103-106.

［319］OGAWA K. Debt，R&D Investment and Technological Progress：A Panel Study of Japanese Manufacturing Firms' Behavior during the 1990s［J］. Journal of the Japanese and International Economies，2007，21（4）：403-423.

［320］ZHOU B，LI Y M，SUN F C，et al. Executive Compensation Incentives, Risk Level and Corporate Innovation [J]. Emerging Markets Review, 2021, 47: 100798.

[321] 陈修德, 梁彤缨, 雷鹏, 等. 高管薪酬激励对企业研发效率的影响效应研究 [J]. 科研管理, 2015, 36 (9): 26-35.

[322] LIN C, LIN P, SONG F. Property Rights Protection and Corporate R&D: Evidence from China [J]. Journal of Development Economics, 2010, 93 (1): 49-62.

[323] JUDGE W Q, ZENITHAL C P. Institutional and Strategic Choice Perspectives on Board Involvement in the Strategic Decision Process [J]. Academy of Management Journal, 1992, 35 (4): 766-794.

[324] PEARCE J A, ZAHRA S A. The Relative Power of CEOs and Boards of Directors: Associations with Corporate Performance [J]. Strategic Management Journal, 1991, 12 (2): 135-153.

[325] BOYD B K. Board Control and CEO Compensation [J]. Strategic Management Journal, 1994, 15 (5): 335-344.

[326] ARELLANO M, BOND S. Some Tests of Specification for Panel Data: Monte Carlo Evidence and an Application to Employment Equations [J]. Review of Economic Studies, 1991 (58): 277-297.

[327] ARELLANO M, BOVER O. Another Look at the Instrumental Variable Estimation of Error-Components Models [J]. Journal of Econometrics, 1995, 68: 29-51.

[328] ROODMAN D. How to do Xtabond2: An Introduction to Difference and System GMM in Stata [J]. Stata Journal, 2009, 09 (1): 86-136.

[329] BLUNDELL R, BOND S. Initial Conditions and Moment Restrictions in Dynamic Panel Data Models [J]. Journal of Econometrics, 1998, 87: 115-143.

[330] 狄灵瑜, 步丹璐. 混合所有制改革制度背景下异质性大股东对企业创新投入的影响: 基于国有企业和非国有企业的比较分析 [J]. 研究与发展管理, 2021, 33 (4): 152-168.

[331] BARON R M, KENNY D A. The Moderator-Mediator Variable Distinction in Social Psychological Research: Conceptual, Strategic, and Statistical

Considerations ［J］. Journal of Personality and Social Psychology, 1986, 51, 1173-1182.

［332］ JUDD C M, KENNY D A. Process Analysis：Estimating Mediation in Treatment Evaluations ［J］. Evaluation Review, 1981, 5：602-619.

［333］ 温忠麟, 叶宝娟. 有调节的中介模型检验方法：竞争还是替补? ［J］. 心理学报, 2014, 46（5）：714-726.